权威·前沿·原创

皮书系列为

“十二五”“十三五”“十四五”时期国家重点出版物出版专项规划项目

智库成果出版与传播平台

北京高端服务业发展报告

（2024）

ANNUAL REPORT ON THE DEVELOPMENT OF BEIJING'S HIGH-END SERVICE INDUSTRY (2024)

主　编／赵　莉
副主编／李　中

社会科学文献出版社
SOCIAL SCIENCES ACADEMIC PRESS (CHINA)

图书在版编目（CIP）数据

北京高端服务业发展报告. 2024 / 赵莉主编；李中副主编. -- 北京：社会科学文献出版社，2024.7.
（服务业蓝皮书）. -- ISBN 978-7-5228-3802-1

Ⅰ. F726.9

中国国家版本馆 CIP 数据核字第 2024V440U5 号

服务业蓝皮书

北京高端服务业发展报告（2024）

主　　编 / 赵　莉
副 主 编 / 李　中

出 版 人 / 冀祥德
组稿编辑 / 恽　薇
责任编辑 / 颜林柯
责任印制 / 王京美

出　　版 / 社会科学文献出版社 · 经济与管理分社（010）59367226
地址：北京市北三环中路甲 29 号院华龙大厦　邮编：100029
网址：www.ssap.com.cn
发　　行 / 社会科学文献出版社（010）59367028
印　　装 / 天津千鹤文化传播有限公司

规　　格 / 开　本：787mm × 1092mm　1/16
印　张：22.5　字　数：343 千字
版　　次 / 2024 年 7 月第 1 版　2024 年 7 月第 1 次印刷
书　　号 / ISBN 978-7-5228-3802-1
定　　价 / 158.00 元

读者服务电话：4008918866

主要编撰者简介

赵 莉 经济学博士，中共北京市委党校（北京行政学院）经济学教研部主任、二级教授。兼任首都卫生管理与政策研究基地理事、首都住房城乡建设领域新型智库首席专家、北京国际消费中心城市建设智库学术委员会委员、北京市西城区委全面深化改革委员会改革观察员。入选北京市“百人工程”理论人才，北京市委讲师团、宣讲家网特聘专家，曾任西城区第十五届人大代表。荣获北京市第六届哲学社会科学优秀成果二等奖、北京市第十三届优秀调查研究成果优秀奖和北京市直机关优秀党员称号。主要研究方向为宏观经济理论与实践、首都经济发展战略。主持1项国家级课题、16项北京市级课题，出版专著3部、教材4部，发表论文60多篇，主笔和参与撰写的18篇咨询报告获得市级以上领导批示。

李 中 经济学博士，中共北京市委党校（北京行政学院）经济学教研部副主任、副教授、硕士生导师，兼任北京战略与管理研究会监事长。先后主持、参与北京市社会科学基金重点项目、北京市统计局一般项目、中共北京市委党校科研课题10余项，先后在《江汉论坛》《经济体制改革》《求实》《人民日报》《经济日报》《北京日报》等刊物上公开发表学术论文50余篇，出版专著《北京制造业与科技服务业融合发展路径研究》（中国社会科学出版社，2022）、《制度创新与我国经济发展方式转变》（人民出版社，2016）。论文《新常态下我国需求调控的战略转向》入选2015年“全国党校系统经济理论研讨会暨第十二届经济学年会”，获优秀论文二等奖，发表于《江汉论坛》（2016年第2期），并被《新华文摘》转载。

摘 要

加快建设具有首都特点的现代化经济体系是落实首都城市战略定位、推动新时代首都发展的必然选择。北京提出“十四五”期间要加快“两区”建设，推动服务业发展数字化、专业化、市场化、高端化、国际化，到2025年基本建成以首都功能为引领、具有国际竞争力的现代服务业体系。为顺应北京服务业发展形势需要，更好地服务北京经济社会发展，2016年北京市高端服务业发展研究基地正式挂牌成立，是国内首家专门以高端服务业为研究对象的智库。为更好地研究跟踪北京高端服务业发展，近年来研究基地连续出版多部《北京高端服务业发展研究报告》，集中反映了北京高端服务业发展的最新动态和理论成果。2023年《北京高端服务业发展报告(2022~2023)》以蓝皮书的形式成功出版，高端服务业发展研究迈入新的阶段。

《北京高端服务业发展报告（2024)》立足北京“十四五”规划、京津冀协同发展、“四个中心”建设、“五子”联动等重点工作，在坚持高质量发展和减量发展背景下，利用《中国统计年鉴》、《北京统计年鉴》、龙信大数据以及抽样问卷调查数据，采用定量与定性分析相结合的方法，对北京高端服务业进行全面系统的分析。全书分为总报告、分报告、专题篇、案例篇四个部分。总报告全面分析北京高端服务业发展现状，把握新趋势、新动向；分报告围绕研究主题，对信息服务、金融、科技服务、商务服务、文化体育娱乐五大领域开展更为深入细致的研究，旨在全面、准确揭示北京高端服务业发展的典型特征；专题篇围绕近年来北京高端服务业发展热点、难点问题，从多个侧面对北京高端服务业进行画像；案例篇立足北京高端服务业发展区域动态，深入挖掘区域高端服务业发展的典型做法和经验，意在揭示北京高端服务业发展的最新实践和进展。

本书对北京高端服务业发展现状进行了全面梳理，从行业规模看，总量、占比实现了“双提升”；从行业用工看，就业功能突出，用工占比持续保持高位；从行业利润看，“蘑菇型”特征显著，金融商务利润份额高达70%；从空间分布看，区域集聚明显，高端服务业主要集中分布在海淀、西城、朝阳和东城等区域。从发展特征看，北京高端服务业具有创新发展、开放发展、数字化发展、融合发展、协同发展的显著特征。高端服务业作为北京国民经济发展的重要组成部分，对推动北京经济增长、吸纳就业、拉动投资、促进消费发挥了重要作用。然而，北京高端服务业发展也面临一些隐忧，如金融、商务服务、文化体育娱乐等部分领域的发展增速开始放缓，科技创新和产业发展“两张皮”，市场化、专业化、品牌化发展不足，信息服务业在创新投入、赋能实体经济方面与国际先进水平存在较大差距，技术跟随特征显著，表明当前高端服务业发展与新质生产力发展要求、北京未来产业发展要求存在明显差距，未来应该加大创新发展力度，进一步提升北京高端服务业发展水平。

关键词： 高端服务业　创新驱动　高质量发展　北京

目 录

Ⅰ 总报告

Ⅱ 分报告

Ⅲ 专题篇

Ⅳ 案例篇

皮书数据库阅读**使用指南**

总报告

B.1 北京高端服务业发展新趋势、新挑战、新举措

赵 莉 李 中*

摘 要： 本报告在界定高端服务业内涵特征的基础上，对北京高端服务业发展现状进行了全面梳理：从行业规模看，总量、占比实现了“双提升”；从行业用工看，就业功能突出，用工占比持续保持高位；从行业利润看，“蘑菇型”特征显著，金融商务利润份额高达70%；从空间分布看，区域集聚明显，高端服务业主要分布在海淀、西城、朝阳和东城等区域。从发展特征看，北京高端服务业具有创新发展、开放发展、数字化发展、融合发展、协同发展的显著特征。高端服务业作为北京国民经济发展的重要组成，对推动北京经济增长、吸纳就业、拉动投资、促进消费发挥了重要作用。然而，北京高端服务业发展也存在一定隐忧，如金融、商务服务、文体娱乐等部分

* 赵莉，经济学博士，中共北京市委党校经济学教研部主任、二级教授，北京市高端服务业发展研究基地首席专家，研究方向为宏观经济理论与实践、首都经济发展战略；李中，经济学博士，中共北京市委党校经济学教研部副主任、副教授，北京市高端服务业发展研究基地研究员，研究方向为首都经济高质量发展、现代产业体系。

领域的发展增速呈放缓态势，科技创新和产业发展“两张皮”，市场化、专业化、品牌化发展不足，信息服务业在创新投入、赋能实体经济方面与国际先进水平存在较大差距，技术跟随特征显著，高端服务业发展与新质生产力发展要求、北京未来产业发展要求存在明显差距。未来北京高端服务业发展应牢牢坚持创新驱动、开放发展、融合发展、协调发展，不断提升服务业数字化发展水平，全面提升产业发展质量。

关键词： 高端服务业 创新发展 融合发展 开放发展 数字化发展

一 北京高端服务业总体发展现状

（一）高端服务业的概念范畴界定

1.服务业定义和分类

关于服务业，目前国内外并没有统一的定义。美国学者提出的服务业狭义和广义定义，在学术研究以及实践中应用较广，在一定程度上可以当作事实上的标准定义。其中，狭义服务业是指排除流通部门即交通运输业、邮电通信业、商业、饮食业等的非实物生产部门；广义服务业是指所有非实物生产部门。此外，经济合作与发展组织（OECD）也对服务业进行了专门定义，即服务业是经济活动中一个门类分布广泛的群体行业，包括高技术、知识密集型分支门类和劳动密集、低技能行业领域，主要指那些与生产制造、农业种植、采矿挖掘无关的，专门以劳务、咨询、培训、休闲娱乐等形式提供服务的经济活动。在我国，学者们更多地将服务业视同为第三产业，即将服务业定义为除农业、工业、建筑业之外的其他所有产业部门。

关于服务业分类，更是多种多样，国内外没有统一标准，大致有高技术服务业、高级生产性服务业、现代服务业、先进服务业、传统服务业、知识密集型服务业等。1992 年，我国出台《关于加快发展第三产业的决定》，明确了服务业发展的重大意义和目标任务。1997 年，党的十五大报告提出要大力发展服务业，加大对传统服务业的改造升级力度。2018 年，为进一步满足宏观产业管理需要，国家统计局发布了《高技术产业（服务业）分类（2018）》，主要包括信息服务、电子商务服务、检验检测服务、专业技术服务业的高技术服务、研发与设计服务、科技成果转化服务、知识产权及相关法律服务、环境监测及治理服务和其他高技术服务九大类。2023 年，国家统计局发布的《现代服务业统计分类》，指出现代服务业是指伴随信息技术和知识经济的发展而产生，利用现代科学技术和现代管理理念，推动生产性服务业向专业化和价值链高端延伸、推动生活性服务业向高品质和多样化升级、加强公益性基础性服务业发展所形成的具有高技术含量、高人力资本含量、高附加价值等特征的经济活动①，主要涵盖信息传输、软件和信息技术服务业，科学研究和技术服务业，金融业，现代物流服务业，现代商贸服务业，现代生活服务业，现代公共服务业，融合发展服务业八大类。此外，我国常用的服务业分类，还包括高技术服务业，指采用高技术手段为社会提供服务活动的集合。此外，学界也提出了知识密集型服务业、先进服务业等概念，但由于缺乏明确分类标准和统一的统计数据，相关研究更多停留在理论层面。

2. 高端服务业内涵和外延界定

我国高端服务业概念的首次出现，是在 2007 年深圳市政府出台的《关于加快我市高端服务业发展的若干意见》中，认为高端服务业是现代服务业的一个子集，具有高科技含量、高人力资本、高附加值、低资源消耗、低环境污染、创新性，即“三高、两低加一新”特征，在揭示高端服务业基本内涵的同时，实际上也指明了现代服务业发展的主攻方向。

对高端服务业的外延界定，主要涉及服务业的行业分类。从 1985 年至今，我国对国民经济分类先后进行过 4 次修订调整。1985 年国家统计局出

---

① 《现代服务业统计分类》（国家统计局令第 36 号），国家统计局网站，https：//www. stats. gov. cn/xw/tjxw/tzgg/202307/t20230728_ 1941608. html，2023 年 7 月 28 日。

台了《关于建立第三产业统计的报告》，第一次明确了我国三次产业的划分范围。2002 年和 2011 年，分别在原《国民经济行业分类》基础上，对《三次产业划分规定》进行了修订。我国现行的国民经济行业分类标准，是 2018 年国家统计局颁布的《国民经济行业分类》（GB/T 4754—2017）。该标准明确提出：第一产业是指农、林、牧、渔业；第二产业是指采矿、制造、水电气热生产供应和建筑业；第三产业是指除第一产业、第二产业以外的其他行业，共涉及 15 个门类，即批发和零售业（以下称批发零售业），交通运输、仓储和邮政业（以下称交通运输业），住宿和餐饮业（以下称住宿餐饮业），信息传输、软件和信息技术服务业（以下称信息服务业），金融业，房地产业，租赁和商务服务业（以下称商务服务业），科学研究和技术服务业（以下称科技服务业），水利、环境和公共设施管理业（以下称水利服务业），居民服务、修理和其他服务业（以下称居民服务业），教育（以下称教育培训业），卫生和社会工作（以下称卫生服务业），文化、体育和娱乐业（以下称文体娱乐业），公共管理、社会保障和社会组织（以下称公共管理服务业），国际组织。①

服务业门类众多，高端服务业范围究竟如何界定，学界的研究讨论已相对充分。根据高端服务业的高附加值、高人力资本、高发展活力、高产业带动力、高集聚、低碳环保等显著特征，同时结合北京“四个中心”城市战略定位和服务业发展现状，多数学者认为高端服务业应该涵盖金融业、信息服务业、科技服务业、商务服务业以及文体娱乐业五大行业。因此，本书研究将重点围绕此五大行业展开。

（二）高端服务业发展新形势与新要求

1. 全国高端服务业发展新形势与新要求

2023 年，面对复杂严峻的国际环境，在以习近平同志为核心的党中央

① 《三次产业是怎样划分的》，国家统计局网站，https：//www. stats. gov. cn/zsk/snapshoot?reference=33e2b9cdb6391521c53328be6244e40b_ 635F9BD4DE71F957D711CD972E0F8918，2023 年 1 月 1 日。

的坚强领导下，全国各地认真贯彻落实党中央、国务院决策部署，坚持稳中求进的工作总基调，完整、准确、全面贯彻新发展理念，加快构建新发展格局，着力扩大内需、优化结构、提振信心、防范化解风险，全国经济回升向好，高质量发展扎实推进。全年我国实现国内生产总值 1260582 亿元，按不变价格计算，比上年增长 5.2%。分产业看，第一产业增加值达 89755 亿元，同比增长 4.1%；第二产业增加值达 482589 亿元，同比增长 4.7%；第三产业增加值达 688238 亿元，同比增长 5.8%（见表 1）。

表 1　2023 年全国 GDP 初步核算数据

单位：亿元，%

产业/行业	增加值	同比增长	占 GDP 比重
第一产业	89755	4.1	7.1
第二产业	482589	4.7	38.3
第三产业	688238	5.8	54.6
其中：			
批发零售业	123072	6.2	9.8
交通运输业	57820	8	4.6
住宿餐饮业	21024	14.5	1.7
金融业	100677	6.8	8.0
房地产业	73723	-1.3	5.8
信息服务业	55194	11.9	4.4
商务服务业	44347	9.3	3.5
其他行业	205469	4.2	16.3

资料来源：根据国家统计局公开数据整理。

其中，第三产业增加值占国内生产总值的比重为 54.6%，高出上年 1.2 个百分点（见图 1），对国民经济增长的贡献率为 60.2%，拉动国内生产总值增长 3.2 个百分点，进一步凸显了服务业于国民经济发展的压舱石地位。

从发展增速看，高端服务业发展保持较好势头。2023 年，信息服务业、商务服务业、金融业增加值比上年分别增长 11.9%、9.3%和 6.8%，共拉动服务业增加值增长 2.5 个百分点，较上年提高 0.9 个百分点。其中，信息服

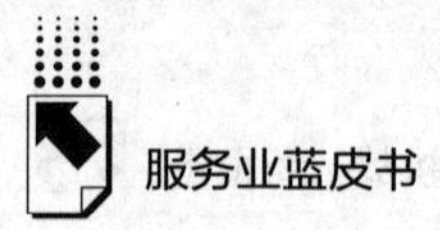

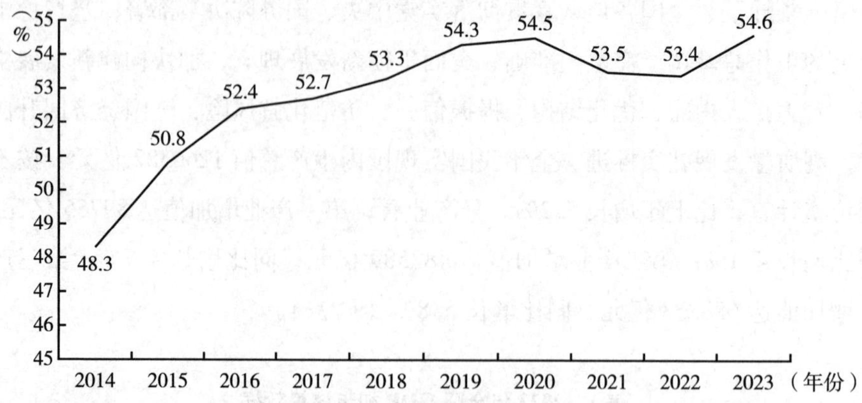

图 1　2014~2023 年全国第三产业增加值占国内生产总值比重变化

资料来源：根据国家统计局公开数据整理。

务业增长速度高于全部服务业增速 6.1 个百分点，较 2022 年提高 2.8 个百分点，表现出较好的发展态势。

从整体占比看，服务业仍有巨大发展空间。2023 年我国服务业占 GDP 比重为 54.6%，再创历史新高，比历史最高点 54.5%多出 0.1 个百分点。然而，我们还应该看到，西方发达国家第三产业占 GDP 比重一般在 70%左右，相比之下，我国仍然存在较大差距，我国服务业整体上仍具有广阔发展空间。鉴于服务业是国民经济的重要组成部分，也是现代化产业体系的重要支撑，对推动经济增长、吸纳就业、拉动投资、促进消费具有重要作用，我国今后应该继续加大服务业发展力度。

从内部结构看，要大力发展高端服务业。西方发达国家生产性服务业占 GDP 比重一般在 50%左右，信息服务业、科技服务业均占有较大的比重。2023 年我国生产性服务业占 GDP 的比重仅为 20%左右，而且传统生产性服务业占比较高，如批发零售业、交通运输业占比分别高达 9.8%和 4.6%，两者合计占比接近 15%。相比之下，代表先进生产力发展方向的信息服务业、商务服务业等高端服务业占比较低，占 GDP 比重仅分别为 4.4%、3.5%，两者合计不足 8%。显然，未来我国要实现高质量发展，要建设世界科技强国、金融强国、文化强国、数字中国，需要提高我国服务业发展质量，特别是要大力发展高端服务业，不断提升其数字化、融合化、国际化水平，从而为我国高质量发展提供坚实的支撑。

2. 北京高端服务业发展新形势与新要求

2023 年，面对复杂严峻的外部环境和超预期因素的影响，北京市坚持稳中求进的工作总基调，初步核算数据显示，全年实现地区生产总值 43760.7 亿元，按不变价格计算，比上年增长 5.2%。分产业看，第一产业实现增加值 105.5 亿元，同比下降 4.6%；第二产业实现增加值 6525.6 亿元，同比增长 0.4%；第三产业实现增加值 37129.6 亿元，同比增长 6.1%，高于全市 GDP 增速 0.9 个百分点，同时高于全国第三产业平均增长水平 0.3 个百分点。2023 年北京地区生产总值情况见表 2。

表 2　2023 年北京地区生产总值

单位：亿元，%

产业/行业	增加值	同比增长	占 GDP 比重
第一产业	105.5	-4.6	0.2
第二产业	6525.6	0.4	14.9
第三产业	37129.6	6.1	84.8
其中：			
批发零售业	3073.1	-0.9	7.0
交通运输业	1065.3	20.3	2.4
住宿餐饮业	453.1	21.1	1.0
信息服务业	8514.4	13.5	19.5
金融业	8663.1	6.7	19.8
房地产业	2612.0	2.3	6.0
商务服务业	2710.0	4.0	6.2
科技服务业	3630.1	3.4	8.3
水利服务业	307.0	1.1	0.7
居民服务业	208.2	2.9	0.5
教育培训业	1954.8	0.5	4.5
卫生服务业	1290.0	2.1	2.9
文体娱乐业	836.1	4.3	1.9
公共管理服务业	1724.8	0.5	3.9

资料来源：根据北京市统计局公开数据整理。

总体来看，第三产业增加值占地区生产总值的比重保持高位。改革开放以来，在综合统筹环境、资源、人口等约束条件下，北京市逐步调整优化产业结构布局，第三产业规模不断扩大，逐渐成为全市经济的发展主体。1993年，北京第三产业增加值占比达到 47.2%，首次超过第二产业。1995 年，北京第三产业增加值占比达到 53.1%，占据了全市经济的半壁江山。2002年，北京第三产业增加值占比超过 70%。2015 年，北京第三产业增加值占比超过 80%，在全国率先形成“双 80%”服务经济发展格局，即服务业占 GDP 比重超过 80%、现代服务业占服务业比重接近 80%。2021 年占比有所回落，降至 81.7%，但快速恢复并提升至 2023 年的 84.8%（见图 2）。

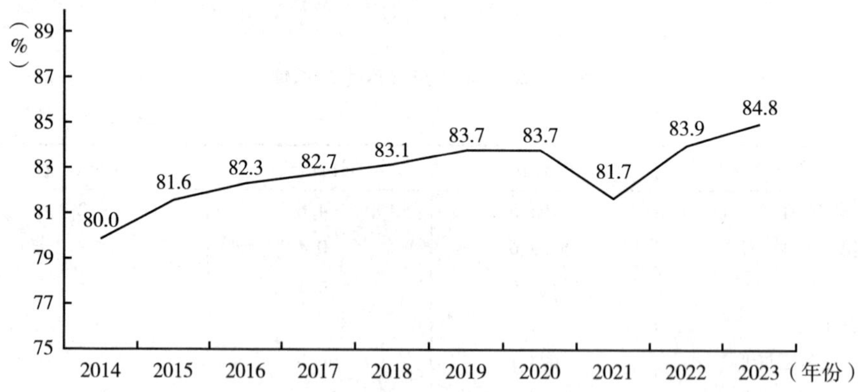

图 2　2014~2023 年北京市第三产业增加值占地区生产总值比重变化

资料来源：根据北京市统计局公开数据整理。

从对经济增长的贡献看，服务业作为经济增长压舱石的作用显著。北京第三产业对经济增长贡献突出，2023 年直接拉动经济增长高达 5.1 个百分点，服务业已经成为北京经济增长速度和质量的决定性因素。

从发展增速看，高端服务业继续保持高速增长态势。2023 年北京金融业整体发展稳中向好，实现增加值 8663.1 亿元，同比增长 6.7%，信息服务业实现增加值 8514.4 亿元，同比增长 13.5%（见表 2），均显著高于北京市整体经济增速。

从结构占比看，服务业高端化发展特征显著。2023 年北京信息服务业、金融业成为北京经济社会发展主导产业，两者占 GDP 比重分别高达 19.5%和 19.8%，合计占地区生产总值比重接近四成，占服务业增加值的比重接近五成；而在全国服务业中，批发零售业等传统产业占有较高比重，信息服务、商务服务业等高端产业占比较低。将两者进行对比可以看出，北京服务业发展呈现明显的高端化特征，信息服务业、金融业等高端服务业已成为北京产业的发展主体，在北京经济社会发展中居于主导地位。

从总体水平看，要进一步提升高端服务业发展质量。当今世界，百年未有之大变局加速演进，科技发展日新月异，新技术、新产品层出不穷，5G、人工智能、大数据等新技术对全球经济社会的冲击之大前所未有。我国服务业整体劳动生产率仅为美国的 25%左右[①]，在高端服务业领域差距更大。2024 年中央经济工作会议进一步指出，发展新质生产力，要更加强调科技创新，要以颠覆性重大原创技术、前沿技术催生新产业、新模式、新动能。北京作为我国科技创新中心，显然应下好科技创新的“先手棋”，抓住新一轮科技和产业变革机遇，在未来发展和国际竞争中助力我国赢得战略主动。2023 年 9 月，北京市发布《北京市促进未来产业创新发展实施方案》，提出要把北京教育、科技、人才优势转化为产业优势，形成一批具有颠覆性的科技创新成果，成为全球未来领先产业的策源地。从现实看，尽管相比于全国平均水平，北京的产业发展尤其是高端服务业发展走在前列，率先进入“双 80%”服务经济驱动发展阶段，高端服务业成为重要支柱产业，但北京高端服务业发展与新质生产力发展要求、北京未来产业发展要求仍存在较大差距。从生产效率看，2021 年北京高端服务业劳动生产率为 44.0 万元/人，不足深圳的 50%，与上海的 61.3 万元/人也有较大差距[②]，与美国的差距则更大。从科技创新看，北京还缺少重大原创性科技成果，企业对基础研究的投入相对不足，新兴产业业态以跟踪模仿为主，缺少原创性、引领性，高科

① 《国际收支显示：美国夸大了美中贸易逆差额》，《人民日报》2018 年 4 月 6 日。

② 朱晓青主编《北京高端服务业发展报告（2022~2023）》，社会科学文献出版社，2023，第 40 页。

技产品附加值亟待进一步提高，科技成果产业转化链条不够完善，需要深入贯彻落实创新驱动发展战略，不断优化完善科技创新体系，全面提升科技创新能力，进一步提高北京高端服务业发展效益、质量和水平。

（三）北京高端服务业发展规模、结构、效益与布局

1. 行业规模：总量、占比“双提升”

从行业增加值来看，北京高端服务业发展规模不断扩大，由2013年的8935亿元快速增长到2023年的24353亿元，占地区生产总值的比重由2013年的42.27%提升到2023年的60.27%（见表3）。

表3　2013~2023年北京市高端服务业增加值变化

单位：亿元，%

	2013年	2014年	2015年	2016年	2017年	2018年	2019年	2020年	2021年	2022年	2023年
信息服务业	2016	2283	2600	3004	3508	4290	4880	5602	6771	7456	8514
金融业	3248	3737	4366	4785	5300	5951	6544	7057	7683	8197	8663
商务服务业	1747	1917	1987	2080	2226	2421	2599	2286	2591	2581	2710
科技服务业	1442	1629	1765	1980	2261	2578	2823	2974	3373	3465	3630
文体娱乐业	482	508	569	613	657	728	750	652	795	784	836
合计	8935	10074	11287	12461	13952	15969	17596	18570	21213	22484	24353
占地区生产总值比重	42.27	43.94	45.55	46.08	46.69	48.24	49.64	51.67	51.68	54.03	60.27

资料来源：根据北京市统计局公开数据整理。

从行业增加值占比演进过程看，2013年北京服务业中增加值占比较高的行业分别是金融业、批发零售业和信息服务业，占比分别为15.4%、11.7%和9.5%，在服务业中分列前3位；2023年北京服务业中占比较高的行业依次是金融业、信息服务业和科技服务业，占比分别为19.8%、19.5%和8.3%。3个行业的占比相比10年前都有不同幅度的提升。其中，信息服务业占比提升幅度最大，提升了10个百分点；金融业提升了4.4个百分点；科技服务业提升了1.5个百分点（见表4）。从对全市经济增长贡献看，金融业、

信息服务业、科技服务业对全市经济增长的贡献率接近八成，对北京经济增长的支撑效应显著，也进一步凸显了北京高端服务业发展的科技、金融属性。

表 4　2013~2023 年北京高端服务业各行业增加值占地区生产总值比重

单位：%

行业	2013 年	2018 年	2022 年	2023 年
服务业	79.5	83.1	83.9	84.8
其中：				
信息服务业	9.5	13	17.9	19.5
金融业	15.4	18	19.7	19.8
商务服务业	8.3	7.3	6.2	6.2
科技服务业	6.8	7.8	8.3	8.3
文体娱乐业	2.3	2.2	1.9	1.9

资料来源：根据北京市统计局提供的数据整理和计算。

2. 行业用工：就业功能突出

第三次全国经济普查数据显示，2013 年北京服务业吸纳就业人数高达 894.7 万人，占二、三产全部就业人数的 80.5%，其中批发零售业、商务服务业用工人数较多，占比分别为 16.5%和 15.8%；2018 年，北京服务业用工结构有所调整，商务服务业用工占比依然较高，排名第 1，占比为 17.5%，其次是信息服务业，占比为 16.5%，批发零售业用工占比则由 2013 年的第 1 位降至第 3 位，占比为 12.8%。2013~2018 年，北京商务服务业、批发零售业的用工占比虽然有所波动，但从吸纳就业总量看，依然是重要的就业领域，提供了较多的就业岗位。受政策驱动、需求拉动等因素影响，北京近几年信息服务业加速发展，到 2023 年前 3 个季度，无论是行业增加值还是用工占比，均居北京服务业首位。其中，用工占比高达 20.1%，相比 2018 年提高了 3.6 个百分点。商务服务业用工占比依然保持高位平稳运行状态，占比为 17.8%，相比 2018 年提高了 0.3 个百分点。批发零售业用工占比呈下降态势，从 2018 年的 12.8%逐渐降为 2023 年（前 3 个季度）的 10.9%，下降了 1.9 个百分点（见表 5）。

表 5　2018~2023 年北京服务业用工占比

单位：%

行业	2018 年	2019 年	2020 年	2021 年	2022 年	2023 年
服务业	100	100	100	100	100	100
批发零售业	12.8	12.8	12.2	11.5	11.2	10.9
交通运输业	10.7	11.1	10.3	9.6	9.3	9.1
住宿餐饮业	6.9	6.8	6.1	5.9	5.9	6.2
信息服务业	16.5	16.7	17.1	19	20.1	20.1
金融业	10.4	10.4	11.7	11.3	10.8	10.5
房地产业	8.5	8.7	8.4	8	8.2	8
商务服务业	17.5	16.4	16.3	16.8	17.1	17.8
科技服务业	9.2	8.7	8.8	8.9	9.2	9.2
水利服务业	1.1	1.2	1.2	1.1	1.2	1.2
居民服务业	1.9	1.8	1.7	1.8	1.8	1.9
教育培训业	1.8	2.3	3	2.8	1.7	1.5
卫生服务业	0.9	0.9	0.9	1	1.1	1.2
文体娱乐业	2	2.2	2.2	2.4	2.5	2.5

注：2023 年为前 3 个季度数据。

资料来源：根据北京市统计局数据整理和计算。

3. 行业利润："蘑菇型"特征显著

2018 年，北京服务业中利润占比最高的是金融业，占比超过 50%，高达 53.7%。其次是商务服务业，占比为 17.1%。商务服务业利润占比较高，主要归因于"总部经济效应"，很多商务服务企业把企业利润都汇总到北京总部。排名第 3 的是信息服务业，占比为 14%。2023 年北京服务业的利润结构有所调整，从前 3 个季度的数据看，金融业利润占比依然最高，高达 49.1%，接近半数，相比 2018 年利润占比有所回落，下降了 4.6 个百分点。利润占比排在第 2 位的是信息服务业，占比为 19.3%，相比 2018 年的 14%提高了 5.3 个百分点。商务服务业利润占比为 12.8%，相比 2018 年回落了 4.3 个百分点（见表 6）。

表 6　2018~2023 年北京服务业利润总额占比

单位：%

行业	2018 年	2019 年	2020 年	2021 年	2022 年	2023 年
服务业	100	100	100	100	100	100
批发零售业	6.4	5.1	7.0	7.9	8.1	9.3
交通运输业	2.7	2	0.9	1.3	0.9	3.1
住宿餐饮业	0.2	0.2	-0.3	-0.2	-0.1	0.3
信息服务业	14	7.5	13.4	10.4	13.7	19.3
金融业	53.7	66.3	61.4	61.7	51.9	49.1
房地产业	2.7	2.1	1.8	1.8	0.9	1.8
商务服务业	17.1	14	13.1	14.3	21.2	12.8
科技服务业	2.1	1.8	2.8	2.4	2.9	3.1
水利服务业	0.2	0.2	0.1	0.1	0.1	0.1
居民服务业	0	0	0.0	0.0	0.0	0
教育培训业	0.1	0	-0.4	-0.3	0.1	0.2
卫生服务业	0	0	0.0	0.0	0.0	0.1
文体娱乐业	0.8	0.9	0.5	0.6	0.3	0.9

注：2023 年为前 3 个季度数据。

资料来源：根据北京市统计局数据整理和计算。

从收入利润率看，2018 年金融业、商务服务业、信息服务业收入利润率位居前 3，其中金融业 52.2%、商务服务业 45.4%、信息服务业 29.3%（见表 7）。结合行业利润总额指标看，三大行业收入利润率排名与其利润总额排名高度相关。2018~2022 年，北京服务业收入利润率总体在 20%上下波动，未呈现明显趋势性变化，进入 2023 年后情况有所变化。从 2023 年第 1~3 季度数据看，服务业的收入利润率整体出现下滑，降至 15.9%，为 2018 年以来最低水平。由此可见，2023 年前 3 个季度部分行业经营情况不容乐观，收入利润率有所回落。在服务业整体经营效率不佳的情况下，科技服务业受益于北京国际科技创新中心城市建设，利润总额、收入利润率均实现了稳步增长，其中收入利润率相比 2018 年增长幅度接近 60%，显示出强劲的增长能力。

表 7　2018~2023 年北京服务业收入利润率

单位：%

行业	2018 年	2019 年	2020 年	2021 年	2022 年	2023 年
服务业	19.6	21.5	18.1	17.7	18.1	15.9
批发零售业	2.7	2.4	2.3	3	3.1	3.2
交通运输业	11.1	8.9	3.8	5.1	3	8.8
住宿餐饮业	4.5	3.9	-10.3	-6	-9.7	6
信息服务业	29.3	16.1	15.5	13.8	16	18.9
金融业	52.2	62.1	54.9	55.3	50.3	44.5
房地产业	17.7	13.9	10.5	8	5.6	10.6
商务服务业	45.4	50	42.5	42.8	73.7	37.6
科技服务业	7.8	8.7	11	9	10.7	12.4
水利服务业	10.5	9.9	1.9	3.6	4.5	3.3
居民服务业	1.7	3.4	2.5	1.6	2.5	3.9
教育培训业	6.2	2.7	-5.8	-8.3	3.9	8.2
卫生服务业	-0.3	-3.4	-5.6	-1.5	-1.5	3.2
文体娱乐业	14.1	14.7	9.4	9.3	6	13.6

注：2023 年为前 3 个季度数据。
资料来源：根据北京市统计局数据整理和计算。

从成本费用利润率来看，高端服务业受外界环境变化影响较小，同时高端服务业企业强化对费用的管理控制，整体成本费用利润率降幅相对可控（见表 8）。2023 年，经济逐步复苏，科技服务业、文体娱乐业的成本费用利润率分别为 13%、15.2%，行业经营效率得到了明显提升。2023 年商务服务业的成本费用利润率为 34.4%，依然处于高位，尽管相比 2018 年回落了 8.1 个百分点，但总体经营效率相比其他行业仍具有明显优势。2023 年信息服务业的成本费用利润率为 20.8%，相比 2018 年回落了 11.3 个百分点（见表 8）。

表 8　2018~2023 年北京服务业成本费用利润率

单位：%

行业	2018 年	2019 年	2020 年	2021 年	2022 年	2023 年
服务业	24.8	28.1	22.8	22.3	22.3	19.6
批发零售业	2.7	2.4	2.3	3	3.1	3.3
交通运输业	11.7	9.2	3.7	5	2.9	9.2
住宿餐饮业	4.8	4	-9.4	-5.8	-8.8	6.3
信息服务业	32.1	17.5	16.5	14.8	17.5	20.8
房地产业	21.1	16.2	11.5	8.9	5.9	11.4
商务服务业	42.5	45.3	38.2	38.9	66	34.4
科技服务业	8.3	9.1	11.6	9.5	11.2	13
水利服务业	10.7	8.7	1.8	3.6	4.6	3.2
居民服务业	1.8	3.5	2.5	1.6	2.6	4.1
教育培训业	6.5	2.7	-5.4	-7.6	4.1	9.1
卫生服务业	-0.3	-3.3	-5.3	-1.5	-1.5	3.2
文体娱乐业	15	16.6	9.8	9.9	6.1	15.2

注：2023 年为前 3 个季度数据。

资料来源：根据北京市统计局数据整理和计算。

4. 空间分布：区域集聚明显

2014 年 2 月，习近平总书记视察北京并发表重要讲话，明确了新的城市战略定位，并就推进北京发展和管理工作提出 5 点要求；同时，京津冀协同发展上升为重大国家战略，《京津冀协同发展规划纲要》提出以有序疏解北京非首都功能、解决北京“大城市病”为基本出发点，重点优化区域分工和产业布局，加快打造京津冀协同发展新格局。

北京市“十三五”规划提出要巩固扩大金融、科技、信息、商务服务等产业优势，加快形成创新融合、高端集聚、高效辐射发展新模式，使产业布局和发展与城市战略定位相适应、相一致、相协调；京津冀“一核、双城、三轴、四区、多节点”的总体空间结构，要求发挥北京市高端服务业优势，优化北京市高端服务业布局，推动京津冀协同创新与产业协作。2017 年 9 月《北京城市总体规划（2016 年—2035 年）》提出要在市域范围内形成“一核一主一副、两轴多点一区”的城市空间结构，强化高端引领，聚焦价值链高端环节，促进金融、科技、文化创意、信息、商务服务等现代服务业创新发展和高端发展，并明确了主要功能区发展定位与产业导向（见表9）。

表9　北京市主要功能区规划布局

类别	区域	发展定位与产业导向
四大成熟功能区	北京商务中心区	国际金融功能和现代服务业集聚地，首都现代化和国际化大都市风貌的集中展现区域。应构建产业协同发展体系，加强信息化基础设施建设，提供国际水准的公共服务
	金融街	集中了国家金融政策、货币政策的管理部门和监管机构，集聚了大量金融机构总部，是国家金融管理中心。应完善商务、生活、文化等配套服务设施，增强区域高端金融要素资源承载力
	中关村西区和东区	科技金融、智能硬件、知识产权服务业等高精尖产业重要集聚区。应建设成为科技金融机构集聚中心，形成科技金融创新体系
	奥林匹克中心区	集体育、文化、会议会展、旅游、科技、商务于一体的现代体育文化中心区。应突出国际交往、体育休闲、文化交流等功能，促进多元业态融合发展
四大潜力功能区	北京城市副中心运河商务区和文化旅游区	承载中心城区商务功能疏解的重要载体。应建成以金融创新、互联网产业、高端服务为重点的综合功能片区，重点发展文化创意、旅游服务、会展等产业
	新首钢高端产业综合服务区	传统工业绿色转型升级示范区、京西高端产业创新高地、后工业文化体育创意基地。应加强工业遗存保护利用，打造国家体育产业示范区，推动首钢北京园区与曹妃甸园区联动发展
	丽泽金融商务区	新兴金融产业集聚区、首都金融改革试验区。应重点发展互联网金融、数字金融、金融信息、金融中介、金融文化等新兴业态
	南苑—大红门地区	带动南部地区发展的增长极。应建设成为集行政办公、科技文化、商务金融等功能于一体的多元化城市综合区

续表

类别	区域	发展定位与产业导向
两大临空经济区	北京首都国际机场临空经济区	形成以航空服务、通用航空为基础，以国际会展、跨境电商、文化贸易、产业金融等高端服务业为支撑的产业集群
	北京新机场临空经济区	有序发展科技研发、跨境电子商务、金融服务等高端服务业

资料来源：《北京城市总体规划（2016年—2035年）》。

北京市“十四五”规划进一步提出，要建设特色与活力兼备的现代化经济体系，特别是要“提升金融业核心竞争力，服务保障国家金融管理中心功能，大力发展数字金融、科技金融、绿色金融和普惠金融；加快数字货币试验区、金融科技与专业服务创新示范区、银行保险产业园、基金小镇、金融安全产业园等建设，支持各类金融企业做大做强；稳妥推进数字货币研发应用，发展全球财富管理；激发科技服务、研发设计等服务业活力，发展全国技术交易市场和知识产权交易市场；推动商务服务业高端化国际化发展，提升北京商务中心区国际化水平，探索建立专业服务国际联合体和行业联盟”。

受益于政策驱动以及北京经济社会发展需要，高端服务业逐渐成为优化首都城市功能布局的主要推动力量。金融街、商务中心区等高端产业功能区的现代服务要素加速集聚，特色更加鲜明，国际化服务能力显著提升。城市副中心运河商务区和文化旅游区、新首钢高端产业综合服务区、丽泽金融商务区等特色服务集聚区加快建设，承接一批优质服务机构落地，成为全市现代服务业新增长极。“双枢纽”机场高效运行，两大临空经济区建设提速，链接全球服务资源的能级显著提升。从城六区高端服务业增加值比较来看（见表10），各区高端服务业发展存在差异，西城区金融业、海淀区信息服务业具有明显优势。

表 10　2022 年城六区高端服务业增加值比较

单位：亿元

城六区	高端服务业态	2022 年增加值
东城区	信息服务业	404. 5
	金融业	1002. 8
	商务服务业	244. 7
	科技服务业	362. 1
	文体娱乐业	104. 1
西城区	信息服务业	227. 8
	金融业	3088. 7
	商务服务业	328. 4
	科技服务业	291. 4
	文体娱乐业	140. 5
朝阳区	信息服务业	1009. 4
	金融业	1544. 5
	商务服务业	1096. 2
	科技服务业	690. 5
	文体娱乐业	125. 6
海淀区	信息服务业	4515. 4
	金融业	1048. 6
	商务服务业	305. 7
	科技服务业	1263. 8
	文体娱乐业	249. 1
石景山区	信息服务业	303. 3
	金融业	195. 5
	商务服务业	35. 6
	科技服务业	64. 9
	文体娱乐业	16. 9
丰台区	信息服务业	113. 6
	金融业	326. 2
	商务服务业	189. 7
	科技服务业	299. 7
	文体娱乐业	35. 4

资料来源：北京各区 2023 年统计公报。

从整体来看，尽管国家服务业扩大开放综合示范区实施范围为市域，但全市高端服务业仍集中分布于海淀、西城、朝阳和东城等中心城区。特别是2020年国务院批示北京市建设自由贸易试验区，加快打造服务业扩大开放先行区、数字经济试验区，全市高端服务业集聚特征将更为明显。根据北京自由贸易试验区总体方案，科技创新片区主要侧重发展信息服务业、科技服务业，国际商务服务片区主要侧重发展数字贸易、文化贸易、商务会展、跨境金融等行业，高端产业片区侧重发展商务服务、国家金融与文化创意等行业。

二 北京高端服务业发展新趋势与新特征

（一）创新成为北京高端服务业发展的第一动力

1. 坚持顶层设计，全面推进国际科技创新中心建设

北京建设国际科技创新中心，既是立足自身科技和人才优势，服务国家战略需求的重大使命，也是作为全国首个减量发展的城市，不断提高全要素生产率、以创新驱动高质量发展的关键举措。2014 年，习近平总书记在北京考察时指出，新时期北京城市功能定位要谋划清楚，要牢牢坚持和强化全国科技创新中心这一核心功能，充分发挥北京科技资源富集、人力资源丰富这一优势，增强科技创新对我国经济社会发展的引领作用。2017 年，习近平总书记再次视察北京，进一步明确了北京是全国“政治中心、文化中心、国际交往中心、科技创新中心”的城市功能定位，强调北京最大的优势在科技和人才，服务国家科技创新战略是北京义不容辞的光荣使命，也是北京的历史责任。

在党中央、国务院的坚强领导下，北京市围绕服务国家重大战略需求，把创新提升到现代化建设全局的核心位置，编制实施 2021~2025 年（“十四五”时期）国际科技创新中心建设战略行动计划、国际科技创新中心建设规划和中关村国家自主创新示范区发展建设规划，形成了“一计划、两规

划”的顶层设计。2022 年 10 月、2023 年 2 月，习近平总书记等中央领导同志两次对北京国际科技创新中心建设做出重要批示。2023 年 5 月，科技部、北京市人民政府等 12 部门联合印发《深入贯彻落实习近平总书记重要批示精神加快推动北京国际科技创新中心建设的工作方案》。

为进一步贯彻落实习近平总书记重要讲话、重要指示批示精神和党中央决策部署，2024 年 1 月，北京市第十六届人民代表大会第二次会议高票表决通过了《北京国际科技创新中心建设条例》（以下简称《条例》）。《条例》作为北京市关于北京国际科技创新中心建设方向性、基础性、综合性的重要地方性法规，将市委加快国际科技创新中心建设的顶层设计，转化为建设目标、建设原则、规划布局、体制机制改革、创新活动支持、创新生态建设等具体要求和法定内容，将改革决策与立法决策更好地结合，以立法引领、推动、保障、规范国际科技创新中心建设，有利于更好地服务“四个中心”功能建设，支撑首都高质量发展。

2. 持续优化完善北京“三城一区”战略布局①

北京积极优化科技创新战略布局，系统推进“三城一区”主平台以及中关村国家自主创新示范区主阵地建设。其中，“三城一区”主平台以不足全市 6%的土地面积，贡献了 1/3 的地区生产总值。

中关村科学城位于北京主城区西北部，范围为海淀全域，区域面积为 430.7 平方千米，定位为科技创新出发地、原始创新策源地、自主创新主阵地，是北京国际科技创新中心核心区，是首都经济、科技、教育、人才大区。全域有 2 个国家实验室、106 个全国重点实验室（已完成重组 36 个）、10 个新型研发机构，驻有 37 所高校、96 家国家科研机构。除研发机构外，还有近万家国家级高新技术企业、328 家国家级专精特新小巨人企业、51 家独角兽企业、266 家上市企业。2022 年，全社会研发投入占地区生产总值的比重为 14.4%，每万人高价值发明专利拥有量为 395 件，是全市的 3.5 倍、

① 本部分数据来自北京市统计局内部资料。

全国的42倍。[①]

怀柔科学城规划范围约为100.9平方千米，定位为与国家战略需要相匹配的世界级原始创新承载区、战略性前瞻性基础研究新高地、综合性国家科学中心集中承载地、生态宜居创新示范区。怀柔综合性国家科学中心是怀柔科学城的显著特色和明显标志，主要围绕物质科学、信息与智能科学、空间科学、生命科学、地球系统科学五大科学方向展开布局。截至2023年底，怀柔科学城大科学设施集群初步形成，国家科学中心国际合作联盟正式成立，“一带一路”国际科学组织联盟落户怀柔，中国科学院18个院所以及清华、北大等高校科研团队相继进驻，北京雁栖湖应用数学研究院、纳米能源与系统研究所、德勤大学（德勤研修院）等创新主体快速发展。

未来科学城位于北京北部昌平区，规划面积为170.6平方千米，定位为建设全球领先的技术创新高地，是北京建设国际科技创新中心的枢纽型主平台。目前，形成了东区能源谷、西区生命谷和沙河高教园（简称为“两谷一园”）的创新格局。东区建设具有国际影响力的“能源谷”，集中入驻了国网智能电网研究院等74家高端研发机构和科技型企业，集聚了万余名能源领域科研人才，累计建成了46个国家级和北京市重点实验室、工程技术中心，是全国能源创新要素最集中的区域之一。西区建设具有全球领先水平的“生命谷”，聚集了昌平实验室、北京生命科学研究所等10余家高水平科研机构，搭建了全国首家国际研究型医院等专业技术平台，引入了新生巢、飞镖国际等高水平专业孵化机构，是国内生命科学领域创新资源最集中的区域之一，也是北京医药健康产业的创新引擎。沙河高教园已入驻北京航空航天大学等7所高校新校区和北京科技大学昌平创新园区，已累计进驻43个学院、45个国家和省部级重点实验室。

“一区”是指以亦庄、顺义为重点的创新型产业集群和“中国制造

---

① 《海淀区委书记王合生：为新时代首都发展贡献海淀硬核力量》，人民网，http：//bj.people.com.cn/n2/2023/0718/c14540-40498123.html，2023年7月18日。

2025”创新引领示范区。北京经济技术开发区位于北京东南部亦庄地区，1994年经国务院批准为国家级经济技术开发区，规划面积225平方千米，定位为“高精尖”产业主阵地。截至2023年底，经济技术开发区承接三大科学城成果转化成效显著，已经形成新一代信息技术、高端汽车和新能源智能汽车、生物技术和大健康、机器人和智能制造四大千亿级主导产业，建成国家新能源汽车技术创新中心、智能网联汽车国家制造业创新中心两大国家级创新中心，打造全球首个高级别自动驾驶示范区。顺义创新产业集群示范区位于北京东北部顺义区，定位为首都创新驱动发展前沿阵地、科技成果转化与产业化承载地、智能制造创新发展示范区，正在打造新能源智能汽车、第三代半导体、航空航天三大千亿级产业集群。

3. 创新资源集聚助力北京高端服务业创新发展

（1）北京高端服务业专业人才集聚特征突出

服务业发展对外部环境要求很高，需要专业人才供给、专业化环境提供。北京集聚了众多中国知名高校，人力资源供给较其他城市有显著优势。世界知识产权组织（WIPO）《2023年全球创新指数报告》显示，全球五大最佳科技集群全部在东亚，北京在五大科技集群榜单中位居第4。[①] 从机构看，北京拥有科研院所上千家，全国一半的顶尖学科和1/3的国家重大科技基础设施在北京，依托高校院所、领军企业建立了5个国家技术创新中心、78个国家工程研究中心，形成不同主体相互协同的创新联合体；从人才看，在京高校90余家，高等学校在校师生近100万人，集聚了全国一半的两院院士，研发人员达到47.7万人。近年来，北京加快建设高水平人才高地，深化人才发展体制政策创新，赋予科研人员和科学家更大的人财物自主权和科研技术路线决定权，出台“国际人才20条”等政策，打造8个国际人才社区，逐步形成有利于优秀人才集聚发展的良好环境。2023年，北京共411人次入选全球“高被引科学家”，同比增长21.2%，占全球的5.8%，比上

① 《世界知识产权组织发布“最佳科技集群”，全球五大集群都在东亚》，搜狐网，https://www.sohu.com/a/722162026_121332532，2023年9月20日。

年提高0.9个百分点（见图3）。① 世界知识产权组织发布的《全球百强科技创新集群》榜单中，北京位列第4，科学研究的国际影响力不断提升。

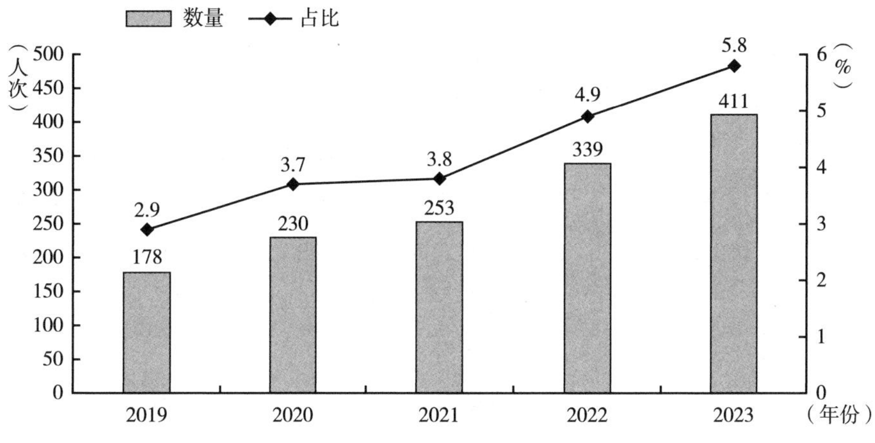

图3　2019~2023年北京人才入选全球“高被引科学家”情况

资料来源：根据北京市统计局公开数据整理。

（2）高端服务业创新发展具有较好产业基础②

服务业扩大开放对制度要求很高，在目前数字服务贸易和数字经济飞速发展背景下，对外开放对数字经济的监管进入“深水区”，需要多部门、跨地区协调，才能够保证有效、深入地监管，促进行业长期稳定发展。从这一层面来看，北京试点成功率更高，距离决策层更近，信息传输路径更便捷，有利于进度反馈、适时监管。以中关村国家自主创新示范区为例，中关村率先启动多项试点，立足中关村软件园，推动数字证书、电子签名等的国际互认，试点数据跨境流动，建设国际信息产业和数字贸易港，探索建立以软件实名认证、数据产地标签识别为基础的监管体系。从产业看，截至2022年底，北京有2.82万家国家高新技术企业，独角兽企业121家（全球第3，国内第1），形成新一代信息技术和科技服务业2个万亿级产业集群，还有

① 《北京国际科技创新中心建设稳步推进》，北京市统计局网站，https：//tjj.beijing.gov.cn/zxfbu/202401/t20240121_3541594.html，2024年1月21日。

② 本部分数据来自北京市统计局内部资料。

人工智能、医药健康等5个千亿级产业集群。2022年，北京数字经济增加值达17330.2亿元，占全市地区生产总值的比重达到41.6%。2023年1~3季度，全市实现数字经济增加值14060亿元，同比增长8.3%，占地区生产总值的44.3%，同比提高1.1个百分点，对全市GDP增长的贡献率超六成。

（3）高研发投入为北京高端服务业发展注入持续动力①

2022年，北京市投入研发经费2843.3亿元，投入强度达6.83%，其中基础研究占比为16.6%，居全球创新城市前列；专利授权量20.3万件，PCT国际专利申请量11463件，每万人高价值发明专利拥有量112件。2023年上半年，全市每万人发明专利拥有量为238件，同比增长17.8%。每年的全国十大科技进展和国家科技成果一等奖中，约有一半来自北京，在量子信息、人工智能、区块链、生命健康等前沿领域，涌现出马约拉纳任意子、天机芯、基因测序技术、量子反常霍尔效应、量子直接通信样机等一批世界级重大原始创新成果。2023年1~9月，中关村科技园区（含组团）规模以上企业总收入扭转了连续4个月的负增长态势，实现总收入5.9万亿元，同比增长0.4%，重回正增长区间；重点企业支撑作用突出，1~9月大型企业、国家高新技术企业总收入分别同比增长4.1%、6.3%，对园区总收入增长贡献率均超100%，是拉动园区稳增长的中坚力量。创新投入稳步增长，2023年1~9月，园区研发费用达2845.3亿元，同比增长1.2%；企业研发投入强度（企业研发费用占总收入比重）为4.8%，较上年同期提升0.1个百分点，其中信软业研发投入强度为10.9%，居各行业首位。

（二）开放成为北京高端服务业发展新引擎

北京历来是中国对外开放的重要窗口，为全面有效推进北京市服务业扩大开放综合试点工作，2015年5月，国务院批复《北京市服务业扩大开放综合试点总体方案》，旨在通过放宽准入、优化监管、完善环境等措施，推动北京与国际服务业深度接轨，探索以服务业为主导的开放新模式，为全国

① 本部分数据来自北京市统计局内部资料。

服务业扩大开放积累经验。2020年8月，国务院批复同意设立中国（北京）自由贸易试验区。同年9月，国务院发布《关于深化北京市新一轮服务业扩大开放综合试点建设国家服务业扩大开放综合示范区工作方案的批复》，明确指出北京要立足首都城市战略定位，服务国家重大战略，在风险可控前提下，精心组织，大胆实践，打造世界级的服务贸易中心城市，为全国服务业开放发展、创新发展提供示范引领。

1. 北京持续构建“6+1”扩大开放格局

2015年以来，北京服务业扩大开放试点改革稳步推进，截至2023年底，试点方案总共经历了4轮较大调整升级，持续对标国际高水平开放，不断进行制度创新，探索北京服务业开放发展新业态、新模式、新路径，持续构建“6+1”扩大开放格局。其中，“6”是指聚焦科学技术、互联网和信息、文化教育、金融、商务和旅游、健康医疗六大重点服务领域，逐步向各类资本开放，以开放促改革、促发展，加快北京服务业的升级和换代；“1”即深化对外投资管理体制改革，帮助本土企业积极开拓国际市场，加快企业“走出去”步伐，更好地利用两个市场、两种资源，拓宽本土企业发展空间，提升国际竞争力。

在实践中，为了构建高水平开放型经济新体制，一方面，北京充分发挥“两区”叠加优势，锚定科技创新、服务业开放、数字经济及京津冀协同的“3+1”特征，以制度创新为核心，以可复制、可推广为基本要求，以服务高质量发展为目标追求，在推进“两区”建设过程中，注重发挥自身优势，服务国家重大战略，实施了56项体制机制创新，探索形成了40项创新经验案例向全国复制推广。另一方面，北京坚持统筹推进产业开放和园区开放。出台实施九大领域开放方案和自贸组团实施方案，开展重点园区（组团）发展提升专项行动，推动“三片区七组团”和服务业扩大开放重点园区特色化差异化发展，持续推动重大平台和重点项目落地。截至2023年9月，“两区”建设累计入库项目1.8万余个，涉及投资额超3.5万亿元，其中已落地项目超1.2万个，涉及投资额近2.3万亿元，实际利用外资551.4亿美元，占全国的9%，其中服务业利用外资占比达97%①，开放型经济特征进一步凸显。北京证券交易所、北京国际大数据交易所、摩根士丹利证券另类投资子公司等近130个标志性项目相继落地。此外，北京还出台了支持首都高水平开放发展若干措施，开展促进跨境贸易便利化专项行动，积极引导外贸企业开拓多元化国际市场，北京首列欧洲直达中欧班列成功开行。

2. 北京服务业扩大开放取得显著成效

（1）服务业的外资主阵地进一步强化

2018年，北京一、二、三产实际利用外资金额分别为6725万美元、224817万美元和1442093万美元，占比分别为0.4%、13.4%和86.2%，利用外资水平基本与其占国民经济生产总值的比重相当。然而，受新冠疫情、北京去工业化进程过快等因素影响，2022年北京一、二、三产实际利用外资金额分别为37万美元、52445万美元和1688286万美元，其中第一产业占比微乎其微，仅为0.002%，第二产业占比进一步下滑至3.0%，远低于第二产业占GDP的比重15.9%，其中制造业占比更是降至2.5%，达到一个较低的历史水平。相比之下，第三产业利用外资占比进一步扩大，达到了97%，几乎吸纳了全部外商直接投资（见表11）。

表11　2018年和2022年北京实际利用外资规模和结构

单位：万美元，%

产业/行业	2018年		2022年		增速
	金额	占比	金额	占比	
第一产业	6725	0.4	37	0.002	-99.4
第二产业	224817	13.4	52445	3.0	-76.7
第三产业	1442093	86.2	1688286	97.0	17.1
制造业	90166	5.4	43662	2.5	-51.6

① 《专访刘梅英：北京“两区”建设为国家制度型开放探路先行》，开放北京公共信息服务平台，https://open.beijing.gov.cn/html/kfdt/sddt/2023/9/1693838439397.html，2023年9月4日。

续表

产业/行业	2018 年		2022 年		增速
	金额	占比	金额	占比	
信息服务业	446614	26.7	394366	22.7	-11.7
金融业	67749	4.0	133554	7.7	97.1
商务服务业	287787	17.2	369097	21.2	28.3
科技服务业	243834	14.6	698192	40.1	186.3
文体娱乐业	5727	0.3	1152	0.1	-79.9

资料来源：根据《北京统计年鉴（2023）》整理。

科技服务业吸引外资成为重头戏。从细分行业看，在实际利用外资增速方面，科技服务业增速最快，为 186.3%，其次为金融业，增速为 97.1%，商务服务业位居第 3，也实现了 28.3%的增长。从结构看，科技服务业为高端服务业引资第一大服务业，2022 年占比高达 40.1%，相比 2018 年提升了 25.5 个百分点；其次为信息服务业，2022 年占比为 22.7%，相比 2018 年降低了 4 个百分点；商务服务业位居第三，2022 年占比为 21.2%，相比 2018 年提升了 4 个百分点。综合增长速度、结构占比等因素，一方面，可以看出科技服务业、信息服务业、商务服务业已成为北京服务业扩大开放主要引资部门，利用外资势头强劲；另一方面，这些领域利用外资大幅增长，也进一步折射出了北京国际科技创新中心、数字标杆城市、服务业扩大开放等未来重大城市发展战略。

（2）自贸区对全市经济贡献稳步提升

在“两区”建设的带动下，北京服务业和服务贸易的发展势头强劲。2023 年，北京地区进出口总值为 3.65 万亿元，同比增长 0.3%。从进出口结构看，出口增势较好，同比增长 2%，占进出口总值的 16.4%。从贸易伙伴看，与共建“一带一路”国家产生的进出口总值为 1.92 万亿元，占地区进出口总值的 52.7%。其中，出口 3496 亿元，同比增长 2.1%。2023 年，自贸区进出口总值为 4624.3 亿元，同比增长 2.7%；占地区进出口总值的

12.7%，同比提高 3.4 个百分点。①

从自贸区增加值看，北京市统计局初步核算数据显示，2023 年 1~9 月自贸区实现增加值 3339.7 亿元，占全市的比重为 10.5%，同比提高 1.3 个百分点。2020~2023 年北京自贸区增加值变化见图 4。

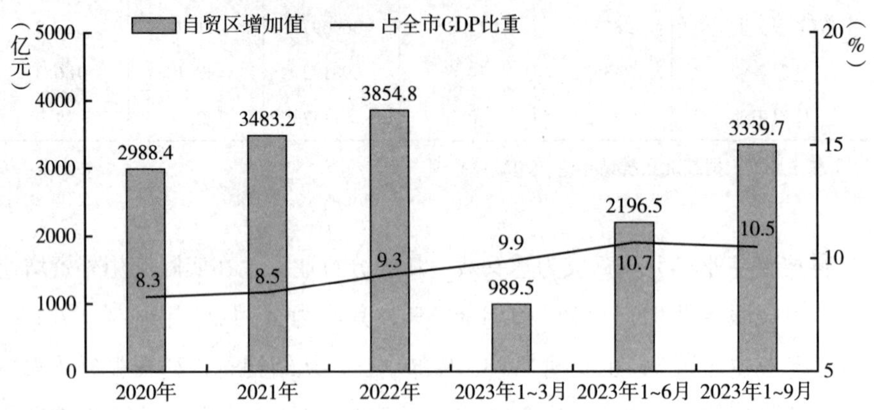

图 4　2020~2023 年北京自贸区增加值变化

资料来源：根据北京市统计局数据计算和整理。

自贸区外资企业集聚特征显著。截至 2023 年 11 月末，自贸区规模以上企业中外资企业数量占比超两成，高出全市外资企业数量占比 11.8 个百分点；自贸区规模以上企业中外资企业实现营业收入 1.9 万亿元，占自贸区营业收入的比重超六成，高出全市外资企业营业收入占比 33.1 个百分点。②

外资企业发展呈现稳中向好的态势。外资企业收入占第三产业的比重不断提高，2023 年 1~9 月达 29.8%，较 2019 年提高 8.5 个百分点（见图 5）。2023 年 1~11 月，全市规模以上外资企业实现营业收入 5.6

① 《北京“两区”建设取得实效》，北京市统计局网站，https：//tjj.beijing.gov.cn/zxfbu/202401/t20240122_ 3542145.html，2024 年 1 月 22 日。

② 《北京“两区”建设取得实效》，北京市统计局网站，https：//tjj.beijing.gov.cn/zxfbu/202401/t20240122_ 3542145.html，2024 年 1 月 22 日。

万亿元，同比增长 10.2%。其中，服务业扩大开放重点行业中的信息服务业、文体娱乐业、卫生服务业 3 个行业的外资企业营业收入增速均超过 30%。①

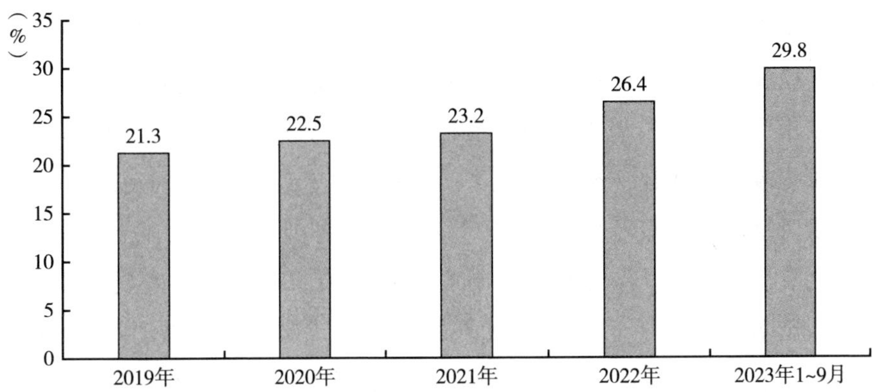

图 5　2019~2023 年北京外资企业收入占第三产业比重

资料来源：根据北京市统计局数据整理。

3. 为全国服务业扩大开放树立了北京样板

受益于“两区”建设政策红利，北京利用外资一直保持较高水平，从 2020 年到 2023 年 6 月，北京市实际利用外资 551.4 亿美元，占全国利用外资总额的比重接近 10%，远高于同期北京经济总量占全国的比重，其中服务业利用外资成效显著，占比高达 96.5%。② 从示范区看，截至 2023 年 9 月，示范区累计吸收服务业外资 457.5 亿美元，占全国服务业吸引外资的 11.2%。北京市商务局公布的数据显示，2023 年，北京市累计入库“两区”项目 1.1 万余个，落地项目近 8000 个。2023 年，北京新设的外资企业达到

① 《北京“两区”建设取得实效》，北京市统计局网站，https://tjj.beijing.gov.cn/zxfbu/202401/t20240122_3542145.html，2024 年 1 月 22 日。

② 金观平：《汇聚全球服务贸易发展合力》，中工网，https://www.workercn.cn/c/2023-09-03/7967292.shtml，2023 年 9 月 3 日。

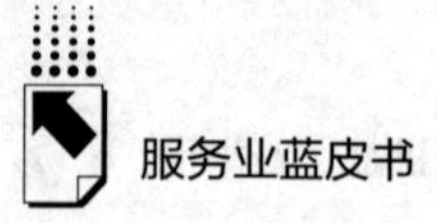

1729 家，同比增长 22.8%。[①]

利用北京优势打造北京“样板”，能快速找到发力点，带动全国服务业对外开放。北京在管理机制上从多维度形成比较完善的服务业对外开放监管体系，能为其他地区提供样板，从而减少企业未来发展中所面临的政策不确定性。一方面，“两区”建设有助于北京进一步提升发展质量，创新服务模式，提高开放水平，极大地促进了北京市经济社会发展，助推构建北京市“十四五”时期的新发展格局。另一方面，“两区”建设有助于北京深化改革，在数字经济、金融、生物技术等诸多领域进行探索，为全国提供可复制的示范经验。在 2022 年国家服务业扩大开放试点示范评价中，北京名列第 1，有效发挥了制度创新试验田和高质量发展新引擎作用。截至 2023 年 9 月，国务院批复的“两区”建设 251 项任务，实施率近 98%，在开放规则、标准探索方面，累计形成 3 批 60 多项创新成果[②]，推出了 10 余个专项改革方案近 500 条措施，在京落地突破性政策累计 90 多项，其中全国首创性政策近 50 项，有 40 多项创新经验案例向全国推广，以政策创新优化制度供给、服务产业做优的局面加速形成，在进一步加快北京“两区”建设步伐的同时，也为全国构建高标准的服务业开放制度体系积累了新经验。

历经 8 年探索，北京服务业扩大开放形成了一批开放试点实践案例（见表 12），部分经验做法（见表 13）已经推广至全国，覆盖面越来越广，从开始的天津、上海、海南、重庆 4 个试点省市，逐步扩大到沈阳、南京、杭州、武汉、广州、成都 6 个试点城市，涵盖了我国服务业发展水平较高、中外服务业领域投资合作潜力较大的区域，为我国全面推进服务业扩大开放发挥了基础性作用。

---

① 《2024 年北京“两区”这样建》，《北京商报》2024 年 1 月 22 日。

② 《国务院新闻办就深化国家服务业扩大开放综合示范区建设有关情况举行发布会》，国务院新闻办网站，https：//www.gov.cn/zhengce/202311/content_6917488.htm，2023 年 11 月 25 日。

表 12　北京市服务业扩大开放综合试点的最佳实践案例

时间	具体内容
2018 年 3 月	1. 外商投资企业“全周期”管理机制
	2.“直通车”国际引才引智模式
	3. 协同互认的离境退税模式
	4.“1+X”服务业监管服务平台模式
2018 年 11 月	1. 投贷联动试点助推科技金融创新发展
	2. 文化艺术品“区内存储+区外展拍”保税交易模式
	3. 全程通办、全城通办的工商登记服务体系
	4. 建立营商环境评价机制
	5. 建立生活性服务业地方标准规范体系
2020 年 6 月	1.“一带一路”法律与商事综合服务
	2. 北京广播电视网络视听节目“走出去”服务体系
	3.“一带一路”快速铁路跨境电商运输线
	4. 专利申请优先审查“绿色通道”
	5. 专利质押融资助力知识产权变“资本”
	6. 新建楼宇项目住所证明新方式
	7. 老工业街区转型发展“首发+首店”品牌经营
2021 年 8 月	1. 构建科技创新全链条服务“生态”体系
	2.“五项结合”为知识产权“上保险”
	3. 数字增信文旅产融模式创新
	4. 率先在全市域开展旅行社设立许可告知承诺办理
	5. 推动股权投资和创业投资份额转让模式创新
	6. 构建金融纠纷“一站式、一体化、全链条”多元化解机制
	7. 创新实施“区块链+电子证照”的政务服务模式
	8. 区块链数据资产保管箱助力外贸企业数字化运营
	9. 京津冀联动的全球化协同创新服务模式
	10. 京津冀区域协同标准化协作模式

资料来源：《商务部关于印发北京市服务业扩大开放综合试点第三批最佳实践案例的函》（商资函〔2020〕180 号）、《商务部关于印发北京市服务业扩大开放综合示范区建设最佳实践案例的函》（商资函〔2021〕469 号）。

表 13　北京市服务业扩大开放综合试点经验复制推广情况

政策经验	推广范围
统一登记的动产担保融资服务模式	全国
支持永久居留身份外籍人才创办科技型企业	全国
设立外籍人才一站式政府服务工作站	全国

续表

政策经验	推广范围
知识产权纠纷多元化调解机制	全国
延长非必检研发测试车辆暂时进口期限	全国
“互联网+护理服务”模式创新	全国

资料来源：商务部等 11 部门印发《关于做好北京市服务业扩大开放综合试点经验复制推广工作的通知》（商资函〔2020〕212 号）。

（三）数字化为北京高端服务业发展注入新动力

数字经济是指以数据资源作为关键生产要素，以现代信息网络作为重要载体，以信息通信技术的有效利用作为效率提升和经济结构优化的重要推动力的一系列经济活动。数字经济是北京服务业发展的必然选择。北京市服务业扩大开放综合试点方案中多次提出数字经济，提出要实施北京大数据行动计划、建设智慧城市。一方面，数字经济能为北京市服务业高质量发展注入新动力。数字经济通过数字技术创新，为数字服务业发展开创更广阔的市场，形成“移动互联网+服务业”新模式。另一方面，发展数字经济为北京市服务业扩大开放提供了新路径。随着互联网、大数据、5G、区块链等技术广泛应用于包括服务业在内的各个领域，传统服务业在时间和空间上的限制被打破，数字经济成为综合示范区建设的重要内容。

1. 五大举措全面推动数字经济发展

（1）适当提前布局数字基础设施建设，夯实北京数字经济发展基础

坚持数字城市与现实城市同步规划建设，适度超前布局以数据创新为驱动、通信网络为基础、数据算力设施为核心的数字基础设施，推进“5G+”“互联网+”应用创新，筑牢智慧城市建设新底座，助力北京全球数字经济标杆城市建设。截至 2023 年第 3 季度，全市累计建设 5G 基站 10.4 万个，当年新建 2.7 万个；实现五环内全覆盖、五环外重点区域和典型场景精准覆盖；累

计千兆固网用户 200.7 万户，当年新增 66.3 万户。[①] 由此可见，北京“七通一平”（一网、一图、一云、一码、一感、一库、一算以及大数据平台）智慧城市基础设施建设初见成效。2023 年 7 月，为了进一步加快北京智慧城市建设，优化完善北京的数字基础设施，北京市出台了《关于进一步推动首都高质量发展取得新突破的行动方案（2023—2025 年）》，方案提出，要夯实先进数字基础设施，超前布局 6G 未来网络，以便为北京的数字化转型提供坚实的支撑。

（2）标杆技术巩固战略性优势，催生孕育数字化产业新集群

北京在科技资源、人才资源和产业基础方面优势显著，人工智能总体技术和应用与世界先进水平基本保持同步，自然语言、通用视觉、多模态交互大模型等形成完整技术栈，关键算法技术已达到国内领先、国际先进水平。为努力建成具有全球影响力的人工智能创新策源地，打造全球人工智能新高地，2023 年北京连续出台《北京市促进通用人工智能创新发展的若干措施》《北京市加快建设具有全球影响力的人工智能创新策源地实施方案（2023—2025 年）》等重磅政策措施，从突破关键核心技术、夯实源头底层基础、挖掘开放应用场景等方面，对北京市人工智能发展战略进行统筹优化，不断完善北京人工智能产业发展生态，为产业发展提供方向指引和政策保障，以便更好地发挥北京在人工智能领域的创新资源优势，不断提升北京乃至全国人工智能的发展水平和全球影响力。

（3）标杆政策首发首创，全面夯实数字化发展基础

数据作为新型生产要素，深刻影响着当下城市生产、生活以及社会治理方式。国务院出台了《关于构建数据基础制度更好发挥数据要素作用的意见》，从数据产权、流通交易、收益分配等方面提出 20 条主要政策措施，全方位构建数据要素治理的基础性制度，旨在发挥数据作为新型生产要素的积极作用。为了深入贯彻落实国家“数据二十条”，北京市出台《北京市数字经济促进条例》，率先创建全国首个数据基础制度先行区，积极探索数据

① 《北京已累计建设 5G 基站 10.4 万个　实现五环内全覆盖》，人民网，http：//bj.people.com.cn/n2/2023/1123/c14540-40651859.html，2023 年 11 月 23 日。

资产化和价值化路径，推动多行业、多领域、跨部门、跨层级数据有序流通，探索数据所有权和使用权的合理剥离、“原始数据不出域、数据可用不可见”等新型数据交易范式。推动超大规模人工智能模型训练平台和区块链先进算力实验平台建设，构建国内首家具有完全自主知识产权，利用综合数据技术、探索数据交易新模式的区块链数据交易 IDeX 系统，成立全国首个数据交易联盟，上架数据产品 1431 个，参与主体 591 家，全面推进数据资源化、资产化、资本化进程，不断强化北京数字化发展基础。

（4）开放场景推进产业数字化发展，全面赋能经济社会发展

在城市运行赋能方面，发布智能网联公交示范、无人配送车车路协同、全方位智能配送站等多个应用项目榜单，加快推进全球首个网联云控式高级别自动驾驶示范区建设，率先提出和实践车路协同技术路线，开放国内首个出行服务商业化试点，全面启动 3.0 阶段 580 平方千米扩区工作。在数字化新生活建设方面，探索智慧养老、智能家居、数字化社区、无人农场等应用场景开放模式。城市空间操作系统百万平方米试点建设顺利推进，面向城市秩序、楼宇经济和数字商圈开展技术和场景验证，在城市治理等方面发挥重要作用。启动跨体系数字医疗示范中心建设工程，开展互联网医院跨院复诊等应用试点，初步完成 4771 万人的健康信息归集。推进回天地区和城市副中心试点工作，探索引入社会力量参与便民生活服务场景建设，打造基层治理“大平台、小前端、富生态”的北京模式。在产业发展赋能方面，加快实施“新智造 100”工程，持续提升制造业智能制造供给能力。截至 2023 年底，北京市已有 103 家企业完成智能工厂和数字化车间建设，生产效率提高 10%以上。①

（5）搭平台促合作，联动优化数字化发展新环境

数字经济时代，数据作为重要生产要素，在经济社会发展中具有重要的战略价值，掌握数据意味着掌握发展主动权。为提升北京市数据治理和数据运营能力与水平，促进数据要素的价值发挥，北京市出台《北京市首席数据官制度试点工作方案》，明确在北京市政府机关推进首席数据官制度，以便更好地统筹北京

① 《北京前三季度数字经济增加值超 1.4 万亿》，《北京青年报》2023 年 11 月 25 日。

市数据资源开发与应用，不断提升北京市数据治理能力。数据是新型生产要素，首席数据官设立也是新事物，没有现成的经验可循，为了把试点方案落到实处，北京市在13家市级委办局和各区推进首席数据官制度，探索如何实现数据管起来、用起来、活起来。此外，在首席数据官培养方面，北京市还积极构建首席数据官培训平台，开设北京企业首席数据官素养能力培训班，探索政产学研协同的企业首席数据官培育模式，加快高水平、创新型、复合型数据人才培养。

2. 北京市数字经济发展取得显著成效

（1）数字经济产业贡献度快速提升

北京“十四五”规划提出，要大力发展数字经济，建设全球数字经济标杆城市。2021年，北京市发布《关于加快建设全球数字经济标杆城市的实施方案》，提出在数字经济发展上，要超前谋划、先行先试，高标准建设。2023年前3个季度，全市实现数字经济增加值14060亿元，同比增长8.3%，占GDP比重为44.3%，其中数字经济核心产业实现增加值8226.7亿元，增长10.6%。[①] 2023年全年北京市数字经济实现增加值18766.7亿元，同比增长8.5%，占地区生产总值的比重为42.9%，比上年提高1.3个百分点。[②] 新华三集团数字中国研究院《城市数字化发展指数（2023）》数据显示，在2022年全国主要城市数字化排名中，上海、杭州与北京分别位列前3，评分分别为93.6分、92.9分和92.4分，3个城市的数字化发展水平处于全国领先地位（见表14）。

表14　2022年全国主要城市数字化发展指数评分及排名

单位：分

排名	城市	评分
1	上海	93.6
2	杭州	92.9
3	北京	92.4

① 数据来自北京市统计局调研数据。

② 《北京建设全球数字经济标杆城市取得积极成效》，北京市统计局网站，https://tjj.beijing.gov.cn/zxfbu/202401/t20240123_3542804.html，2024年1月23日。

续表

排名	城市	评分
4	深圳	92.0
5	成都	90.1
6	广州	87.9
7	南京	84.8
8	苏州	83.1
9	重庆	81.8
10	武汉	81.2

资料来源：新华三集团数字中国研究院《城市数字化发展指数（2023）》。

随着北京市数字经济规模持续扩大，数字贸易额稳步增加，由 2018 年的 1 万亿元增长至 2023 年的 1.88 万亿元，成为新时代北京市经济增长的重要动力。北京信息软件业强劲增长，2023 年上半年实现营收 12984 亿元，同比增长 17.4%，占全市 GDP 的比重上升至 21.6%，营收总量占全国比重超过 1/4，增速高于全国 4.8 个百分点。人工智能、区块链、信创、工业互联网等核心产业规模均居全国之首，互联网 3.0 企业超 6000 家，位列全国第 1①，成为北京促进产业高质量发展、确保就业局势稳定、推动全方位对外开放的坚实基础。

（2）数字经济企业竞争优势显著

从国际看，在美国福布斯发布的全球数字经济百强榜单中，北京有 8 家企业上榜，占国内半数以上；在胡润研究院发布的 2022 年全球独角兽榜中，北京有 90 家企业入榜，排名全球第 3。② 从国内看，北京市近 3 年数字经济核心产业新设企业共计 3 万余家，年均新设 1 万家，核心产业规模以上企业超 8000 家。北京市经济和信息化局《2023 北京软件和信息服务业发展报

① 《新增“两区”建设项目超 7000 个上半年本市实际利用外资近百亿美元》，开放北京公共信息服务平台，https://open.beijing.gov.cn/html/kfdt/sddt/2023/8/1692327655168.html，2023 年 8 月 18 日。

② 《北京数字经济同比增长 7.6%，迎来“开门红”》，京报网，https://news.bjd.com.cn/2023/04/25/10411031.shtml，2023 年 4 月 25 日。

告》数据显示，2022 年北京市营收百亿元以上企业有 22 家，收入占比为 61.8%，较 2021 年提高 3.8 个百分点，其中抖音、美团、快手的营收过千亿元，阿里巴巴、百度、腾讯 3 家企业在京营收均超 500 亿元。营收 10 亿元以上企业 185 家，收入占比为 80.1%，较 2021 年提高 2.5 个百分点；营收亿元以上企业 1613 家，收入占比为 95.8%，较 2021 年提高 0.4 个百分点。此外，北京软件信息服务业的集聚效应显著。《中国互联网企业综合实力指数（2023）》数据显示，在排名前 10 的互联网企业中，北京市占一半（见表 15）；在互联网百强企业中，北京市有 32 家，占比近 1/3。由此可见，北京市互联网企业的综合实力在全国处于领先地位。

表 15　2023 年中国互联网综合实力排名前 10 企业

排名	企业名称	主要业务和品牌	所属地
1	深圳市腾讯计算机系统有限公司	微信、QQ、腾讯云	广东省
2	蚂蚁科技集团股份有限公司	支付宝、蚂蚁链、OceanBase	浙江省
3	淘天集团	淘宝、天猫	浙江省
4	百度公司	百度搜索、百度智能云、文心一言	北京市
5	美团公司	美团、大众点评、美团外卖	北京市
6	上海寻梦信息技术有限公司	拼多多、多多买菜、Temu	上海市
7	京东集团	京东、京东物流、京东科技	北京市
8	北京快手科技有限公司	快手、快手极速版、AcFun	北京市
9	北京抖音信息服务有限公司	抖音、今日头条、西瓜视频	北京市
10	网易公司	网易邮箱、网易游戏、网易有道	浙江省

资料来源：中国互联网协会《中国互联网企业综合实力指数（2023）》。

（3）数字经济治理体系率先构建，数字化赋能作用凸显

印发“北京数据二十条”，在全国率先落地首个“数据资产登记中心”和首批“数据资产评估试点”。为有效破解企业数据跨境流通难题，设立全国首个服务跨境场景的数据托管平台，有序开展跨境数据合规托管工作，提供数据托管、脱敏输出、融合计算、建档备案等服务，探索建立数据资产登记、交易等制度。为规范数据知识产权登记行为，维护数据要素市场参与主

体的合法权益，出台《北京市数据知识产权登记管理办法（试行）》，实现数据知识产权登记工作全面落地，更好地促进数据要素高效流通使用，释放数据要素潜能。

加快产业数字化发展，利用数字技术全方位、全链条赋能传统产业，提升全要素生产率。2022 年，北京市服务业中数字经济核心产业收入突破 4 万亿元，2023 年前 3 个季度实现收入 3.2 万亿元，两个报告期的同比增速均高于服务业平均水平 5 个百分点以上（见表 16）。

表 16　北京市服务业中数字经济核心产业及主要行业的规模和增速

单位：亿元，%

行业	2022 年		2023 年 1~9 月	
	收入	同比增速	收入	同比增速
服务业	166444.8	-1.2	124217.5	1.5
数字经济核心产业	40397.4	4.3	31515.9	8.8
数字产品服务业	7183	6	5336.6	-4.9
数字要素驱动业	10264.9	-2.6	7332.6	-2.4
数字技术应用业	22949.5	7.2	18846.7	18.9
软件开发	8692.8	11.3	7606.9	27.4
信息技术服务	6407.1	4.4	5266.5	17.5
互联网相关服务	6235.8	6.3	4819.5	12.3
电信、广播电视和卫星传输服务	1612.5	1.2	1153.4	4.9
其他数字技术应用业	1.2	-9.1	0.3	-41

资料来源：根据北京市统计局数据整理。

（四）融合成为北京高端服务业发展重要着力点

制造业和服务业融合发展，是顺应新一轮科技革命和产业变革，增强制造业核心竞争力、巩固战略性新兴产业发展、助推现代产业转型升级、实现高质量发展的重要途径，是当前全球经济发展的重要特征，也是全球产业变革的大势所趋。制造业和服务业融合发展，以制造业高效率带动服务业生产效率的提升，反过来服务业又利用专业化优势促进制造业生产效率提升，可促进整个国民经济生产效率的提高，有效克服“鲍莫尔成本病”，并避免陷入“中等收入陷阱”。

关于两业融合，党中央、国务院出台的政策文件提到的更多是先进制造业与现代服务业的融合。先进制造业的概念起源于20世纪90年代，是随着信息技术的发展，制造业转型升级、大幅提质增效的产物。先进制造业的内涵目前尚无统一标准，没有明确定义，更多是指与传统制造业相对应的一种产业形态，两者的区别主要在于效率、效益，先进制造业更多是指大量采用现代先进技术、管理模式的企业。2023年7月，国家统计局在国家层面出台《现代服务业统计分类》，对现代服务业的概念、分类进行了界定，主要包括信息传输、软件和信息技术服务业，科学研究和技术服务业，金融业，现代物流服务业，现代商贸服务业，现代生活服务业，现代公共服务业，融合发展服务业八大类。从最新现代服务业的分类构成可以看出，党中央国务院强调的两业融合，更多指的是生产性服务业与制造业的融合，而信息传输、软件和信息技术服务业，科学研究和技术服务业，金融业，现代商贸服务业等生产性服务业本身又是高端服务业的重要组成，因此北京高端服务业与制造业的融合发展研究结论，对北京现代服务业与制造业融合发展研究同样适用。

1. 两业融合的主要产业形态和实现路径

两业融合，目的在于促进技术渗透、业务关联、链条延伸，形成一批新业态、新模式，对推动现代服务业向价值链高端迈进、破解我国经济“低端锁定”、促进经济高质量发展具有重大作用。

2019年11月，为顺应科技革命与产业变革需要，推动制造业与服务业相融相长、耦合共生，国家发改委、工业和信息化部、中央网信办等15个部门联合发布《关于推动先进制造业和现代服务业深度融合发展的实施意见》，提出要加大两业融合新业态、新模式培育，深化新一代信息技术、人工智能等应用，在智能工厂、工业互联网、柔性化定制、共享生产平台、总集成总承包、全生命周期管理、供应链管理、服务衍生制造、文旅工业融合等方面加大创新支持力度；在融合发展路径方面，给出了原材料工业和服务

业融合、消费品工业和服务业深度融合等十大重点发展路径（见图6）。十大新业态、新模式和新路径为我国两业深度融合指明了发展方向和实现路径。

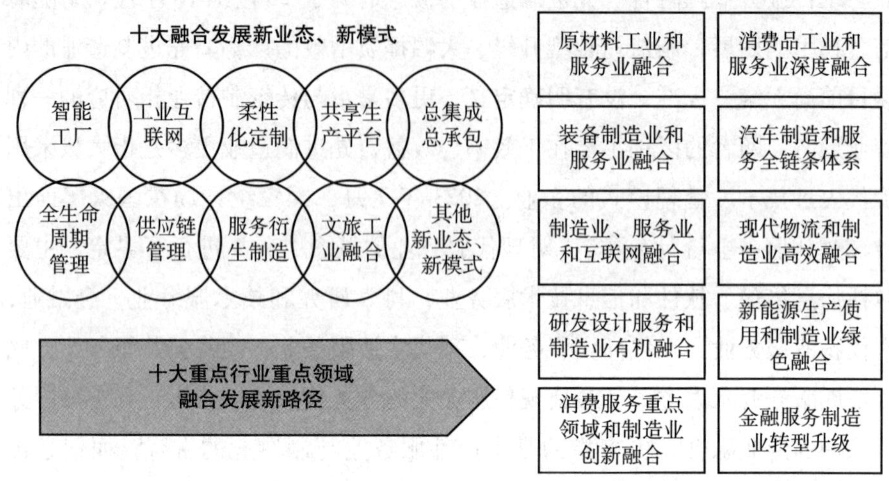

图6　十大融合发展新业态、新模式和新路径

资料来源：国家发改委、工业和信息化部、中央网信办等15个部门联合发布的《关于推动先进制造业和现代服务业深度融合发展的实施意见》。

两业融合，发展服务型制造也是重要趋势。2016年，我国专门出台了《发展服务型制造专项行动指南》，服务型制造在我国快速发展，新模式、新业态不断涌现，有效地推动了制造业转型升级，尤其是以5G、人工智能、工业互联网等为代表的新一代信息技术，发展规模不断壮大，创新能力不断增强，与各行业、各领域的融合深度不断提升，融合广度不断拓展，展现出了惊人的实力。为了进一步发挥信息技术优势，充分赋能、赋值传统制造产业，催生新模式、新业态，2020年6月，工信部联合14个部门印发《关于进一步促进服务型制造发展的指导意见》，指出服务型制造是两业融合的重要发展方向，再次强调了十大服务型制造重点发展领域，包括工业设计服务、定制化服务、供应链管理服务、检验检测认证服务、全生命周期管理、总集成总承包服务、节能环保服务、生产性金融服务等。该文件指出要在这些领域持续推动服务型制造健康发展，以加快新一代信息技术与制造业深度融合为主线，推动我国制造业和服务业融合发展，促进我国制造业提质增效和转型升级，为我国制造强国建设提供有力支撑。

2. 两业融合目标、重点领域和主要举措

两业融合很重要的一个途径，就是深化新一代信息技术与制造业和服务业的融合，加快人工智能、工业互联网等新一代信息技术在制造业、服务业的创新应用。历经多年发展，北京在人工智能领域，无论是在政策、人才，还是在技术、市场主体等方面，都具有显著优势，把这种优势“移植”到制造业、服务业中去，不仅可以提升制造业、服务业的效率，还可以为两业融合搭建桥梁、提供纽带，甚至催生“化学反应”，培育出智能经济新业态。

2023 年 2 月，北京发布《关于北京市推动先进制造业和现代服务业深度融合发展的实施意见》（以下简称《实施意见》），提出到 2025 年，培育形成“十园百企”两业融合试点，规模以上制造业企业数字化、智能化转型升级基本实现全覆盖，助力培育现代化产业体系。

《实施意见》立足北京“十四五”规划、京津冀协同发展、“四个中心”建设、“五子”联动等重点工作，结合北京高精尖产业发展实际，就两业融合发展的重点实施领域给出了方向性指引，即深化新一代信息技术与制造业和服务业的融合，推动医药制造与健康服务有机融合，打造智能网联汽车制造和服务全链条体系，促进集成电路制造与研发设计服务一体化发展，提升高端装备与服务业融合水平，推进新能源和节能环保与相关产业绿色融合，促进现代物流和制造业高效融合，释放消费领域服务与制造融合潜力。八大重点领域都精准结合了北京制造业、服务业发展的比较优势。从服务业看，是连续多年增加值占北京 GDP 超过八成的以信息服务业、金融业、科技服务业为代表的现代服务业；从制造业看，是一系列正在迈向“高精尖”的先进制造业。两者融合发展的机会、场景和现实需求都非常多，因地制宜地推进两业融合，将两业的效率和专业优势充分利用起来，有助于促进整体产业效能乃至经济效率的提升，加快北京构建具有全球竞争力的现代产业体

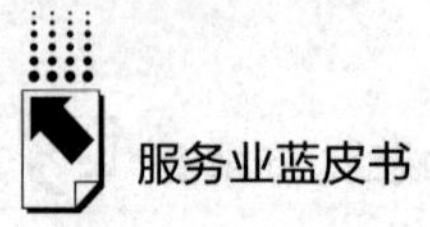

系步伐，推动北京产业迈向价值链中高端，为新时期首都经济高质量发展注入新动能。

针对融合发展中面临的问题，用创新破解难题，北京市集中从用地、人才、资金等多方面发力，出台多项举措优化两业融合发展生态。一是鼓励制造业企业聚焦核心产品和业务，对内提升专业化和精细化水平，以智能化改造为突破口，打造强劲“智造”引擎，对外开展资源整合和分工协作，促进不同行业、不同类型、不同规模企业加强交流，全面提升企业核心竞争力。二是引导制造业企业以产需互动和价值增值为导向，由提供产品生产向提供全生命周期管理转变，由单纯设备供应商向高水平系统解决方案供应商转变，鼓励制造业龙头企业开展跨界合作，加快向行业性平台服务商转型。三是依托“三城一区”科技创新主平台，着眼于北京未来产业发展需要，支持龙头企业牵头联合高校、科研院所组建产业共性技术研发平台，面向产业需求开展共性技术研发。四是支持平台企业依托市场、数据优势，赋能生产制造环节，参与制造业产业链和供应链的服务管理。发展集中采购、定制化生产等新业态，培育智能制造、反向定制等新增长点。五是聚焦制造服务业主体培育、智能制造等关键领域，搭建公共服务平台，提供优化控制、设备管理、质量监控等服务，实现资源高效充分利用和价值共享。六是充分发挥产业链龙头企业、专精特新企业、平台型企业等多元融合主体作用，实现资源有效整合，推动价值链向高端攀升，形成相融共生、协同发展的生态圈。七是重点发展数据服务、智能制造服务、信息服务、产业电商，提升数字经济的赋能渗透力，鼓励企业开放搜索、电商、社交等数据，发展第三方大数据服务产业，加快培育专业数据服务商。八是整合各类政府产业引导基金，创新与社会资本合作模式，提高企业金融支持政策的灵活性，加大对前沿性技术领军企业类项目投资，促进战略性新兴产业发展。九是支持服务企业实施品牌战略，推进科技创新、产品设计、文化创意产业与品牌建设融合发展。健全完善两业融合发展相关标准体系建设，合理界定标准覆盖范围，切实增加优质服务供给。十是强化企业科技创新主体地位，创新多创新主体协同攻关体制机制，优化完善覆盖基础研究、技术开发、成果转化的科技创新服务链条，重点突破核心工业软件、核心算法、操作系统等产业链短板。

3. 两业融合阶段成效与典型案例

2019 年，国家发改委等 15 个部门联合印发《关于推动先进制造业和现代服务业深度融合发展的实施意见》，鼓励各地融合基础较好、产业辐射带动能力较强、创新能力突出的园区或企业先行先试，探索两业融合新模式、新路径。自 2020 年以来，先后在全国选取了 40 个区域、80 家企业，全面开展两业融合试点。试点以来，试点区域或企业立足自身发展实际，守正创新，锐意进取，两业融合成效显著。例如，辽宁沈阳铁西区、上海金山区、浙江嘉兴等区域，在试点推进过程中，不断围绕企业自身发展，着眼国内外先进技术，紧盯产业发展重点领域和关键环节，全力推动两业融合，在大幅提高产业链、供应链、创新链智能化水平的同时，也实现了制造业服务化的市场化、高端化、国际化，凸显了两业融合促进产业转型升级、提质增效的基础性作用。

北京市纳入首批国家级两业融合试点的“一园五企”，即大兴生物医药产业基地、小米集团、北汽福田、全路通信信号研究设计院、有研科技集团、北京机械自动化研究所，也取得了积极成效，初步形成了一批有代表性的两业融合发展模式。例如，小米集团从智能手机出发，采用“互联网+产业+金融”的模式，业务不断拓展到全线产品，打造了全球最大的全终端、全生态、全球化 AIoT 物联网生态；北汽福田整合汽车全产业链资源，以实现后市场运营与线下相互融合为目标，构建汽车后市场业务服务平台；全路通信信号研究设计院立足轨道交通、放眼高端装备，构建集检测检验、试验验证、安全质量评估为一体的融合发展平台，打造“制造+服务”新业态；大兴生物医药产业基地依托 120 余个研究及服务机构，初步形成“新药筛选—动物实验临床—研究注册上市”链条。其中，代表性案例北汽福田整合产业链资源，构建后市场业务平台的基本情况如下。

汽车后市场是指汽车整车销售落地后，由车主所需全部服务构成的市场，它是汽车产业链的有机组成部分，既包括汽车销售领域的金融、租赁、

保险、维修与保养服务，也包括汽车日常运行中所需的救援系统、交通信息服务、二手车服务等。2023 年，我国汽车产量为 3016.1 万辆，同比增长 11.6%，销量为 3009.4 万辆，同比增长 12%，年产销量均保持较高增速，而且再创历史新高。截至 2023 年底，我国汽车保有量已达 3.4 亿辆，位居全球第 1①，汽车后市场作为汽车消费的重要组成，规模巨大。2023 年 10 月，商务部等 9 个部门联合印发《关于推动汽车后市场高质量发展的指导意见》，提出要不断提高市场规范化水平，持续优化汽车使用环境，更好地满足消费者的多样化汽车消费需求。

北汽福田作为中国商用车智能互联生态的引领者，近年来主动顺应汽车产业发展格局调整需要，坚持以客户为中心，以客户需求为导向，持续推动商用车后市场业务体系变革，全力实现由单纯的产品制造商，逐渐向全生命周期服务供应商转变。在实践过程中，围绕消费者“买车、用车、管车、养车、换车”的需求，主动适应市场变化，不断调整优化管理组织架构，单独成立 X 事业部，专注后市场运营拓展工作，以市场化手段运营后市场业务，为客户提供全方位汽车服务方案。例如，近年来，国内外经济增速放缓，市场竞争加剧，不少企业客户开始关注商用车全生命周期成本问题，希望能提高车辆运营管控的精细化水平，降低成本，提升企业核心竞争力。为有效应对市场变化，更好地满足客户需求，福田推出了“大客户 TCO 一体化解决方案”，旨在解决汽车后市场普遍面临的行业痛点问题。在风险防范、安全运营方面，针对客户首付高、压力大，附带二次贷款难度增加、投保评级下降致使保费增加问题，北汽福田联合金融公司推出“车联网+金融”产品，帮助客户降低首付和利息支出。同时，基于车联网大数据，加强对司机不良驾驶行为的监管，对各种安全隐患及时进行人工干预，降低车队交通事故率。此外，基于车辆使用大数据，对投保车辆进行安全风险提示，有效降低车辆事故率，次年保费能降低 1000~2000 元/车，大幅提高客户保费支出效率。在降低油耗、节能减排方面，借助

① 张春敏：《推动汽车后市场高质量发展》，《光明日报》2024 年 2 月 20 日，第 2 版。

车联网大数据，查找致使油耗增高的主要原因，对于高油耗、电耗车辆，量身定制降耗措施，一般能节约能耗3%~10%。在节省高速公路使用费方面，利用全国ETC资源，提供8.5~9.5折的通行优惠，既减少了企业通行费支出，也提高了运营效率和质量。在提高车队运营效率方面，针对车辆、运单、仓储管理系统互不相通，人车货数据分离、相互割裂问题，北汽福田借助计算机通信技术，建立了智能化车队管理系统，可以有效整合客户运单、车辆、车辆运行成本等数据，大幅提高车辆运营效率，一般能提高出勤率5个百分点。在汽车处置、保值增值方面，针对客户二手车数量多、处置流程烦琐、不及时处置、贬值等问题，通过车联网数据及时分析预测换车周期和车损情况，为客户二手车处置提供有效指导，同时还利用其全国市场资源，通过全国竞拍和跨区域处置方式，有效提高车辆保值率，一般能提高10~20个百分点。综合来看，以一辆运行4年、行驶了25万千米的六轴厢货重卡为例，全生命周期成本为664万元，福田汽车的"大客户TCO一体化解决方案"，初步估计可以为客户节省17万~36万元，有效帮助客户提高了运营效率和经济收益。[①]

（五）协同发展成为北京高端服务业发展基本遵循

京津冀协同发展是重大国家战略。经过10年发展，京津冀协同发展战略取得积极成效。从经济总量看，整体规模不断跃上新台阶。北京市统计局数据显示，10年来京津冀经济总量连续跨越5个万亿元台阶，2023年实现地区生产总值10.4万亿元，是2013年6.2万亿元的1.7倍，增幅接近70%。从经济结构看，产业结构持续优化。2013年，京津冀三次产业构成为6.2：35.7：58.1，10年间服务业占比稳步提升，2023年三次产业占比为4.6：27.7：67.7，服务业占比提高了近10个百分点。其中，北京三产占比连续多年保持在80%以上，天津占比稳定在60%以上，稳步进入服务

---

① 《以客户为中心　福田汽车打造"大客户TCO一体化解决方案"》，中国商用汽车网，http：//cv.ce.cn/news/202401/18/t20240118_ 38871169.shtml，2024年1月18日。

经济时代。河北服务业也实现了快速发展，再加上之前三产占比基数较低，增长速度位居三地之首，三产占比也突破了50%，达到了历史最高水平。

1. 产业协同发展的制度安排不断强化

2023年5月，工业和信息化部、国家发改委、科技部等有关部门及京津冀三地出台《京津冀产业协同发展实施方案》，提出到2025年，京津冀产业分工定位更加清晰，产业链、创新链深度融合，综合实力迈上新台阶，协同创新实现新突破，现代化产业体系不断完善，培育形成一批竞争力强的先进制造业集群和优势产业链，对京津冀高质量发展的支撑作用更加凸显。

（1）三地积极探索产业对接合作新模式

探索建立总部—生产基地、园区共建、“飞地经济”、整体搬迁等多元化产业对接合作模式，通过开放联动，开创以创新链引领产业链、以投资链创造价值链、以要素链激活生态链、以改革链架起服务链的链链相通、互惠共赢的局面，持续提升产业合作能级。例如，北京药企在京面临用地紧张、新药落地转化成本高、规模化生产难等问题，而囿于北京的创新资源和市场优势，药企又难舍“京牌”。针对这一问题，京冀积极探索，不断创新园区管理机制，按照京冀“共建、共管、共享”建设思路，允许北京药企保留“北京身份”，继续由北京市药监部门实施许可和认证。两地在税收方面按各自贡献合理分成，实现互利共赢、协同发展，同时两地医药产业合作迈上了新台阶。

（2）津冀积极推进重点产业承接平台建设

为进一步加强与北京的产业对接，津冀积极推进重点承接平台建设。天津为贯彻落实京津冀协同发展战略，积极承接非首都功能疏解，重点加快滨海—中关村科技园、宝坻京津中关村科技城等重点承接平台的建设，先后出台《关于加快滨海—中关村科技园高质量发展的若干措施》《关于进一步推动滨海—中关村科技园高质量发展的若干措施》，不断优化完善政策体系，以更好地服务京津冀协同发展战略。截至2023年底，滨海—中关村科技园新增企业近5000家，其中超过20%的企业来自北京。2023

年，天津共吸引国内资金 4016.7 亿元，其中来自北京、河北的投资累计 2305.6 亿元，占比接近 60%，较 2017 年提高 12 个百分点。① 河北集中打造“1+5+4+33”重点承接平台体系，积极吸引京津产业转移，2014 年以来承接京津转入基本单位中北京占比近八成。

（3）北京持续发挥科技创新辐射带动作用

“三城一区”主动融入京津冀协同发展格局，积极发挥自身对津冀的创新辐射带动作用。中关村国家自主创新示范区加快创新链、产业链、园区链在津冀的布局，截至 2023 年底，在津冀两地设立分支机构累计 9700 余家。三地企业围绕组织器官修复、合成生物学、创新中药等领域联合申报研究专项，组建联合创新中心、产业创新联合体。未来科学城基于京津冀氢能与燃料电池产业发展基础，携手津冀优化完善氢能与燃料电池全产业链，加快氢能低碳化、规模化生产与应用，积极打造京津冀氢能科技示范和产业高端装备制造先行区。科技成果区域内就地转化水平不断提升。2023 年，北京流向津冀技术合同成交额为 748.7 亿元，比上年增长 1.1 倍，主要集中在城市建设与社会发展、新能源与高效节能和现代交通领域，河北吸纳京津技术合同成交额成倍增长。中关村企业在天津、河北设立的分支机构已经达到 1 万多家，北京流向天津、河北的技术合同成交额超过 2800 亿元，目前已有 5300 余项专利开放许可技术在京津冀三地共享。②

（4）京津冀区域产业协同取得显著成效

众多疏解项目在承载地快速扎根，完成了生产力重塑，初步形成了以“六链五群”为代表的一批优势产业集群。“六链”即氢能、生物医药、网络安全和工业互联网、高端工业母机、新能源和智能网联汽车、机器人等产业链；“五群”指集成电路、网络安全、生物医药、电力装备、安全

① 《协同发展十年路　京畿大地启新章——数说京津冀协同发展十年成效系列之综合篇》，北京市统计局网站，https://tjj.beijing.gov.cn/bwtt_31461/202402/t20240218_3564334.html，2024 年 2 月 18 日。

② 《京津冀协同发展合力持续增强》，北京市统计局网站，https://tjj.beijing.gov.cn/tjsj_31433/sjjd_31444/202401/t20240125_3544713.html，2024 年 1 月 25 日。

应急装备等产业集群。北京经济技术开发区基于自身产业基础和区位优势，辐射带动京津冀区域，有序推进产业合作项目跨区域全产业链布局，以奔驰汽车、小米汽车、理想汽车为代表的京津冀汽车产业集群不断发展壮大。数据显示，2023 年北京奔驰零部件的区域内采购额占到全国的55%，小米汽车、理想汽车的区域内定点供应链企业分别达到 45 家和70家。① 此外，各区域也积极推进产业深度融合、错位发展。通州区与北三县、房山区北京高端制造业基地与涿州高新技术开发区、平谷区与蓟三兴地区等产业对接、区域合作意愿持续加强，各类产业合作项目加速落地。京津冀产业协同由点到线、由线到面发展格局初步构建。

2. 协同开放新平台建设不断取得新进展

京津冀以“两区”建设为载体，携手打造高水平开放平台，从联动机制、任务体系、创新路径等方面全方位布局，在协同开放方面实现“三个更畅通”。

首先，开放载体更畅通。京冀依托大兴国际机场，构建全国唯一跨省级行政区域的大兴综保区，实施“一个系统、一次理货、一次查验、一次提离”的区港一体化监管新模式。为提升区域通关协同服务水平，京津冀三地整合空运、海运、铁路物流数据，构建“京津冀协同服务专区”，推进三地口岸信息共享、数据互联、业务协同，企业登录三地任何一个“单一窗口”，即可使用相关空运、海运和铁运物流服务功能，大幅提高了外贸企业通关便利度，也提升了物流效率，三地“通关+物流”一体化协同应用水平也大幅提升。为提高贸易的便利自由度，进一步优化京津冀贸易投资环境，三地持续加强口岸合作，先后签署了《京冀口岸合作框架协议》《京津冀深化口岸合作框架协议》《津冀世界一流港口联盟合作协议》等一系列协议，持续深化三地口岸合作，共同打造市场化、法治化、国际化的京津冀区域口岸营商环境，不断推动三地口岸协同发展。

---

① 《协同发展十年交出漂亮“成绩单”　京津冀迈向世界级城市群》，北京市人民政府网，https：//www.beijing.gov.cn/gongkai/shuju/sjjd/202402/t20240223_ 3567585.html，2024 年2月23日。

其次，政务服务更畅通。为了打破三地自贸试验区内政务服务事项办理属地限制，实现政务服务“同事同标”，2021 年 4 月三地分别印发《推动京津冀自贸试验区内政务服务“同事同标”工作方案》，围绕市场准入、准营、交通、税务等问题，建立首批 22 项“同事同标”事项目录，探索建立相互授权、认可机制，推进“同一事项无差别受理、同标准办理和结果互认”，进一步提升区域内政府服务一体化水平。截至 2024 年 2 月，三地先后推出了 5 批“同事同标”事项，累计达到 203 项，主要包括行政许可、行政确认、行政备案、行政征收、其他行政权力、公共服务 6 种事项类型，涉及公安、税务、医保、知识产权等 14 个部门。这些事项在三地自贸试验区内实现“无差别受理、同标准办理”，进一步促进了生产要素在京津冀之间自由流动。

最后，制度创新更畅通。在土地征收方面，打破制度藩篱，建立跨省市土地征收协商联动机制。大兴机场自贸试验区横跨津冀两地，片区设立之初，在土地征收问题上，存在行政权属与实际权属界线不一致问题。为了保证自贸区建设，津冀两地以协同发展理念为先导，打破“一亩三分地”思维，通过制度创新破解发展难题，开创性地设计了“按照地籍库数据界线组卷、依据实际权属界线补偿”的征收模式，依法合理制定补偿安置方案，确保了土地征收、片区建设工作顺利进行。在公共资源互通共享方面，创立跨区域市政公共资源供应兼容模式。大兴机场自贸试验区横跨廊坊、北京两地，在水、气、信等市政公共资源供给方面，两地存在制度性差异，为了优化自贸试验区公共资源供给，更好地服务自贸试验区发展需要，京冀两片区管委会加强了对区域内公共资源的统筹利用，构建一体化管理体制，灵活调动两地公共资源，依据市场化原则，择优选择资源供应方，制定统一价格标准，确保区域内公共服务水平保持稳定。

随着京津冀协同开放平台建设的深入推进，三地外贸投资便利度不断提高，外贸协同发展取得显著成效。京津冀区域外贸总值由 2014 年的 3.74 万亿元增至 2023 年的 5.03 万亿元，连跨两个万亿元台阶，增幅高达 34.5%。2023 年上半年，京津冀地区累计进出口 2.46 万亿元，同比增长 4.6%。河北省离岸服务外包执行额为 4.85 亿美元，同比增长 37.2%，持续保持高速增长势头。①

3. 营商环境一体化发展不断得到强化

为了积极打造全国开放高地，三地不断推进体制机制改革，持续优化营商环境。一是先后制定了京津冀营商环境“1+5”合作框架协议，签订了《进一步加强京津冀三地企业登记注册工作协作备忘录》《京津冀药品检查区域联动合作框架协议》等 60 余项合作文件，实现资源共享、互认互通、协作开放。二是健全协同推进机制。三地共同组建营商环境协同专题工作组，下设“五组一办”，成员包括三地 84 个部门。制定实施工作机制运行规则，特别是强化数字赋能，实现三地任务进展线上填报、信息及时共享。上述两方面重大举措，强化了三地营商环境制度体系建设，优化了三地营商环境建设格局，增强了三地发展的协同性，也为京津冀统一市场建设奠定了坚实的制度基础。

未来，京津冀将持续优化区域营商环境，加快打造全国创新发展高地。一是着力完善机制。重点突破协同创新和产业协作，做实京津冀产业链图谱，在京津冀营商环境原有 5 个重点领域的基础上，进一步强化创新协同、产业协作，建立完善京津冀科技成果转化供需对接清单机制，建立健全产业链分工合作和集群跨区域协同培育机制，面向京津冀协同布局新质生产力。二是着力推出新一轮改革。发挥好京津冀三地比较优势，立足各自功能定位，协同完善政策体系，促进北京的优质资源要素在更大范围内优化配置，促进津冀各扬所长，更好实现京津冀三地政策措施同频共振、同向发力，合力营造市场统一开放、规则标准互认、要素自由流动的发展环境。三是着力开展调查研究。创新开展京津冀 6 条重点产业链营商环境研究，聚焦重点产业链高质量发展，将提升企业、群众获得感作为主要目标，不断以小切口改革推进重点领域突破。

---

① 《河北借服贸会推动京津冀服务贸易“上链”》，新浪网，https://finance.sina.com.cn/jjxw/2023-09-11/doc-imzmhxvp0835313.shtml，2023 年 9 月 11 日。

三　北京高端服务业发展面临的主要问题与挑战

（一）产业发展质量有待进一步提升

1. 发展结构有待优化[①]

经济增长依赖少数重点行业、头部企业，多点支撑不足。

从行业看，金融业、信息服务业增加值在全市 GDP 中的占比不断提高。其中金融业增加值占比由 2013 年的 15.4%提升至 2022 年的 19.7%，信息服务业增加值占比由 9.5%提升至 17.9%。2023 前 3 个季度北京经济增长 5.1%，其中金融业、信息服务业两个行业门类上拉全市经济增速 3.7 个百分点，贡献率达 72.2%，其他行业门类贡献率不足 30%。从中可以看出经济增长对个别行业的依赖性与日俱增，不利于全市经济的持续稳定发展。

从企业看，头部企业在行业中发挥着决定性作用。2023 年 1~3 季度，北京规模以上企业中，金融业收入排名前 100 的企业占比超八成，信息服务业收入排名前 100 的企业占比超七成，批发零售业收入排名前 100 的企业占比约六成，科技服务业、交通运输业、商务服务业和文体娱乐业收入排名前 100 的企业占比均在 50%以上，房地产业收入排名前 100 的企业占比约五成，住宿餐饮业收入排名前 100 的企业占比约四成。

2. 发展基础仍需夯实

一是信息服务业利用外资增速开始下降。受中美贸易摩擦影响，2018~2019 年北京整体利用外资增速下滑，第三产业连续两年利用外资额度增速为负，分别为-38%和-9.5%，信息服务业发展增速也受到了相应的影响。然而，受益于“两区”建设、服务业扩大开放政策，北京第三产业利用外资很快实现了逆转，从 2020 年起连续 3 年保持平稳快速增长，增长幅度稳步提高，从 2020 年的 1.5%提高到 2022 年的 20.4%。然而，信息服务业发

① 本部分数据来自北京市统计局内部资料。

展并未与服务业扩大开放完全同步，非但没有稳步增长，反而连续两年出现负增长；2022 年尽管实现了正增长，但增长幅度仅有 1%（见表 17）。

表 17　2018~2022 年北京第三产业与信息服务业实际利用外资增速

单位：%

产业	2018 年	2019 年	2020 年	2021 年	2022 年
第三产业	-38. 0	-9. 5	1. 5	5. 9	20. 4
信息服务业	-65. 7	18. 9	-15. 9	-12. 5	1. 0

资料来源：根据《北京统计年鉴（2023）》数据整理。

二是金融业发展活力不足，领先优势弱化。近年来，北京传统金融业增速趋缓，金融业赢利水平有所下降。受银行业存贷利差收窄、银行理财产品出现破净和大幅赎回等因素影响，自 2021 年起，北京金融业规模以上法人单位营业收入增速、利润总额增速均落后于规模以上第三产业法人单位增速，差距逐渐扩大，从 2021 年分别落后 3. 1 个和 2. 5 个百分点，扩大到 2023 年落后 13. 5 个和 13. 2 个百分点。此外，北京多层次资本市场存在明显短板。国内绝大部分金融市场集中在上海、深圳，在证券公司数量、公募基金公司数量、期货公司数量、全国性金融市场数量方面，北京均与上海存在较大差距（见表 18）。

表 18　京沪资本市场情况比较

单位：家

地区	证券公司	公募基金公司	期货公司	全国性金融市场
北京	18	36	19	2
上海	31	59	35	9

资料来源：根据中国证监会网站公开数据整理。

三是科技服务业发展水平亟待提升。科技和产业存在“两张皮”问题，制造业、农业需求拉动和技术使用场景不足。一产和二产占比过低影响创新链和产业链深度融合，既没有应用场景需求驱动，也缺少大量技术成果使用场景，只能流向长三角、粤港澳等场景更丰富的市场，导致科技服务与本市产业发展黏性不高。科技服务业主体市场化和国际化不足。从细分领域看，央企、国企、事业单位仍占据主导地位，工程技术企业占比达 1/3，收入占比超 80%，检验检测领域事业单位与国企超一半，收入占比超 80%。从发展能力看，市场力量相对较弱，“吃瓦片”现象较为突出。从国际化看，参与不够和机构较少问题凸显，北京本土工程技术国外市场收入比例不足 15%。[①] 此外，科技服务业市场主体布局和培育也急需进一步发力。北京市统计局调查数据显示，近年来北京新增科技服务业企业数量保持较快增长，2021 年新设市场主体近 9 万家，2022 年超 11 万家，但 2021 年以来，符合纳统条件的规模以上企业数量有所减少，且占全国的比重下降。[②] 反映出北京科技服务业在产业链布局和新增市场主体培育方面，特别是在扩充培育库，做好遴选发现、梯度培育、创新引领工作，支持优质企业梯队迭代升级方面仍存在短板。

3. 创新能力仍有差距

根据欧盟委员会发布的《2022 年欧盟工业研发投资记分牌》数据，谷歌的研发投入为 279 亿欧元，折合人民币约为 2110 亿元。2021 年全市软件和信息服务业综合实力百强企业研发投入合计为 1044.7 亿元，尚未达到谷歌的 50%。类 ChatGPT 产品仍处于跟跑阶段，技术水平与 OpenAI 等存在较大差距。从细分领域的关键指标看，研发服务领先水平、发明专利、技术合同成交额等关键指标出现下降苗头。技术交易额占全国比重下滑，由 2012 年的 38.2%下降至 2022 年的 16.5%。2012~2021 年，北京研发经费年均增速为 10.58%，低于上海的 11.57%、深圳的 14.67%。2022 年全市专利授权量为 20.3 万件，比深圳少 7.3 万件。独角兽企业、瞪羚企业、研发 500 强企业数量明显落后。从全球看，独角兽企业 2020 年为 93 家，位居全球第 1；2022 年 90 家，位居全球第 3，

① 数据来自 2023 年 7 月北京市发改委《北京市当前经济形势分析》。

② 本部分数据来自北京市统计局内部资料。

但仅相当于旧金山的50%、纽约的3/4。2022年瞪羚企业数量49家，排名第3，比上海少15家，比旧金山少18家。①

（二）产业融合发展水平需要进一步提升

1. 制造业对服务业中间投入需求“重传统、轻现代”

近年来，北京两业融合步伐不断加快，产业关联度不断提升，但也面临融合发展水平不高、发展不均衡等一系列深层次问题。其中，两业融合“重传统、轻现代”问题突出。从2017年与2020年北京制造业对服务业的中间投入需求看，中间投入仍以传统服务业为主，批发零售业、交通运输业、商务服务业合计占比始终保持在80%以上，而且还具有一定的强化趋势，2020年合计占比90.9%，相比2017年的88.9%提高了2个百分点。相比之下，对信息服务业、科技服务业、金融业等高端服务业的中间投入需求严重不足，三者合计占比不足10%（见表19）。

表19　2017年与2020年北京制造业对服务业的中间投入需求结构

单位：万元，%

行业	2017年		2020年	
	中间投入	占比	中间投入	占比
批发零售业	15139075	56.0	29047690	67.1
交通运输业	3266106	12.1	3217276	7.4
住宿餐饮业	799387	3.0	1065174	2.5
信息服务业	156371	0.6	173806	0.4
金融业	1207625	4.5	1670480	3.9
房地产	229502	0.8	286621	0.7
商务服务业	5632331	20.8	7122348	16.4
科技服务业	543977	2.0	656790	1.5
文体娱乐业	47100	0.2	60221	0.1

资料来源：根据北京市2017年与2020年投入产出表计算而得。

① 数据来自2023年7月北京市发改委《北京市当前经济形势分析》。

2. 制造业与高端服务业的融合效能亟待提升

2017~2020 年，北京制造业在发展过程中，对高端服务业的中间投入比例并未得到显著提高，说明制造业发展对高端服务业的直接依赖性一直较弱，换言之，高端服务业对制造业发展的支撑性尚需进一步加强。从整体上看，2020 年北京制造业对高端服务业的直接消耗系数为 0.057，说明制造业发展过程中接近 6%的中间投入来自高端服务业，这一占比相比 2017 年的 0.052 提高了 0.005（见表 20）。进一步研究发现，北京制造业发展对高端服务业细分行业的需求不尽相同，对金融业和商务服务业的中间投入需求相对显著，2020 年的直接消耗系数比 2017 年分别提高了 0.0017 和 0.0037。相比之下，对信息服务业、科技服务业和文体娱乐业的中间需求基本维持在原有水平，没有发生显著变化，说明北京制造业发展与这些服务业的相关性一直较弱。尽管这些服务业业态近年来发展很快，但更多服务于其他社会领域，并未充分发挥高端服务业的产业引领和带动作用，有效服务制造业的价值创造。

表 20　2017 年与 2020 年北京制造业对高端服务业的直接消耗系数

	2017 年	2020 年
高端服务业	0.052	0.057
信息服务业	0.0011	0.0010
金融业	0.0083	0.0100
商务服务业	0.0388	0.0425
科技服务业	0.0037	0.0039
文体娱乐业	0.0003	0.0004

资料来源：根据北京市 2017 年与 2020 年投入产出表计算而得。

（三）产业协同发展基础亟待夯实

1. 金融业协同发展局面亟须加快构建

产业协同是京津冀协同发展的关键支撑，制造业协同是核心，由于现阶段制造业协同刚刚起步，作为高端服务业第一大支柱产业的金融业在协同发展方面明显不足。经过 10 年的发展，三地在汽车、钢铁、生物医药等多方面已有基本合作。2023年，三地高度重视先进制造业的分工合作问题，协同编制完成了氢能、生物医药等6个领域的重点产业链图谱，开启了产业链、供应链的有机合作机制。金融业侧重生产性服务业，由于制造业合作进度较为迟缓，金融业协同发展更加滞后，三地在金融机构、金融市场、金融产品等领域均未形成协同发展局面，京津之间在不同程度上还存在金融市场的同质竞争关系。

2. 科技创新共同体打造仍需进一步发力

10年来，中关村科技园持续在雄安新区、滨海新区、宝坻等地落地，三地共建科技创新平台不断取得新进展。2023年底，三地审议通过了《关于推进京津冀协同创新共同体建设的决定》。北京大学《京津冀协同创新指数2023》显示，2013~2022年，京津冀协同创新指数从100增长到297.6，年均增速为12.9%，京冀、津冀间创新指数的相对差距缩小。[①] 但三地协同创新的问题与障碍依然不少，如科技创新资源分布极不均衡。截至2020年，京津冀共有国家重点实验室154家，国家级技术创新中心85家，但80%以上分布在北京[②]，布局呈现单核集中的态势。科技投入存在较大落差，2021年，京津冀三地R&D支出占GDP的比重分别为6.53%、3.66%和1.85%，北京保持在全国排名第1的领先优势，而河北省R&D支出占GDP比重尽管有较快增长，但还是低于全国平均水平（2.23%）。在创新成果转化方面，2023年，尽管北京流向津冀技术合同成交额达748.7亿元，同比增长109.8%，但占流向外省份的比重只有15.1%。[③] 可见，京津冀协同创新依然存在“孤岛”“蛙跳”“断崖”等现象，区域协同创新和产业协作水平参差不齐。

3. 文化旅游协同尚有较大提升空间

京津冀山水相接、文化一脉、交往半径相宜，自协同发展战略实施特别是2022年冬奥会成功举办以来，区域旅游空间格局逐渐从双核心转为多核心，

① 《北京大学首都发展新年论坛（2024）》，北京大学网站，https://news.pku.edu.cn/xwzh/6b87f02fa94b4c3a9d9521a2e80c3524.htm，2024年1月27日。

② 陈璐主编《京津冀协同发展报告（2022）》，经济科学出版社，2022，第36页。

③ 《去年北京技术合同成交额超8500亿元》，新浪财经网，https://cj.sina.com.cn/articles/view/1784473157/6a5ce64502002tv7a，2024年1月19日。

基本形成了京北生态（冰雪）旅游圈等五大旅游示范区。京津冀旅游直通车开通、京津冀“交通联合”互通卡大量发行，旅游市场一体化监管协调机制初步建立，旅游市场秩序混乱、旅游业管理标准和要求不统一的现象得到有效治理。但由于三地文化旅游产业发展缺乏相应规划，三地在旅游产品打造、旅游目的地形象树立、对外宣传营销推广方面缺乏差异化分工，同质化竞争现象较为突出。此外，三地智慧旅游服务平台建设各自为政，产品供给更多着眼于自身文旅资源，缺乏有机协同。在文旅统一品牌建设方面，也缺乏协同，北京有“云游京城”，河北则倾力打造“乐游冀”数字平台，体现京津冀特色、协同发展的统一智慧文旅品牌亟待建立。

四　2024年北京高端服务业发展趋势展望

当今世界科技进步日新月异，发展格局出现重大调整，大国竞争持续加剧，受美国单边主义、保护主义、霸权主义影响，全球化进程遭遇逆流。但同时我们也要看到，全球波浪式开放的主流和大势并没有发生改变，分工作为基本的市场经济规律，仍将不折不扣地发挥全球经济开放的稳定器作用。世界经济已经进入服务经济时代，服务业产值已经超过农业和工业的总和，占全球 GDP 的 2/3。进一步推动服务业开放，构筑全球竞争新优势，执服务经济之牛耳，是当前以及未来很长一段时期全球经贸规则博弈的焦点。

“十三五”时期，我国服务业吸收外资年均增长 4.4%，在实际使用外资金额中占比超七成。2023 年，全国实际使用外资金额为 11339.1 亿元，其中服务业使用外资金额 7760.8 亿元，均处于历史较高水平，在科技成果转化、研发设计服务等领域保持领跑态势。如今，我国人均国内生产总值连续多年保持在万亿美元以上，消费形态正由以实物消费为主加快向以服务消费为主转变，未来服务业发展空间广阔。在过去这些年的发展过程中，北京持续推动服务业高质量发展，在全国率先形成了“双 80%”服务经济发展格局。然而，对标国际高标准、高水平，对照新时期首都城市战略定位要求，北京高端服务业仍存在专业化、品牌化发展程度不高，数字化、融合化发展水平不足，国际化发展能级亟待提升，价值链高端环节竞争优势亟须进一步增强等问题。未来，北京作为国内服务业发展标杆城市，应牢牢竖起高质量发展大旗，加快发展新质生产力，培育服务业发展新动能，进一步推动高端服务业高质量发展。

（一）坚持创新驱动，持续提升北京高端服务业发展质量

一是强化高端服务业创新发展能力建设。坚持把创新放在首都现代化建设全局中的核心地位，深入贯彻落实创新驱动发展战略，加快完善国家实验室体系，加大世界一流新型研发机构布局力度，高效整合“三城一区”主平台科技创新资源，推动北京高端服务业高质量发展。强化企业科技创新主体地位，鼓励引导企业加大研发投入，强化高水平研发人才队伍建设，提升研发服务全球竞争优势。鼓励龙头企业牵头建立创新联合体，加强产业共性技术研发平台建设，开展前瞻性基础研究，实现更多引领性原创重大成果突破，增强关键核心技术供给能力。促进科技成果转移转化，提升创新链、延伸产业链、配置服务链，深度支撑北京高精尖产业体系建设，加快培育高端服务业创新发展新动能。

二是进一步增强市场主体创新发展活力。围绕制约现代服务业发展的制度性障碍，探索具有突破性的政策和机制改革，打破部门和行业垄断，建立公开、平等、规范的准入制度。严格落实国家市场准入负面清单和本市新增产业禁限目录，引导和促进北京高端服务业发展。完善公平竞争审查制度，全面清理民营企业在市场准入、审批许可等方面的隐性壁垒，进一步放宽民营企业市场准入，健全常态化民营企业项目推介机制。积极发展服务业中小企业。完善社会化服务体系，推进中小企业公共服务平台建设。建立健全各种类型的中小企业信用担保机构，降低银行风险，鼓励金融机构向中小企业增加贷款，缓解中小企业融资难问题。减少行政审批环节，加强和改进市场监管，创造有利于中小服务业企业发展的宽松环境。

三是健全完善创新发展的政策支撑体系。强化政策服务配套，持续推出产业政策工具箱，推动重点领域支持政策落地实施，放大政策引导效应。支

持新型研发机构建立与国际接轨的治理结构和组织体系，引入一流科研与运营团队，拓宽经费来源渠道。除了要加强拔尖创新人才培养、加大创新文化培育和创新氛围营造力度外，还要创新科技管理体制机制，建立企业出题、多方参与的关键核心技术“揭榜挂帅”“赛马”等联合攻关机制，开展跨行业跨领域关键共性技术攻关。强化科技创新的市场化激励，赋予科技研发人员职务科技成果所有权和长期使用权。建立健全鼓励创新、宽容失败的容错免责机制，激发科研人员大胆探索、挑战未知的活力与动力。建立贯穿知识产权创造、运用、保护、管理、服务全链条知识产权保护机制，构建职责统一、科学规范、服务优良的管理体制。

（二）强化数字引领，持续强化北京高端服务业发展动力支撑

一是加强数字技术原始创新能力建设。充分发挥驻北京市的大学和科研院所的优势，聚焦数字中国建设战略需求，大力支持相关领域的基础研究，超前布局人工智能、量子通信等领域的科研攻关，增强数字经济的底层技术供给能力，大力发展人工智能、大数据、云计算、物联网、虚拟现实、量子通信等新一代信息服务产业。强化数字经济对实体经济赋能，坚持发展实体经济和服务业并重，加快推动实体经济与互联网、大数据、人工智能等数字技术深度融合，加快推动大数据、人工智能等新一代信息技术与高端服务业深度融合，创新服务方式、服务内容、服务途径，培育经济新增长点，为首都高质量发展提供新动能。

二是进一步健全完善数字治理体系。充分用好北京科技、教育、人才资源优势，加强信息技术运用，推动新一代信息技术与城市治理和公共服务深度融合，构建数字化城市治理体系，提升数字治理效能。加快推进各领域数字资源的互联互通和共享，建立跨部门、跨地区的数据系统和互联互通互认的数据治理框架，统筹规范数据管理，保障数据的连贯性、一致性和规范性。充分借助北京国际大数据交易所试验平台，针对数字服务贸易中的数据跨境流动、数据保护能力认证等内容，开展数字治理体系、数字贸易制度探索，持续提升北京的数字化治理能力。

三是持续优化数字经济发展营商环境。大力推动包容审慎监管，针对新技术、新产业、新业态、新模式的性质和特点，制定临时性、过渡性监管规则和措施，在严守安全底线的前提下为企业发展留足空间，实现数字经济发展不确定性、经济效率与安全之间的平衡。完善数字经济政策保障体系，持续推进数字经济促进条例贯彻实施，全面落实市场准入负面清单制度，以坚决清除隐性壁垒、优化再造审批流程为重点，加大营商环境关键环节、重要领域改革力度，全面提高经营许可办理效率。加快数据基础制度先行区建设，夯实数字经济发展基础，率先在数据生成采集、整合汇聚、流通交易、开发利用、安全保护等方面建立基础性规则和标准规范。

（三）坚持扩大开放，持续增强北京高端服务业发展活力

一是更加突出制度型开放。对标高水平国际经贸规则，紧扣制度创新，以更大力度推进体制机制改革与先行先试，以自贸试验区、综保区、中德国际合作产业园、中日创新合作示范区等为切入点，聚焦创新、数智、绿色、便利、协同，加紧推动国家自愿减排交易中心等重大项目建设，集聚更多开放资源和创新要素，更好发挥自贸组团作为制度创新策源地和高质量发展新引擎的作用，加快推进规则、规制、管理、标准等制度型开放，打造国际高水平自由贸易协定规则对接先行区，打出制度创新、政策创新和模式创新的组合拳。发挥北京数字经济和数字贸易先行先试优势，聚焦发展前沿，以数字贸易和科技创新为主要方向，进一步开展数字贸易规则、贸易制度、服务体系建设等方面的探索，加快数字贸易试验区和大数据交易所建设，加强数据跨境流动监管，深化北京服务贸易创新发展试点，进一步提高北京服务业开放质量和水平，提升国内国际服务辐射能力和水平。

二是进一步加大改革创新力度。加快研究制定自贸试验区跨境服务贸易负面清单，让外资准入负面清单“瘦下来”，让市场准入门槛“降下来”，不断提升北京贸易投资便利化水平，进一步推进北京服务业高水平对外开放。深入研究知识产权、资金、数据、人员等生产要素跨境流动的特点和规律，优化服务业开放发展的要素供给，建立健全数据安全、数据跨境流动、

涉密信息管理等相关法律法规，为资金、数据、人员等要素跨境流动提供制度性保障。完善“产业开放+园区开放”协同开放模式。纵向的产业开放政策惠及全市市场主体，可以有效激发企业的发展动能。相比之下，园区开放则能够针对一些特殊领域改革，在有限可控的地域范围内先行先试，从而有效规避全局性风险，降低改革成本。“产业开放+园区开放”模式是北京服务业扩大开放的主要亮点，未来还要在政策协同、一致性方面加强统筹协调，引导企业参与制度创新，提高政策的针对性和有效性。

三是持续构建国际一流营商环境。实施外资企业圆桌会议制度和闭环式诉求解决机制，实现政企常态化沟通，更好地服务企业在京发展。推进外国企业和外国人“一件事”集成性改革，打造外商投资“一站式”服务体系，创新人才全流程管理服务模式，打造一流国际商事纠纷解决优选地，完善知识产权保护体系，让北京继续成为外商投资的“首选地”，让外资企业发展更“京彩”，全面营造市场化、法治化、便利化、国际化的一流营商环境。此外，还要立足京津冀协同发展，发挥京津冀三地的比较优势，立足各自功能定位，协同完善政策体系，促进北京的优质资源要素在更大范围内优化配置，促进津冀各扬所长，更好实现京津冀三地政策措施同频共振、同向发力，合力营造市场统一开放、规则标准互认、要素自由流动的发展环境，进一步降低制度性交易成本，全面提高区域资源要素的协同配置效率。

（四）坚持融合发展，持续提升北京高端服务业发展效能

一是激发两业融合市场主体活力。着力培育一批掌握关键核心技术、产业牵引能力强、辐射带动作用突出的龙头企业，整合产业链上下游企业资源，实现有效分工协作、联动融通、共生发展；锻造产业融合发展新优势，聚焦医药健康、汽车制造、集成电路等重点产业领域，分类施策，更好地满足产业转型和消费升级需求；构建协同融合发展新格局，鼓励产业园区、行业协会搭建高质量服务平台载体，畅通两业融合对接渠道，推动共性技术研发创新和成果转化。坚持清单化推进、项目化管理、精细化落实，抓好试点建设，支持一批重点领域和关键环节的优质

项目，促进产业融合发展环境不断优化，大力引导市场主体通过融合发展实现赋能增效、转型升级，持续激发产业发展内生动力，为现代化产业体系建设提供支撑。

二是优化完善有利于两业融合的产业生态。制定“培育产业生态圈”行动计划，聚焦北京十大高精尖以及未来产业发展方向，发挥北京高校科研院所众多、科技创新资源富集的优势，发挥北京两业融合示范区和重点产业集群的政策优势，进一步加快重大产业项目、重点产业园区建设。坚持立足长远、适度超前原则，加快部署低时延、高可靠、广覆盖、更安全的工业互联网基础设施，促进5G、大数据、人工智能、算力网络应用，促进新一代信息技术与传统产业的深度融合。发挥数字化的“黏合剂”作用，强化数字化对现代化产业体系构建的引领作用。引导企业关注两业融合关键环节与技术短板，支持优势产业上下游制造业、服务业企业开放数据，加强合作，共建安全可信的工业数据空间，推动搭建第三方数据服务平台，对利用工业大数据赋能两业融合的企业给予数据资源支持。

三是为两业融合创造良好的市场环境。不断强化市场在资源配置中的决定性作用，加大改革力度，破除垄断壁垒，加快建设统一完善的市场体系，打破行业间的壁垒和部门限制，促进要素合理流动和优化配置，优化服务业发展环境。通过深化“放管服”改革，进一步降低市场准入门槛，营造有利于两业融合的投资生态和发展环境。进一步加大对两业融合的政策支持，从财税、人才、金融等多方面着力，精准解决融合中的实际困难。不断完善专利权、商标权、著作权及商业秘密保护等法律法规，完善互联网、大数据与电子商务等领域知识产权保护规则，不断提升企业的知识资本积累能力，提高企业的专业化服务化水平。此外，还要不断强化京津冀层面的两业融合，深入贯彻落实京津冀协同发展战略，培育高端服务业与先进制造业互促共生、融合发展的产业生态。

（五）坚持协同发展，持续完善京津冀高端服务业发展布局

一是发挥“牵、联、链”功能，推动京津冀金融业协同发展。引导服

务资源在京津冀区域合理布局，加强在产业链、价值链和服务链等方面的分工合作，加快“六链五群”产业布局图谱编制，积极培育一批跨区域先进制造集群。伴随着制造业的协同发力，北京应充分发挥三地金融资源尤其是开发性金融资源最为丰富的优势，用好“牵”的功能创新金融产品，推动京津冀金融机构在信贷政策、授信额度、信用风险防范等方面创新合作，加大对综合交通体系、保障性住房、医疗配套等公共基础设施建设的投入，服务环京通勤圈公共设施均等化发展。用好“联”的功能推进金融一体化，制定同城化的金融服务规范，推动三地绿色金融联动协同改革创新，成立京津冀金融发展联盟，加强区域金融风险联防联控机制建设。用好“链”的功能精准配置金融资源，加大对区域范围内先进制造业和高端产业的融资链支持，加大对三地产业链供应链韧性建设的金融支持，为三地自贸试验区全链条开放提供金融支持，以此推动产业配套圈重点领域发展。

二是围绕产业链布局创新链，持续构建京津冀协同创新共同体。充分发挥雄安新区在京津冀协同创新共同体建设中的“引擎”作用，以北京部分高校和科研机构向雄安新区转移集聚为契机，在创新要素跨行政区流动方面开展试点，破除要素跨境流动的行政界限和市场堵点。强化中关村国家自主创新示范区的引领作用，与津冀创新平台共同打造产学研结合的科技创新园区生态，推动中关村先行先试 24 项改革措施落地，联动天津、河北发挥比较优势和资源优势，加快打造世界先进的创新高地。围绕产业链布局创新链，以氢能、生物医药等 6 个方面重点产业链图谱的编制为契机，把北京科技创新优势、天津先进制造研发优势与河北雄厚的产业基础结合起来，以协同创新共同体建设合力打造一批世界级制造业集群。引导支持创新主体在津冀建立成果孵化基地，提升科技成果区域内转化效率和比重。推动京津冀产业链强链、补链、延链、优链。推动实施国家先进制造业集群发展专项行动，培育壮大新一代信息技术、医药健康等北京优势制造产业，共建京津冀区域工业互联网协同创新示范区，推动跨区域服务链协同融合发展。

三是建立健全联盟机制，一体化推进文旅产业发展。2024 年 1 月 20 日，首届京津冀民俗旅游协同发展大会在北京市房山区举办，“京津冀民俗文化旅游联盟”在大会上成立；1月31日，三地文旅部门联合举办的“欢乐京津冀，一起过大年”2024年京津冀新春文旅系列活动启动仪式在天津举行。这些活动预示着京津冀三地文旅产业发展逐渐由零散式、自发式、片段式阶段走向有组织、有统筹、一体化阶段。下一步，建议基于三地联盟机制，积极开发建设覆盖1小时交通网和经济圈的京津冀一体化旅游新产品。例如，联合开发建设以长城国家文化公园和大运河国家文化公园为主的京津冀旅游产品，推出全国知名的长城、大运河主题旅游产品和休闲线路，充分展示长城、大运河的文化价值和魅力。联手建设三地交界处多节点、多功能、多主题的自驾、骑行或徒步驿站与营地，共同培育旅游演艺、民俗文化、户外运动和研学体验等旅游新业态。围绕赛事设施和冬奥会的市场影响力，推动体验性体育活动创新，有效构建生态共生、区域互促的文体旅业发展格局。

参考文献

［1］国家发展和改革委员会：《北京市国民经济和社会发展第十四个五年规划和二〇三五年远景目标纲要》，北京市人民政府网，https：//www. ndrc. gov. cn/fggz/fzzlgh/dffzgh/202103/P020210331517775703990. pdf，2021年1月27日。

［2］北京市发展和改革委员会：《北京市“十四五”时期现代服务业发展规划》，北京市发改委网站，https：//fgw. beijing. gov. cn/fgwzwgk/zcgk/ghjhwb/wnjh/202111/t20211118_ 2638613. htm，2021年11月18日。

［3］北京市人民政府：《北京市促进未来产业创新发展实施方案》，北京市人民政府网，https：//www. beijing. gov. cn/zhengce/zfwj/202309/t20230908_ 3255227. html，2023年9月8日。

［4］北京市人民政府：《北京市“十四五”时期高精尖产业发展规划》，北京市人民政府网，https：//jxj. beijing. gov. cn/jxdt/gzdt/202401/t20240130_ 3548750. html，2021年8月18日。

［5］北京市统计局：《北京市2023年国民经济和社会发展统计公报》，北京市统计局网站，https：//tjj. beijing. gov. cn/bwtt_ 31461/202403/t20240321_ 3595887. html，2024年3月21日。

分报告

B.2

北京信息服务业发展报告（2024）

刁琳琳　刘美辰*

摘　要： 2023年，北京信息服务业高质量发展成效显著，创新基础牢固、人才资源集中、研发创新能力强等优势条件充分支撑信息服务业发展不断取得新突破。具体表现在：产业发展动能持续提升，新质生产力培育基础不断夯实；政策框架持续搭建，平台建设进一步加强；产业主体力量多元汇聚，创新活力深度激发；产业辐射渗透性日益凸显，全方位赋能经济社会发展；京津冀协同培育产业生态，重点产业聚链成群。同时，北京信息服务业发展存在关键领域技术仍需突破、成果落地转化难度大、统筹体系与平台建设支撑力不足等问题。为进一步推进信息服务业高质量发展，应当从以下方面入手：持续攻关战略性技术，加速信息基础设施布局；深化拓展应用场景，培育融合创新增长新动能；完善标准体系建设，提升产业生态发展能级；把握“两区”建设机遇，推动信息领域融入全球创新网络。

* 刁琳琳，中共北京市委党校决策咨询部主任、教授，北京市高端服务业发展研究基地研究员，博士，研究方向为区域经济政策、国土与城乡规划、城市空间经济；刘美辰，中共北京市委党校区域经济学硕士研究生。

关键词： 信息服务业　数字经济　高质量发展　新质生产力　北京

进入高质量发展阶段以来，以信息化全面引领创新、以信息化为基础重构国家核心竞争力成为我国经济发展方式转变、经济结构优化、增长动力转换的关键驱动。习近平总书记提出的“没有信息化就没有现代化”“以信息化驱动现代化”等重大论断，深刻阐明了信息化与中国式现代化进程的内在关系，强调了信息化对中国式现代化的驱动引领作用，敏锐捕捉了我国以信息化抢占新一轮发展制高点、构筑国际竞争新优势的重大历史机遇。

新一代信息技术的蓬勃兴起与广泛应用推动社会生产力和生产关系产生全方位、长周期的巨大变革，带来产业技术路线与商业模式数字化、网络化、智能化的革命性变化和突破性创新，在助推传统产业转型升级的同时也催生了新兴产业形态的分化与演变。以人工智能、量子信息、移动通信、物联网、区块链为代表的新一代信息技术在信息决策等方面具有传统手段无法比拟的优势，能够与经济社会各领域广泛渗透融合，促进各类要素在生产、分配、流通、消费各环节有机衔接，加速提升生产效率和全社会资源配置效率，推动信息传输、软件和信息技术服务业（以下简称信息服务业）日益成为社会经济运行各领域和全过程中支撑决策、驱动运营、优化创新的关键部门。

把握新一代信息技术全面跨界融合、持续创新发展的趋势以及信息技术产业全球布局调整的重大机遇，首都高质量发展不断取得新突破。北京数字经济资源禀赋充裕、发展条件优越，信息服务业成为落实首都城市战略定位、加强“四个中心”功能建设、提高“四个服务”水平的关键引擎。紧抓高标准建设全球数字经济标杆城市机遇期，信息服务业在“舍弃白菜帮子，精选菜心”持续优化提升首都功能、推动“北京智造”与“北京服务”融合过程中不断提升能级，在构建高精尖产业结构、大力发展新质生产力、打造具有首都特点的现代化经济体系中凸显重要作用。

信息服务业发展规模和速度优势明显，赋能产业、赋能城市、赋能生活作用凸显。秉持开放包容、全球争先的理念，北京不断探索世界现代城市发展理论创新与实践创新，坚持稳中求进、创新引领、数实融合、协同联动，抢抓机遇积极布局人工智能、区块链、量子信息、网络安全等新一代信息技术新型研发机构，集中推进一批跨界融合、集成创新的重大项目和应用场景建设，信息服务业蓬勃发展成为北京服务经济迈上新台阶后驱动时代首都高质量发展的关键力量。

一　北京信息服务业发展现状分析

2023 年，以信息服务业为代表的优势行业是北京经济沿着平稳开局、加速恢复、企稳巩固、回升向好的波浪式曲线中承压前行的关键支撑，对经济增长的贡献率超七成。① 信息服务业蓬勃发展，质量和效益稳步提升，发展规模和速度优势明显，政策框架搭建与平台建设持续发力，多元主体聚力创新，塑造了首都经济发展新动能、新优势。

（一）产业发展动能持续提升，新质生产力培育基础不断夯实

1. 产业发展质效稳步提高

2023 年，北京市信息服务业稳中求进，是支撑服务业发展、推动全市经济增长的重要引擎。信息服务业实现产值 8514.4 亿元，比上年增长 13.5%，远高于第三产业产值平均增速，对第三产业的支撑作用显著增强。近年来，信息服务业产值增速逐渐提高，占第三产业与地区生产总值的比重增长较快（见图 1），行业规模持续扩张。

2023 年，信息服务业规模以上企业共有 4231 家，企业数量基本维持稳定，较上年略有下降（见图 2）。其中，电信、广播电视和卫星传输服务业有 247 家，互联网和相关服务业有 766 家，软件和信息技术服务业有 3218 家，

① 《市十六届人大二次会议举行首场新闻发布会　首都高质量发展绘就新画卷》，北京市人民政府网，https://www.beijing.gov.cn/ywdt/gzdt/202401/t20240123_3542763.html，2024 年 1 月 23 日。

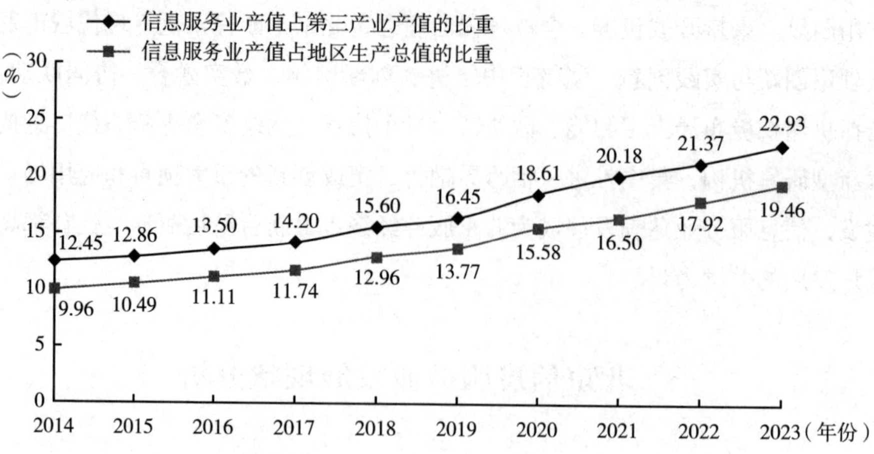

图 1　2014~2023 年北京市信息服务业产值占比变化

注：2023 年数据为初步核算结果。

资料来源：根据北京市统计局数据计算整理。

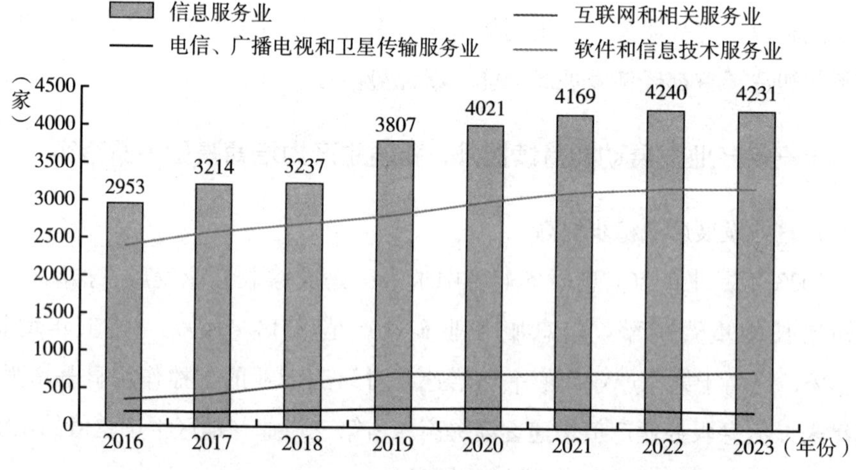

图 2　2016~2023 年北京市信息服务业规模以上企业数量

资料来源：根据各年度《北京统计年鉴》数据整理。

仍然保持着远超其他两业的较高比重，占比超过七成。全年全行业从业人员平均数量为 112.4 万人，较上年减少 5%，其中互联网和相关服务业从业人员减少较快，同比降低 10.8%。总体上，信息服务业规模以上企业在用工人数、资产、收入、利润等各项指标上占第三产业的比重呈提高趋势（见表 1）。

表 1　2016~2022 年信息服务业规模以上企业主要经济指标占第三产业比重

单位：%

年份	用工人数占比	资产占比	收入占比	利润占比
2016	12.01	2.20	6.74	7.68
2017	12.82	2.44	7.47	11.66
2018	13.71	2.53	8.80	14.48
2019	14.38	2.67	9.74	7.90
2020	15.58	2.85	12.56	13.35
2021	17.35	3.07	13.12	10.45
2022	17.60	3.19	14.12	13.71

资料来源：各年《北京统计年鉴》。

2023 年，信息服务业发展动能强劲，发展态势迅猛突出。全市固定资产投资（不含农户）比上年增长 4.9%，第三产业投资增长 6.0%。其中，信息服务业增长 47.1%，居于首位，远超其他产业（见图 3）。

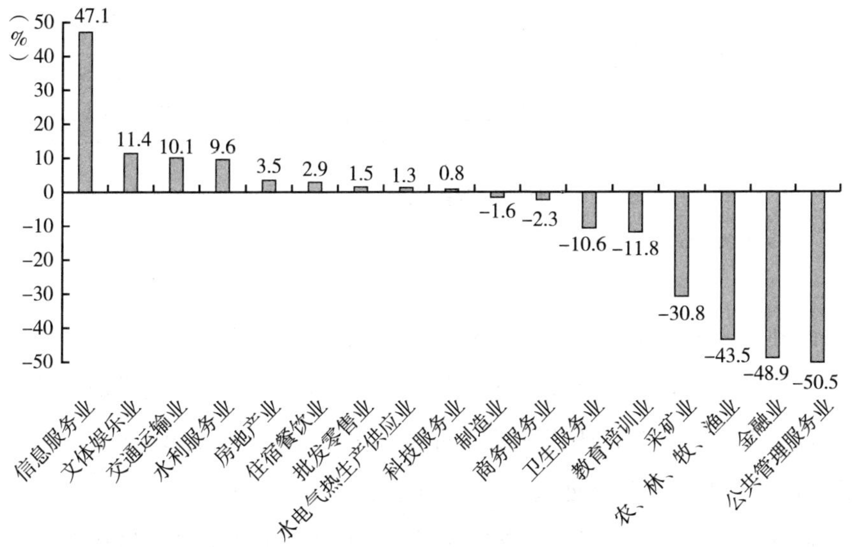

图 3　2023 年北京市各行业固定资产投资增长

资料来源：北京市统计局。

2016~2023 年，信息服务业规模以上企业营业收入逐节拔高（见图 4）。其中，软件和信息技术服务业规模以上企业 2023 年全年营业收入达 19186 亿元，同比增长 22.7%；利润总额达 2978.4 亿元，同比增长 43.6%。北京软件领域的发展优势尤为显著。根据工信部发布的 2023 年中国软件名城评估结果，北京与深圳、杭州同获三星，南京、上海等 11 个城市获二星，北京已经成为全国软件创新主力。2023 年，北京软件业务共实现收入 26192 亿元，居全国首位，增速为 17.6%。

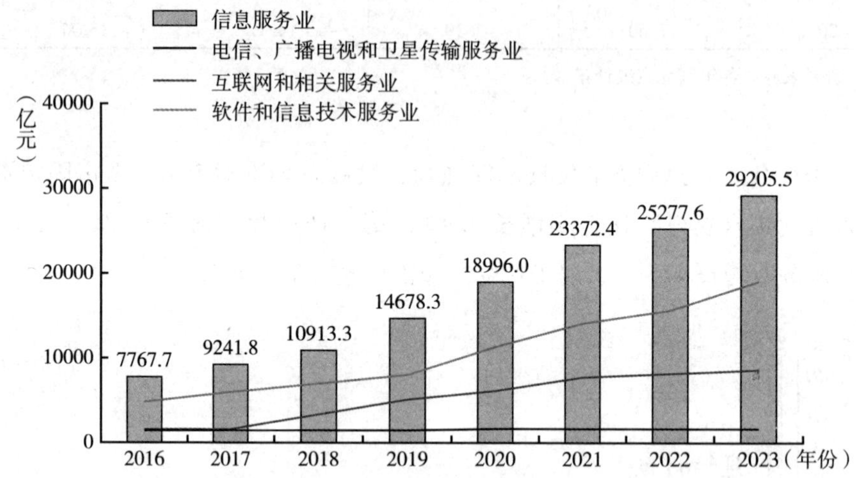

图 4　2016~2023 年北京市信息服务业及细分行业规模以上企业营业收入

资料来源：根据北京市统计局公开数据整理。

此外，人工智能、工业互联网、区块链、网络安全等领域保持了稳步发展。北京人工智能大模型领域现已拥有创新团队 122 家，研发机构数量居全国首位，人工智能产品迭代活跃。百度“文心一言”、智谱华章“智谱清言”等 24 个大模型产品通过中央网信办备案并正式上线。[①] 工业互联网核心产业规模已经超过千亿元，支撑互联网 3.0 快速起步。北京区块链高新技

① 北京市发展和改革委员会：《关于北京市 2023 年国民经济和社会发展计划执行情况与 2024 年国民经济和社会发展计划的报告》，北京市人民政府网，https：//www. beijing. gov. cn/zhengce/zhengcefagui/202403/t20240312_ 3587301. html，2024 年 2 月 1 日。

术企业数和企业获得融资比重均为全国第一。国家网络安全产业园海淀园、通州园和经开区信创园 3 个园区累计落地 400 余家企业，形成全产业链生态体系。

2. 以新质生产力塑造高质量发展新优势

在新一代信息革命和产业革命重大突破的紧要节点上，信息服务业充分发挥驱动作用，以新质生产力打造增长优势，不断拓展高精尖产业高质量发展战略空间，塑造经济发展新模式、新体系、新路径，全力推动首都高质量发展取得新成效。

2023 年，北京十大高精尖产业集群中首要领先的新一代信息技术集群产值突破 3 万亿元。新型研发机构开展关键核心技术攻关，新一代信息技术重大创新成果丰富，包括智源研究院“悟道 3. 0”大模型、微芯院第二代 256 核区块链专用加速芯片、量子院新一代量子计算云平台“夸父”、开芯院第二代“香山”（昆明湖）开源高性能 RISC-V 处理器核等在内的一批重大创新成果涌现，全球最大中英文语义向量模型训练数据集发布，“北脑二号”非人灵长类脑机接口平台成功搭建。

在研发投入上，北京市大中型重点企业中，信息服务业企业 2023 年累计研发费用为 2583. 3 亿元，占比为 73. 8%；期末有效发明专利数为 151585 件，占比为 61. 5%。全市信息服务业研发经费从 2014 年的 112. 1 亿元增长至 2021 年的 611. 6 亿元，达到峰值，2022 年回落至 606. 7 亿元，8 年间增长 4. 4 倍，研发人员数从 2016 年的 51758 人不断增加，在 2021 年达到 85919 人的峰值后有所回落。从各区来看，无论是研发经费还是研发人员数，海淀区在数据量级上均远超其他区域，始终居于首位；朝阳区居于第二位，但增长并不显著（见图 5、图 6）。

从各区发展情况来看，北京各区结合自身资源禀赋、产业特征，探索各具特色的发展路径，已初步形成了三个发展梯队①，产业特色鲜明，形成一区一品的发展格局。

---

① “数字经济引领示范区”、“数字经济先行先试区” 和 “数字经济特色发展区”。

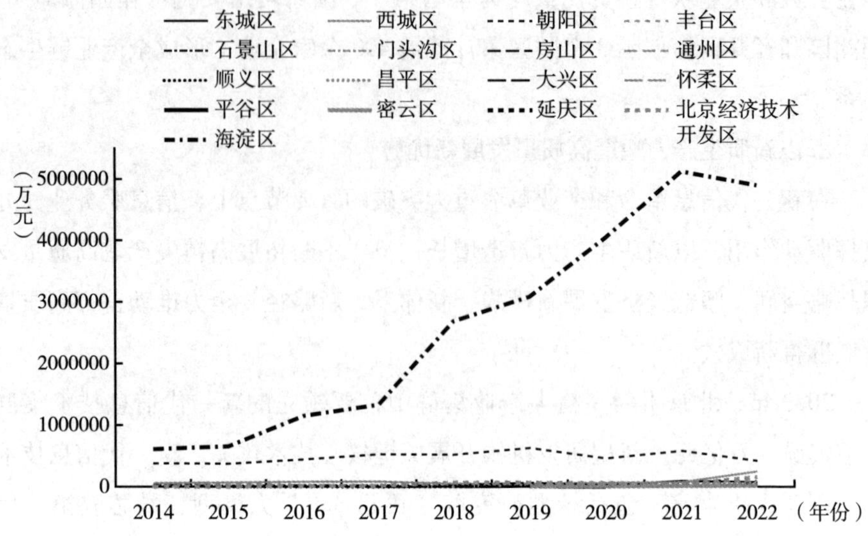

图 5　2014~2022 年北京市各区信息服务业研发经费

资料来源：各年《北京统计年鉴》。

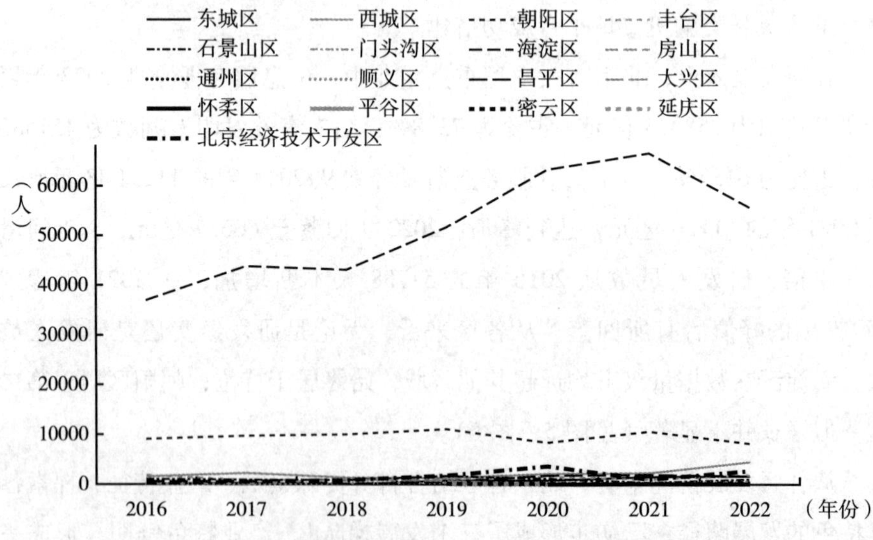

图 6　2016~2022 年北京市各区信息服务业研发人员数

资料来源：各年《北京统计年鉴》。

海淀区中关村软件园作为北京唯一的国家软件产业基地、国家软件出口基地和国家数字服务出口基地，汇聚700多家国内外知名IT企业总部和全球研发中心，其中上市企业70家、中国软件百强企业17家、独角兽企业11家、收入过亿企业90家，形成全国领先的数字经济核心产业集群。

朝阳区落地国内首家数字人产业基地，紧抓互联网3.0产业入口，形成科技含量高、产业链协同好、场景应用广、创新主体多、消费形态丰富的产业格局，以数字人引领下一代互联网新业态，推动信软产业高质量发展。2023年，以数字人为核心业务的企业217家，核心业务企业营收规模约51亿元，超2/3的数字人企业仍处于初创期，极具创新发展潜力。①

北京经济技术开发区以信息驱动智能制造、推进两化融合为特点，逐步加大信息产业的投入与发展。以算力资源有力支撑交通行业深度转型，形成大规模公共智能算力中心，为自动驾驶、智慧交通、健康医疗、智能制造等领域的高精尖企业提供可信算力；超前布局、加快改革，在以台湖区域为核心的32平方千米范围内开展数据基础制度先行先试；打造千亿级通明湖信息城，构建“两湖三园”② 格局。

昌平区利用数字化、信息化赋能先进制造业高质量发展，成功入选全国首批中小企业数字化转型试点，正式发布“数字经济创新发展三年行动计划”。

伴随大数据、人工智能、互联网、云计算等新一代信息技术在各产业领域的渗透、覆盖和应用，信息服务业与高素质人才、现代金融、数据信息等要素紧密结合，不断催生新产业、新技术、新产品和新业态，加快新质生产力形成，增强发展新动能。

---

① 北京市经济和信息化局信息化与软件服务业处：《北京市数字人基地启用仪式暨数字人新业态研讨会成功举办》，北京市经济和信息化局网站，https：//jxj. beijing. gov. cn/jxdt/gzdt/202402/t20240202_ 3554603. html，2024年2月2日。

② 两湖：通明湖、嘉会湖；三园：信创园、集成电路设计园、国际数据园。

（二）政策框架持续搭建，平台建设进一步加强

一方面，信息服务业交叉领域较多、覆盖范围较广，在首都持续打造全球数字经济标杆城市、推动构建高精尖产业体系的过程中，关于规范、引导、推动信息服务业新业态、新模式发展的政策不断出台，顶层设计不断完善，产业发展整体性战略规划逐步建立健全（见表2）。

表2　2023年北京信息服务业主要法律法规、产业政策文件

实施日期	文件	发布主体	主要内容
2023年1月1日	《北京市数字经济促进条例》	北京市第十五届人民代表大会常务委员会第四十五次会议	规定了信息网络基础设施、算力基础设施、新技术基础设施等的建设要求；规定了数据汇聚、利用、开放、交易等规则；规定了数字产业化的技术、产业方向和企业发展目标；列举了数字化转型提升的产业领域及推动措施；规定了具有北京特色的智慧城市建设；对强化数字安全、弥合“信息鸿沟”等进行制度设计
2023年5月10日	《北京市关于加快打造信息技术应用创新产业高地的若干政策措施》	北京市经济和信息化局	升级技术创新生态，推进开源开放模式，打造行业标杆示范，加强行业标准创制，深化行业推广应用，加力研发中心引进，提升园区发展能级，开拓资金支持渠道，支持信创企业上市，建设信创人才梯队
2023年5月22日	《北京市加快建设具有全球影响力的人工智能创新策源地实施方案（2023—2025年）》	北京市人民政府	提升算力资源统筹供给能力，加强公共数据开放共享，构建高效协同的大模型技术产业生态，探索人工智能应用场景赋能与开放，支持人工智能赋能智慧城市建设

续表

实施日期	文件	发布主体	主要内容
2023 年 5 月 23 日	《北京市促进通用人工智能创新发展的若干措施》	北京市人民政府办公厅	提升算力资源统筹供给能力，提升高质量数据要素供给能力，系统构建大模型等通用人工智能技术体系，推动通用人工智能技术创新场景应用，探索营造包容审慎的监管环境
2023 年 6 月 20 日	《关于更好发挥数据要素作用进一步加快发展数字经济的实施意见》	中共北京市委、北京市人民政府	构建数据基础制度，更好发挥数据要素作用。培育发展数据要素市场，加快建设全球数字经济标杆城市
2023 年 6 月 29 日	《北京市关于推进场景创新开放加快智慧城市产业发展的若干措施》	北京市经济和信息化局	通过场景创新开放，加速技术突破、方案验证和规模推广，助力智慧城市创新企业成长，带动智慧城市相关产业发展
2023 年 10 月 8 日	《北京市智能检测装备产业发展行动方案（2023—2025 年）》	北京市经济和信息化局、北京市发展和改革委员会、北京市教育委员会、北京市财政局、北京市市场监督管理局	支持建设产业创新载体和公共服务平台。支持建设北京市智能检测装备产业创新中心等创新载体。支持建设智能检测装备试验测试平台，开展数据采集、远程运维与监控、装备运行数据挖掘等共性关键技术验证。支持搭建智能检测装备中试验证平台，促进智能检测装备迭代提升和优化升级
2023 年 11 月 10 日	《北京数据基础制度先行区创建方案》	北京市经济和信息化局	明确了数据先行区总体目标，到 2030 年，完全建成北京数据基础制度先行区，打造数据要素市场化配置的政策高地、可信空间和数据工场，打造“2+5+N”的数据先行区基础架构。规划了 5 个方面共 32 项具体建设任务
2023 年 11 月 17 日	《2023 年北京市高精尖产业发展资金实施指南（第三批）》	北京市经济和信息化局、北京市财政局	奖励企业设立符合条件的重点共享开源平台，支持开源组织在京落地；鼓励企业在北京国际大数据交易所进行数据资产登记，开展数据交易、数据资产入表，通过数据训练基地、人工智能数据标注平台或其他权威网站等渠道向社会首次开放数据资源

续表

实施日期	文件	发布主体	主要内容
2023年12月20日	《关于打造国家信创产业高地三年行动方案(2023—2025年)》	北京市经济和信息化局、北京经济技术开发区管理委员会	加快关键核心技术突破,强化国家战略科技力量建设,优化产学研用合作模式;筑牢信创主导产业基础,加强与战略性产业联合发展,引领基础软件链式发展

资料来源：根据公开资料整理。

在数字经济领域，《北京市数字经济促进条例》《关于更好发挥数据要素作用进一步加快发展数字经济的实施意见》《北京数据基础制度先行区创建方案》制定了数据汇聚、利用、开放、交易规则，提出培育要素市场，更好发挥数据要素作用。在数据基础制度综合改革方面开展先行先试，启动建设全国首个数据基础制度先行区，调整与数字生产力发展相适应的生产关系，探索构建适应数据特征、符合数字经济发展规律、保障国家数据安全、彰显创新引领作用的数据基础制度。在信息技术创新应用领域，发布《北京市关于加快打造信息技术应用创新产业高地的若干政策措施》《关于打造国家信创产业高地三年行动方案（2023—2025年）》，指导信创行业的发展模式和方向，支持信创企业和人才梯队建设。在细分行业创新应用上，聚焦人工智能、智慧城市、智能检测装备等产业，出台行动方案和推进计划，提出多条措施促进产业发展并提供资金保障指南，持续夯实产业发展基础。

另一方面，平台建设持续推进，为产业发展提供有力支持。一是数据基础制度先行区启动建设，北京公共数据开放创新基地、北京公共数据资产登记中心、北京数据资产评估服务站、北京数据跨境服务中心等数据服务窗口和首信云技术有限公司、北京国际算力服务有限公司、北京开源流通数据研究院等10家数据要素经营主体在数据先行区率先落地。二是国际大数据交易所等数据要素市场化配置平台持续强化。全国首个工业数据交易专区在北京国际大数据交易所上线，成功建立工业领域集中数据交易平台，将在为工业企业提供数据资产登记、数据产品开发、数据资产交易等服务上充分发挥效用。全国首个数据资产登记中心成立，下一步，将大胆探索数据资产化整体性解决方案，在推动数据资产登记、数据进场交易、场景落地、机制建设、系统保障、生态培育等方面创新突破，推动建设引领全国数据要素市场发展的“北京样板”。2023 年，北京测绘院完成全国首笔空间数据交易，国际大数据交易所共发放 71 张数据资产登记凭证，数据交易规模超过 24 亿元①，以数据交易为引领的数据要素市场体系初步形成。

（三）产业主体力量多元汇聚，创新活力深度激发

1. 中小企业发展梯次格局初步形成

2023 年，信息服务业头部企业数量持续壮大，专精特新企业快速增长，企业发展梯次格局初步形成。

为了强化信息服务业高精尖企业对北京市构建现代产业体系的重要支撑作用，形成创新引领的新发展格局，北京秉持“以企业为本、以服务为先”理念，不断优化营商环境，切实提高服务企业的能力，迭代推出营商环境改革举措，完善“服务包”“服务管家”机制，对纳入服务包的企业开展“一企一策”服务，妥善解决企业发展面临的问题。开展政策宣传进企业等系列活动，对创新企业适当放宽纳入服务包的标准，扩大服务覆盖面。

为了培育壮大骨干高精尖稳规企业，加强企业梯度培育，优化企业结构，北京市经济和信息化局研究制定了《关于促进先进制造业和软件信息服务业中小企业升规稳规创新发展的若干措施（2023—2025 年）》，对升规企业的培育重点围绕提升创新能力和高质量发展水平，对稳规企业的培育重点聚焦持续保持创新强度、培育骨干高精尖企业。鼓励符合首都城市功能定位的信息服务业上规企业加快成长壮大，通过为产业链龙头企业提供配套，引导其向专精特新、单项冠军方向发展，尽快成长为支撑首都产业发展的重要力量。以资金支持鼓励企业保持创新强度，开展关键核心技术、前沿引领技术、颠覆性技术的创新研发，形成知识产权并在京进行成果转化、产业

① 北京市发展和改革委员会：《关于北京市 2023 年国民经济和社会发展计划执行情况与 2024 年国民经济和社会发展计划的报告》，北京市人民政府网，https：//www. beijing. gov. cn/zhengce/zhengcefagui/202403/t20240312_ 3587301. html，2024 年 2 月 1 日。

化，与龙头企业形成上下游链式协同。

为了落实政策支持、鼓励成果推广，北京市经济和信息化局评选北京数字经济产业集群数字基础技术、数字赋能、数字平台、新模式新应用标杆企业，并根据影响力评级分层，其中10家为全球标杆，33家为全国标杆，57家为北京标杆。标杆企业的业务覆盖了全部18个重点领域，其中在基础软硬件领域布局最多，有20家企业的主营业务涉及该领域。标杆企业对北京全球数字经济标杆城市建设已形成有力支撑。

2. 政产学研用协同创新体系化推进

（1）政府引领

发布多项文件支持集成电路、基础软件企业组建创新联合体，完善应用生态，促进技术迭代，支持在京发起设立国际科技组织或者与科技创新相关的国际产业和标准组织，支持科技社会团体吸收外籍科技人才为会员，支持外籍科技人才按照规定在科学技术社会团体中任职。积极开展企业首席数据官素养能力培训，在全国率先打造政产学研协同的企业首席数据官培育模式并颁发企业首席数据官素养能力培训证书。

（2）产业主导

北京软件和信息服务业协会形成由高校及科研院所、企业、咨询机构等组成的200多人的专家委员会和由4000多位专家组成的专家库，其中，52%来自企业，24%来自高校及科研院所，9%来自咨询机构，涵盖人工智能、大数据、区块链、云计算、网络安全等重点领域。协会不断优化和完善平台服务功能，完成企业创新服务平台、软件无限平台V 2.0、政策大数据平台、软件人才继续教育平台、智慧城市场景供需对接平台上线运行，推进创新主体力量汇聚。

（3）科研支撑

北京怀柔综合性国家科学中心建设粗具规模，16个科技基础设施平台进入科研状态。围绕量子信息、人工智能等前沿领域，布局建设8家世界一流新型研发机构。高校、科研院所的基础研究布局进一步加强和优化，构建以国家实验室、全国重点实验室、北京市重点实验室等为骨干的实验室体系。

（4）人才后备

充分发挥教育、人才资源突出优势，巩固产业发展基础，增强后备力量。在人才实训服务模式创新和平台建设上，在京企业实力领先。在工信部发布的2023年新一代信息技术人才实训33个典型服务案例中，在京企业有6例（见表3），聚焦各细分领域打造新一代信息技术产业人才和数字化转型人才培养高地。

表3 北京信息技术人才实训典型服务案例

案例名称	申报单位
地理信息系统人才实训服务	北京超图软件股份有限公司
数据库卓越人才联合培养平台	北京人大金仓信息技术股份有限公司
智云-X数字化教学服务	北京中软国际教育科技股份有限公司
工业和信息化重点领域(大数据)产业人才培养基地	北京易华录信息技术股份有限公司
太极信息技术应用创新专业人员系列人才培养服务	北京太极信息系统技术有限公司
智能控制系统产业技术实训基地	北京世冠金洋科技发展有限公司

资料来源：根据工信部发布文件整理。

3. 国际合作集群化发展初见成效

（1）外资研发机构在京集聚壮大

出台《北京市关于进一步支持外资研发中心发展的若干措施》，持续优化数字营商环境，支持外资研发中心优质项目在京落地发展，已累计认定微软、施耐德电气、思谋科技三批次73家北京市外资研发中心，在信息技术等领域带动研发投入超过8亿元。

（2）多层次国际合作体系逐步形成

2023年，北京国际数字经济治理研究院成立，首届中国数字经济发展和治理学术年会在清华大学举办。以全球数字经济大会为主体，以服贸会等“三平台”专题板块为支撑，以数字经济领域专业会议为补充，构建立体化、多层次国际交流合作体系。下一步，将持续鼓励企业积极参与国际开源项目，为国际开源社区做出贡献；支持国际国内开源组织在京落地，对其在京设立的共享开源平台给予资金支持；加大开源项目孵化力度，形成开源企业集聚区；支持建立基于开源贡献的评价和激励机制，支持优秀开源项目、人才申报北京市科学技术奖。

（3）产业集群化发展初见成效

中德产业园以数字经济产业作为重点发展产业，初步形成德企集聚发展的良好态势。北京经济技术开发区作为外资企业发展热土，为外资企业落地发展搭建“2+X”政策体系，先后出台《北京经济技术开发区关于支持外商投资企业高质量发展的若干政策》《北京经济技术开发区关于优化外商投资环境提升外企服务力度若干措施》，推行极速办理、极简审批、极优服务模式，有效推动了信创、算力等细分领域的产业发展。

（四）产业辐射渗透性日益凸显，全方位赋能经济社会发展

随着生产方式的智能化发展，信息服务业正加速向各产业尤其是制造业产业链、供应链、价值链渗透，推动制造业发生深刻变革，在政务、交通、医疗等经济社会各领域创新活跃、赋能显著，同时推动社会治理数字化、智能化转型，拓展消费新场景、提升消费体验，成为扩内需、稳增长的新赛道。

1. 赋能传统产业转型增效，重塑核心竞争力

2023 年，北京加快实施“新智造 100”工程，103 家企业完成智能工厂和数字化车间建设，支持 551 家专精特新企业大幅度提升数字化水平。[①] 新一代信息技术与实体经济深度融合，赋能传统产业转型升级、高质量发展，推动制造业“智改数改”，助力中小企业发展，为经济发展注入新的动力。通过数字赋能生产线，劳动密集型传统制造业的生产效率得到提升，实现业务增长和可持续发展。“数智转型”行动助力超 500 家中小企业进行数字化升级[②]，助力国企数字化、绿色化转型提速，赋能北京产业高质量发展。

根据工信部发布的示范案例，北京市重点企业在大数据应用、新一代信息技术典型产品应用和服务、跨行业跨领域工业互联网等领域均有示范创新。

---

① 北京市发展和改革委员会：《关于北京市 2023 年国民经济和社会发展计划执行情况与 2024 年国民经济和社会发展计划的报告》，北京市人民政府网，https：//www. beijing. gov. cn/zhengce/zhengcefagui/202403/t20240312_ 3587301. html，2024 年 2 月 1 日。

② 《2023 年每天诞生 800 余家中小企业　增长超两成　本市中小企业运行回升向好》，北京日报网，https：//www. beijing. gov. cn/gongkai/shuju/sjjd/202402/t20240225 _ 3568553. html，2024 年 2 月 25 日。

在大数据应用领域，示范项目主要涉及装备制造、能源电力等行业和数据管理能力提升、数据流通技术创新、数据流通生态培育等方向（见表4）；服务商企业新一代信息技术典型产品、应用和服务案例主要涉及平台化设计、数字化管理、智能化制造、网络化协同和服务化延伸方向（见表5）；在跨行业跨领域工业互联网平台示范案例中，北京8家企业被纳入（见表6）。

表4　2023年北京市重点企业大数据应用发展示范

应用方向	企业名称	项目名称
装备制造行业大数据	北京纵横机电科技有限公司	复兴号动车组核心部件制造及运用大数据应用
能源电力行业大数据	联通数字科技有限公司	面向能源行业安全生产的工业大数据平台
	中国石油化工集团有限公司	中国石化智能工厂建设项目
	昆仑数智科技有限责任公司	长庆乙烷制乙烯智能化工厂建设实践
其他行业大数据	北京京东乾石科技有限公司	大数据驱动下的一体化供应链及智慧物流示范应用
	中国邮电器材集团有限公司	贸易行业数字化供应链大数据平台
	中国人民人寿保险股份有限公司	基于大数据技术的保险行业应用平台及示范
	建科环能科技有限公司	建筑能源系统低碳智慧运维解决方案
政务管理数字化建设	中国电子科技集团有限公司电子科学研究院	立体化社会治安防控体系大数据智能工程应用
	智慧足迹数据科技有限公司	中国联通智慧足迹经济大脑
数据管理能力提升	联想（北京）有限公司	联想大数据平台建设和运营项目
	中译语通科技股份有限公司	基于科技知识数据和大模型应用的科创智能加速器
	国家能源集团物资有限公司	基于人工智能的主数据协同平台创新应用项目
	中国铁建重工集团股份有限公司	基于数据全生命管理的企业大数据平台研发与应用
	中国铁路信息科技集团有限公司	铁路全域数据资源一体化管理及应用
	联通大数据有限公司	联通大数据一体化数据资产管理创新实践
数据流通技术创新	中电数创（北京）科技有限公司	基于数据元件的数据流通关键技术研发与应用
	太极计算机股份有限公司	面向家庭和个人的“健康数字身份”

续表

应用方向	企业名称	项目名称
数据流通生态培育	北京奇虎科技有限公司	基于 DSMM 国家标准的数据安全服务应用实践
	北京易华录信息技术股份有限公司	易数工场——数据要素融通服务平台

资料来源：根据工信部公开发布资料整理。

表 5　2023 年北京市服务商企业新一代信息技术典型产品、应用和服务案例

应用方向	案例名称	应用企业	服务商企业
平台化设计	基于 MBD 的卫星数字化集同设计平台创新应用	上海卫星工程研究所	北京神舟航天软件技术股份有限公司
数字化管理	基于“5G+工业互联网”的数字化智能制造管控创新应用	山西建龙实业有限公司	北京同创信通科技有限公司
	基于郎酒工业互联网的数智化 COP 协同运营平台创新应用	四川郎酒集团有限责任公司	北京致远互联软件股份有限公司
	纺织服装数智化云工厂创新应用	安徽新亳华扬服饰有限公司	北京容联易通信息技术有限公司
	化工环保行业数字化建设创新应用	中化环境科技工程有限公司	中化创新（北京）科技研究院有限公司
	面向造纸行业全业务链整合的数字化管理平台创新应用	牡丹江恒丰纸业股份有限公司	北京远舢智能科技有限公司
智能化制造	远舢数字工业操作系统创新应用	安徽中烟工业有限责任公司合肥卷烟厂	北京远舢智能科技有限公司
	飞机数字化制造工业互联网平台创新应用	中航西安飞机工业集团股份有限公司	北京数码大方科技股份有限公司
	特种无缝钢管工业互联网平台创新应用	大冶特殊钢有限公司	北京科技大学设计研究院有限公司
	基于澳云数智工业互联网平台的商用冷链大规模个性化定制互联工厂创新应用	青岛澳柯玛智慧冷链有限公司	北京机械工业自动化研究所有限公司
	5G+智慧煤矿工业互联网平台创新应用	国家能源投资集团有限责任公司	国能数智科技开发（北京）有限公司

续表

应用方向	案例名称	应用企业	服务商企业
智能化制造	产品精益高效总装数字化协同应用场景创新应用	西安航天化学动力有限公司	北京神舟航天软件股份有限公司
	玉皇粮油食用油智能制造平台创新应用	山东玉皇粮油食品有限公司	北自所（北京）科技发展股份有限公司
	临沂钢投特钢工业互联网平台创新应用	临沂钢铁投资集团特钢有限公司	中冶京诚数字科技（北京）有限公司
	基于大数据的云边端炼铁一体化智慧管控平台创新应用	青岛特殊钢铁有限公司	北京智冶互联科技有限公司
	铁路隧道止水带监造平台创新应用	中裕铁信交通科技股份有限公司	北京马赫天诚科技有限公司
网络化协同	基于"5G+工业互联网"的发动机协同智造平台创新应用	安徽全柴动力股份有限公司	通力凯顿（北京）系统集成有限公司
	海上油气勘探工业互联网网络化行业创新应用	中海油田服务股份有限公司	北京赛博云睿智能科技有限公司
服务化延伸	药品智能运营协同调度平台创新应用	石家庄四药有限公司	北京德天博诚科技有限公司

资料来源：根据工信部公开发布资料整理。

表 6　2023 年跨行业跨领域工业互联网平台名单

单位名称	平台名称
北京东方国信科技股份有限公司	东方国信 Cloudiip 工业互联网平台
北京百度网讯科技有限公司	百度开物工业互联网平台
航天云网科技发展有限责任公司	航天云网 INDICS 工业互联网平台
树根互联股份有限公司	根云 RootCloud 工业互联网平台
用友网络科技股份有限公司	用友精智工业互联网平台
华为技术有限公司	华为 FusionPlant 工业互联网平台
中电工业互联网有限公司	中电云网 BachOS 工业互联网平台
京东科技控股股份有限公司	京东工业互联网平台

资料来源：根据工信部公开发布资料整理。

2. 融入市域社会治理各领域，提升政务服务智慧化效能

一方面，北京全面扎实推进智慧城市建设，完善规划管控、平台支撑、

数据治理三大工作体系。创新社会治理路径，数据处理的有效性、针对性大幅提升，决策科学化、服务高效化、监管精准化持续深入，公共服务供给质量和效率显著提升。智慧城市“七通一平”取得阶段性进展，初步具备精准识别人、企、物等城市实体及城市地理空间的共性能力，共性基础设施加速完善。千兆固网累计接入 156.7 万用户，5G 基站累计建成 8 万个，本地首个 5.5G 实验基站建设开通。支持海淀区建设城市大脑 2.0，广泛适配人工智能新技术、新产品，为智慧城市建设赋能；推动北京市高级别自动驾驶示范区 3.0 等项目顺利实施，扩大覆盖范围，完成北京经济技术开发区核心区 60 平方千米范围内专网建设，开放自动驾驶测试道路 323 条 1143 千米，推动新产品落地，用数据赋能智慧交通。平台经济规范健康发展，7 个投资案例入选国家平台企业典型投资案例。建成 65 家互联网医院，245 家医院开展互联网诊疗服务。

另一方面，政府政务精细化治理和现代化水平不断提升。“京通”用户超过 2200 万人，接入 800 余项市级服务事项及 17 个区级旗舰店，提升民生保障韧性。“京办”接入 294 个系统，“京智”接入 22 个决策专题。“一网通办”“一网统管”“一网慧治”全面推进。市大数据平台累计汇聚近 400 亿条政务数据和 1800 余亿条社会数据，有效支撑 160 余项业务应用场景。回天地区和城市副中心数字化社区建设成效显著，“网格+接诉即办+吹哨报到”一体化平台有效搭建，形成党建、管理、综治、服务“一张网”，为市域社会治理嵌入“智慧大脑”，统筹政务信息资源，优化行政运行流程，精准满足经济社会主体的多元化诉求，促进服务高效化。依托数字技术，充分把握公众诉求，推进监管系统智慧化建设，系统防范重大风险，促进监管效率提升和监管精准化，更好实现共建共治共享。

3. 赋能消费创新发展，打造信息内容消费新场景

在信息技术赋能下，多场景、高品质消费供给满足市民多层次的生活需求，不同于传统生产生活方式的新产品、新服务、新模式不断涌现，信息消费产品创新呈现智能化、富媒体化、沉浸化等特点。智能汽车、5G 手机、智能眼镜、智能头盔、元宇宙等成为消费热点，推动大众生产生活方式全面走

向智能化，在极大提升社会生产生活品质的同时，提高居民消费能力，成为推进消费能级不断提升、充分发挥消费对经济发展基础性作用的关键。

一方面，平台式信息消费场景在生活服务、信息资讯等方面提供智能化、数字化、便利化信息消费服务。推动直播电商产业集聚升级，依托产业联盟和协会组织打造具备品牌聚集、主播孵化、机构入驻、活动落地、人才培养等功能的高质量直播电商基地。依托京东开设的“京益选”平台首批集中展示了 80 多家 700 余款具有特色的民生产品，北冰洋、三元、一清、维达等京企入驻。[①] 举办直播电商购物节，认定首批 13 家本市特色直播电商基地。培育即时零售等线上消费新增长点。

另一方面，沉浸式信息消费体验场景对城市内具有一定消费力、集聚力和辐射力的生活空间赋能升级。2023 年数字经济体验周暨数字消费节结合线上活动与线下体验，通过发放数字消费卡、发布数字消费地图、开展电商直播消费等活动，构建北京市内创新的地标型文化、旅游、消费场所，传播文旅之美；联合相关品牌方基于社区、商场、景区、公园、学校等不同场景开拓数字科普研学路线；运用 XR、大数据、数字孪生、人工智能等先进数字技术，开发多维互动内容场景。丰台区促进元宇宙消费，探索元宇宙应用场景和商业模式，创新发展元宇宙产业生态，推进元宇宙关键技术在智慧城市、影视娱乐、数字创意等领域的创新应用，优化文旅消费空间布局，拓展多功能消费空间。数字隆福寺商圈的平台和 App 已经建成并上线运营，实现了 AR 藻井、数字化运营、沉浸式数字消费等场景。全国首家“数字藏品”博物馆挂牌，依托虚拟现实技术为市民打造沉浸式、可交互的文化数字体验空间。

（五）京津冀协同培育产业生态，重点产业聚链成群

从不同领域产业集群来看，近年来，京津冀积极打造国内领先的数字产

① 北京市经济和信息化局：《2023 年数字消费节“京益选”合作平台上线》，北京市人民政府网，https：//www.beijing.gov.cn/fuwu/lqfw/ztzl/gdec2023/qyjs/202306/t20230625_ 3144555.html，2023 年 6 月 20 日。

业集群，凭借数字创新和数据资源优势，坚持三地资源禀赋互配，构建功能定位明确、产业链分工清晰的协同互补区域布局，驱动经济高质量发展；京津冀工业互联网协同发展示范区、北京和天津国家人工智能创新应用先导区加快建设，产业生态呈现新格局，集聚态势基本形成；北京算力供给体系受制于土地、电力等资源的硬约束及环保水平的严苛要求，依靠京津冀协同布局，京津冀全国一体化算力网络国家枢纽节点加快建设，算力规模领跑全国；京津冀网络安全集群在上游生态侧、中游核心侧、下游应用侧优势明显，全国市场占有率超过四成，集群企业数量和营收规模居全国城市群首位；三地联合绘制网络安全和工业互联网产业链图谱，支撑进一步延链、补链、强链、优链。

从标志性大项目来看，联想创新产业园、阿里张北大数据、河北京车造车基地等项目建成投产。高水平举办全球数字经济大会、世界智能大会、中国国际数字经济博览会等高端展会，构建起京津冀面向全球的招商推介和资源整合平台。中国电信京津冀智能算力中心全力推进液冷算力池建设，在服务器背板布置液冷降温设施，利用水循环把热量带走，大大节约能耗。聚焦京津冀协同发展，构建京津冀一体化算力资源格局，推动算力供需平衡，为形成新质生产力提供强大的产业基础。

从重点产业园区共建来看，张北云计算产业基地建设实现降本增效，立足优势互补实现科学发展，以建成“中国数坝”为目标，截至 2023 年底，全县共有数据中心项目 13 个，总投资 990 亿元，占地 2488 亩，规划建设机房楼 62 栋，标准机柜 38. 88 万架。① 张家口怀来大数据产业基地作为全国两大“东数西算”调度平台之一，为满足大模型产业发展需求，目前已与多家北京企事业单位达成合作，为其提供普惠优质的算力服务，支撑其海量数据在怀来数据中心进行存储和计算。京津冀一体化组网模式，将网络布局方式改为由怀来直达北京，将时延降至 2 毫秒以内，为环首都区域用户提供超

① 北京市经济和信息化局：《潮涌京津冀　蝶变瞰十年（五）丨立足三地资源禀赋　功能互补协同助力产业高速发展——张北云计算产业基地》，北京市经济和信息化局网，https：//jxj. beijing. gov. cn/jxdt/gzdt/202402/t20240226_ 3569978. html，2024 年 2 月 26 日。

高水平算力服务。滨海—中关村北塘湾数字经济产业园形成具备京津冀协同特色的产业集群，培育核心技术强、成长属性高、发展潜力大的领军企业，切实满足企业从种子期、成长期向高速增长期迈进的产业化需求，助力未来独角兽企业加速成长。

在京津冀三地从全局谋划一域、以一域服务全局，不断深化产业协同，共谋发展、共建体系、共筑优势，共推联合招商、共搭合作平台、共育产业链群的强大助力下，信息服务业获得面向未来高速发展的广阔空间。

二　北京信息服务业发展存在的主要问题

北京信息服务业发展处在关键机遇期，深刻认识信息服务业的产业发展演变规律、把握产业特性特点，能够有效促进、合理引导产业高质量发展。信息服务业在新一轮科技革命和产业变革下不断产生新业态、新模式，充分体现了信息化发展的时代特征。其覆盖面广、溢出带动性强，涉及全社会经济领域多个新兴产业方向，能够与全产业链深度融合，促进生产方式变革和生产效率提升。只有抓住这一突出特征，才能准确观察并发现信息服务业发展中的难点问题。目前，北京市信息服务业面临着关键领域技术研发仍需突破、成果落地转化难度大、统筹体系缺失等问题。

（一）关键领域技术仍需突破，制约产业发展

基础技术是信息服务业蓬勃发展的基础，国内新一代信息技术积累薄弱，关键领域技术独立自主仍面临较大挑战，在高端通用芯片、制造装备、基础材料、工业软件、操作系统等方面对国外仍存在严重技术依赖，存在受制于人的情况，国内企业的技术实力与国际巨头仍存在差距，在研发、生态、应用领域存在诸多薄弱环节。制约产业发展的关键技术主要集中在以下几个方面。

1. 提升能源利用效率的技术

数据中心从业务驱动走向数据驱动，在碳中和背景下，对算力的合理化部署至关重要，对芯片的技术要求发生质的提高，对未来数据中心节点服务

器内存扩展、资源池化和网络化提出需求，新型内存如持久性内存和相变SSD有较大成长空间。

2. 新型储存技术及解决方案

高性能计算的发展，对储存介质提出了新型需求。为了向用户提供“无时间与空间限制、无信息泄露顾虑、可接受的成本与最短响应时间”的智能服务，服务器储存产品在资料指派、性能适配、数据纠错等方面仍需技术突破与解决方案创新，新型储存领域在工艺、材料、设计等技术层面尚未打下基础。

3. 通用并行计算

元宇宙及数字孪生等应用需要AI与图形融合发展，提出AI训练推理、图形渲染以及科学通用计算大量并行处理计算需求。各类应用场景下的AI与图像融合计算技术仍需持续研究。

（二）成果落地转化难度大，赋能价值未充分释放

信息服务业是赋能产业，新一代信息技术必须与应用场景结合才能发挥最大作用。丰富的应用场景既是信息服务业的发展优势，又是产业发展的难点与挑战。成果转化至应用层面是价值实现的关键环节，然而，目前成果落地转化难度大，新产品和服务模式应用难度高，对经济发展的放大、叠加、倍增作用未充分释放，增量空间尚未打开。具体而言，成果落地转化难点问题主要基于以下几个方面。

1. 供需两端对接难度较大

在经济服务化和经济信息化发展过程中，为社会各领域提供智慧化信息技术应用和服务的生产性服务业规模不断扩大，信息服务作为在国民经济各部门不断渗透的“黏合剂”和“润滑剂”，在应用层面，未来的发展趋势是端到端的、具有行业属性的一体化解决方案和标准化产品与定制化服务相结合的服务模式，在最合适的时间、用最短的路径、以最快捷的方式找到最需要的方案。目前，中小企业信息服务供需两端仍存在天堑，很多企业需要好技术、好方案来解决企业生产、销售、服务过程中的问题，提高生产效率，

降低营销成本；同时，软件开发等信息技术服务商的技术、人才、方案，无法找到需求方，没有办法触达客户。2023 年北京市新一代信息技术典型产品、应用和服务示范中服务商企业所服务项目涉及卫星工程、有色金属冶炼和压延、纺织服装、化工环保等广泛领域，信息服务发展在不同行业并不平衡，模式还需不断拓展、推广和提升，行业价值尚未充分释放。

2. 产业链、供应链脆弱

信息服务业具有高创新性、强渗透性、广覆盖性，在提高资源配置效率、促进市场主体融合、优化产业组织模式等方面具有独特优势，但仍面临产业链、供应链脆弱的问题。在信息系统集成产业链里，信息服务商位于产业链中游，上游为硬件、软件产品供应商，下游为终端客户，将原本独立的软、硬件产品通过解决方案系统集成以发挥整体效能。信息系统集成行业主要受业务订单驱动，客户具有独特性产品要求和智能化服务要求，根据客户需求，信息系统集成服务商向客户提供智能化整体解决方案和定制化服务等非标准化产品，因此在销售上难以形成规模效应。

3. 市场化机制尚未成型

首先，企业的市场进入门槛较高。信息服务业具备高技术属性，其依靠和运用的科学与技术手段具有前沿、高层次的特点，对高技术人才需求大；市场需求变化迭代活跃，对研发资金持续投入的需求大。在行业应用经验、技术研发能力、人才团队、从业资质等方面形成了进入壁垒，新的行业进入者难以在短期内开拓稳定的市场。其次，市场竞争格局分散，集中度不高。例如，智慧城市建设带动政校医商类主体的信息系统集成服务需求，智能化系统搭建日益复杂，为政校医商类主体提供综合解决方案，服务覆盖电信运营领域、系统集成领域、软件开发领域等多个细分领域，涉及产业范围大、领域多、链条长，因此参与企业众多，市场竞争格局分散，集中度不高。

（三）统筹体系缺失，平台建设支撑力不足

1. 基础性共性技术统筹体系缺失

2023 年，国内大模型领域出现“百模大战”局面，企业各自为战，体

现出核心共性技术合力攻关机制体系的缺失。核心能力建设需要以国家级头部平台为依托，跨行业、跨领域集中力量展开共性技术联合攻关，提升技术研发效率，缩短应用开发周期，降低技术壁垒和研发成本。目前，共性技术平台仍然缺失。随着先进制造业和现代服务业的深度融合，生产性服务业向专业化和价值链高端延伸，制造业服务化和服务业制造化的双向循环进一步形成，信息服务业亟须以统筹体系助力关键基础技术和产品高效突破，向价值链高附加值环节迈进。

2. 集成式应用场景整合平台缺失，产业生态环境尚未形成

一方面，软件服务企业对下游客户进行产业链整合需要较强的能力和丰富的行业知识。以工业软件为例，在 2B 市场下游应用中，应用场景广泛、各类技术众多、产业主体数量庞大，企业客户对软件性能、服务等要求各不相同，赛道众多、体系繁杂。目前，信息服务业发展面临覆盖面过于庞大、涉及范围过于广泛、主链不够紧凑的问题。

另一方面，庞大规模的机构和企业需要以平台支撑，部署构建开放的生态圈，使企业得到通用性保障。目前，创新链、产业链、人才链、资金链高效快速耦合还存在难点。数字化转型服务供给能力不足、转型成本较高、数字化服务商及解决方案不足仍是企业数字化转型升级面临的困境。

3. 数据应用、要素流通平台不完备

在数据资源转为数据资产的变革期，数据要素市场化加速发展，从资源到资产，数据要素价值化的难题亟须破解。有效释放数据资源价值是产业发展的关键驱动力，目前，还存在路径不畅通、流通交易不活跃、数据要素价值挖掘不充分、实体产业数字化转型信心不足、数据采集水平和数据质量有待提高等问题。数字产品、数字资产的保障体系不完善仍是阻碍数字市场走向可持续发展的痛点。在智改数转网联发展趋势下，迫切需要不同平台之间的数据共享、业务协调。

4. 服务保障、监管体系建设不完善

数字技术的专业性、隐蔽性、自我迭代性带来数据安全监管风险，数据要素涉及多元主体利益，导致数据权属、数据交易规则、数据跨境流动问

题。目前，针对信息服务业企业的服务保障和监管体系建设仍不完善，亟须加强对潜在风险的研判和防范，确保安全、可靠、可控；防止技术滥用，防止信息不对称和虚假信息等问题导致服务商与企业产生结构性矛盾，阻滞企业纵向流动，抑制企业创新；防止资本和收益高度集中而损害社会公共利益和民众利益；在科技伦理方面，合理解决“算法黑箱”可能带来的社会风险和伦理冲突。

三　推进北京信息服务业高质量发展的对策建议

（一）持续攻关战略性技术，加速信息基础设施布局

党的二十大报告强调：“坚持面向世界科技前沿、面向经济主战场、面向国家重大需求、面向人民生命健康，加快实现高水平科技自立自强。以国家战略需求为导向，集中力量进行原创性引领性科技攻关，坚决打赢关键核心技术攻坚战。加快实施一批具有战略性全局性前瞻性的国家重大科技项目，增强自主创新能力。”促进信息服务业发展是一个循序渐进、厚积薄发的过程，持续攻关新一代信息技术，适度超前布局信息基础设施，才能够为信息服务业赋能各行各业深度应用打下基础。

一方面，应着力补齐核心技术短板，打造自主先进、安全可控的核心技术与产品体系。随着信息安全需求日益增长，国际科技竞争向基础前沿前移，信息技术成为全球技术创新的竞争高地。信息化建设的长期任务是打破国外垄断并形成国产工艺设备的替代能力，实现核心技术的自主可控，全面增强信息领域核心技术设备自主创新能力。围绕新一代信息技术等领域开展目标导向型研究，发挥好制度、政策的价值驱动和战略牵引作用，坚持目标导向和自由探索“两条腿走路”，打破学科边界和壁垒，推动各学科交叉融合研究。持续支持新型研发机构产出重大原创科研成果，集聚资源要素，推动产学研用协同发力，支持科技领军企业与重点实验室、高水平研究型大学、国家科研机构、新型研发机构等建立基础研究创新协作机制。聚焦

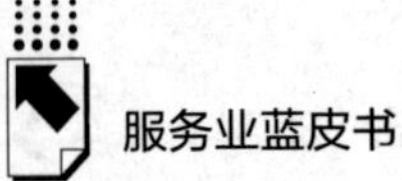

“数、理、化、生”四大领域开展前瞻性研究，提升原始创新能力，服务国家重大战略需求，从源头和底层解决关键技术问题。以符合基础研究规律为遵循，探索分类构建管理体制机制，在总结科研经费“包干制”成效的基础上，引导企业、基金会等社会力量积极参与基础研究，通过鼓励概念验证平台与高校院所对接，助力基础研究成果走出实验室，支持新型研发机构承担国家战略任务。

另一方面，建设内生安全、可信可控的信息基础设施。建设以信息网络为基础、以技术创新为驱动的基础性、公共性设施，包括5G网络、工业互联网、车联网、卫星互联网和新型互联网等新型网络设施，新型算力设施、云边端设施、人工智能设施和数据交易设施等数据智能设施，共享开源平台、共性支撑软件等生态系统设施，以及智慧城市感知体系、智能工厂和氢能设施等智慧应用设施。在信创领域，迭代信创应用解决方案，面向金融、能源、安防等重点行业，推进行业通用适配中心建设，推动信创产品从“可用”进一步发展为“好用”“通用”。在人工智能领域，加强自主开源深度学习框架研发攻关。提升深度学习框架核心能力，研发多类型全流程工具，支持自主深度学习框架与人工智能芯片开展广泛适配和融合优化，推进人工智能国产软硬件技术的深度协同。支持构建基于信创云、信创链的完整技术生态，支持企业开展“信创应用+人工智能”融合创新，推进信创产品智能升级。在算力资源供给方面，建设一批智能商业化算力中心和统一的多云算力调度平台，实施算力伙伴计划，整合公有云算力资源，推进跨区域算力协同，加强跨区域算力合作，提高环京地区算力一体化调度能力，优化提升环京算力网络。以信息基础设施拉动下游场景数量增长，带动市场规模进一步提升，叠加政策持续推动，进一步助力千行百业数字化转型，塑造发展新动能、新优势。

（二）深化拓展应用场景，培育融合创新增长新动能

新工业革命的主要驱动力量是新一代信息技术的深度、全面应用，以“数字+”“互联网+”为代表的深度融合发展是释放信息化潜能的必然选

择，互联网思维和数字化认知不断推动经济社会发展的数字化、信息化转型，推动互联网、大数据、人工智能和实体经济深度融合，不断培育新增长点，形成发展新动能、新优势。

为了更好地发挥信息化的驱动引领作用，应当以推动数据要素高水平应用为主导方向，加强应用牵引和场景驱动，在智能制造、医疗服务、自动驾驶等方面快速形成场景应用，全面推进传统基础设施的数字化改造，支持工业企业通过工业互联网进行绿色化、智能化改造，提升政务、金融、交通、能源、电力等行业的基础设施智能化水平。信息服务商企业应与金融、能源、交通、安防、教育、医疗等重点行业用户联合制定解决方案、开展攻关并进行验证，努力推动重点行业典型应用场景实际落地。

努力开辟更多产业新领域、新赛道，构建更多发展新优势、新引擎。推进面向金融、电信、能源等行业企业的智能服务应用，推动智能信息技术服务平台的建设应用，构建智能服务体系。选取重点企业开展数字化转型支撑平台建设应用，培育形成一批数字化转型解决方案提供商。聚焦基础性、综合性、关键性环节领域，率先实施一批标杆工程，打造有力彰显数字经济时代的标志性设施、标志性系统、标志性机构、标志性场景、标志性产品和标志性服务，孕育形成技术创新型、数字赋能型、平台服务型和场景应用型等不同类型的标杆企业。

依托本市优势场景资源，加强对政务服务、金融科技、科学研究等重点领域的数据挖掘，加快资本、技术、数据、算力、人才等要素汇聚，打造形成一批可复制、可推广的标杆型示范应用场景，促进人工智能创新链、产业链、资金链、人才链深度融合，实现新技术迭代升级和新应用产业快速增长。

支持新型基础设施建设单位或新技术、新产品提供单位对互联网 3.0 新技术开展测试验证，鼓励社会资本投资搭建创新体验中心和场景实验室，开展围绕前沿新技术、新产品和解决方案的展示体验。

在创新生态上，构建要素共生、互生的产业生态系统，打造具有国际竞争力的产业生态圈；推动产业技术基础公共服务平台建设，夯实产业基础；

推广供应链协同、创新能力共享、数据协同开放和产业生态融通的发展模式，营造一流创新生态，打造全球高精尖产业创新高地。

推动通用大模型国际对标和生态构建，促进大模型在政务、医疗、工业、教育、生活服务等领域落地，加速人工智能技术赋能科学研究。优化信创产业发展和人才政策，推动国家信创园吸引更多链主企业和产业项目落地。

（三）完善标准体系建设，提升产业生态发展能级

在产业快速成长的关键期，新技术模式在传统产业的应用场景不断丰富、渗透范围逐步扩大，基于平台的新模式、新业态持续涌现，诸多企业开展模式重构和业态变革，建设更为完善的标准体系至关重要。

2023 年 12 月，国家标准化管理委员会批准 5 项工业互联网平台国家标准，涉及数字化管理、智能化制造、网络化协同、个性化定制和服务化延伸五大方面，提供具体实施参考，为企业利用数字基础设施培育新模式、打造新业态、构建新动能提供了方向指引，是我国工业互联网标准体系的重要补充。这一成果对于加快工业互联网平台新模式普及应用、助力制造业数字化转型升级、支撑新型工业化发展具有重要意义。工业和信息化部信息技术发展司将指导全国两化融合标委会等标准化组织及相关单位，继续做好工业互联网平台领域重点标准研制和宣传推广工作，以标准服务传统产业加快转型升级。

在信息服务业服务金融、能源、交通、安防、教育、医疗等重点行业的应用场景下，应强化制度规则创新，联合制定一批团体标准、地方标准，推动形成国家标准。参与制定数字经济领域标准规范，探索人工智能治理标准研究与规则制定，参与相关国际、国家、行业标准制定。在智慧城市建设中推广使用开源软件和信创产品，对重点行业开放应用场景、推广信创标准的重大建设项目给予资金支持，支持信创标准落地应用。

在社会信息化过程中，信息技术为社会建设和管理提供了丰富的手段，帮助政府、企业和各社会组织机构获取重要信息，实现政府、企业和社会组

织机构之间的有效沟通，改变了社会建设和管理的思路、方法和结果，提高社会建设和管理的水平与社会资源利用效率。因此，社会信息化的发展对社会文化产生巨大影响。大力推进数字化、信息化转型，不仅要增强数字意识、数字思维，还要强化治理。目前，“重硬轻软”现象严重，软件价值失衡将直接影响人才队伍建设。北京应大幅提升信息化服务的均衡性和可及性，推进数字政府、数字社会建设，以数字技术赋能公共服务，发展高效协同的数字政务，以“互联网+政务服务”最大限度地营造国际一流营商环境，助力一流软环境建设。运用数字技术扩大服务供给、优化供需匹配，构建普惠便捷的数字社会，营造数字城市的整体文化氛围和形象，擦亮信息服务特色名片，让数字化发展成果更好地造福社会、造福人民，将北京建设成为数字经济世界标杆、世界数字文明标杆。

（四）把握“两区”建设机遇，推动信息领域融入全球创新网络

当前，全球经济增长态势低迷，全球竞争合作进入新阶段。各国都以信息技术引领的技术变革寻求可持续发展的新动能，新一代信息技术领域总体上正处于由成长期向成熟期转变的阶段。

北京“两区”建设三年来加速推进，服务业扩大开放进入新阶段，应当牢牢把握发展机遇，不断推出信息服务业突破性政策措施和创新经验案例；先行先试，对标国际高标准经贸规则，稳步扩大制度型开放；紧紧把握制度创新核心，在国民待遇、知识产权保护、政府采购、海外纠纷法律费用保险等方面与国际条约接轨对接；全面优化营商环境，打造首善标准和国际一流“北京服务”。应当把握“两区”建设战略机遇，进一步推进信息服务业扩大开放，加快推进信息服务业的高质量发展，推动信息服务业开放合作正日益成为构建“双循环”新发展格局的重要力量。

抓住科技爆发与产业变革的历史性机遇，北京应全方位布局前沿领域、颠覆性技术，打造国际先进技术体系，引领基础研究，进一步推动要素流通、资本引入、人才流动，持续推动产业主体进入全球价值链的中高端，融入全球创新网络。一是要推动企业响应国家战略，借力出海，拓展市场空

间。重点关注区块链、物联网、人工智能、智能制造、医疗健康、新型消费等细分行业，推进科技创新和产业创新深度融合。探索未来科技和商业模式新发展方向，加大投入新技术应用，推动发掘行业发展潜力，持续加深国际合作。二是要强化“双向投资平台”职能。提升市场开放程度，持续释放引资磁场效应。吸引外商独资货币经纪公司、外资公募基金等落地；探索在京成立基于“中欧班列”的“一带一路”国际联合运输大数据平台，推动共建“一带一路”国家在京落地投资。三是要搭建全球科创空间网络，加快建设一流高科技园区和产业科技创新高地，加强基础研究开放合作。坚持“走出去”与“引进来”相结合，在持续引进头部创新机构、支持外资研发中心高质量发展的同时，推进北京科技企业在中东等国际市场落地。创新人才全流程服务管理模式，构筑国际基础研究合作平台，拓展深化中外联合科研。四是要开展数据跨境便利化服务等综合改革试点，推动数据经济领域深化改革、扩大开放。推进数据跨境流动负面清单制度落地应用，拓展数据跨境传输、安全治理、体系认证、综合咨询服务等应用场景，搭建全链条服务平台。① 五是要深化投资贸易环境建设，对接构建国际高标准规则。推动电子签名证书跨境互认和电子合同跨境认可机制，在涉外法律法规、国际合作协议中，补充信息服务贸易相关条款，优化知识产权保护体系，完善争议解决机制。

参考文献

［1］北京市经济和信息化局：《数字经济赋能北京产业高质量发展》，北京市人民政府网，https：//www. beijing. gov. cn/ywdt/gzdt/202401/t20240124_ 3544616. html，2024 年 1 月 24 日。

［2］北京市数字经济促进中心：《北京市数字经济政策精华汇编（2024）》。

① 北京经济技术开发区“两区”工作领导小组：《经开区深化国家服务业扩大开放综合示范区建设工作方案》，北京经济技术开发区网，https：//kfqgw. beijing. gov. cn/zwgkkfq/zcfg/zcwj/bqzc/202401/t20240124_ 3544432. html，2024 年 1 月 9 日。

［3］李巧明、李欣欣、李硕等：《新一代信息技术产业高质量发展研究》，《中国工程科学》2024 年第 1 期。

［4］赛迪智库软件和信息技术服务业形势分析课题组：《2024 年我国软件和信息技术服务业发展形势展望》。

［5］欧阳峣：《新技术变革和全球可持续发展新动能》，《学术前沿》2023 年第 22 期。

［6］胥彦玲、卢絮、刘宇：《北京市数字经济发展现状与对策》，《科技和产业》2023 年第 4 期。

B.3

北京金融业发展报告（2024）*

李诗洋　余 敏**

摘　要：　北京坚持“金融为民，回归本源”，在科技、绿色、普惠、养老、数字五方面做好金融“五篇大文章”。在科技金融方面，致力于用科技手段助力金融发展，创新科技金融产品，推进科技与金融融合，建立健全产品体系与服务保障体系；在绿色金融方面，相继出台多项金融支持绿色发展的政策并通过各种金融工具落地实施；在普惠金融方面，通过建设“信易贷”“创信融”“融资纾困直通车”等平台与机制，精准助力中小企业解决融资难题；在养老金融方面，通过开展商业养老金试点、政保合作项目、长期护理保险试点等方式切实保障人民的养老需求；在数字金融方面，构建数字金融新场景，开展数字人民币试点，数字金融发展迅猛。但是，北京金融业发展也面临对科创企业的金融支持供需不匹配、新兴金融产品监管难度大、行业缺乏标准规范、部分金融产品供不应求、复合型人才缺失等问题。未来，北京应充分发挥自身科技、金融、技术等优势，结合北京战略定位，整合优化知识产权资源，进一步完善政策机制，创新产品和服务，让金融更好地推动实体经济发展。

关键词：　科技金融　绿色金融　普惠金融　养老金融　数字金融

---

* 本文系北京市社会科学基金项目“北京绿色金融发展研究”（项目编号：23JCB041）的部分研究成果。

** 李诗洋，经济学博士，中共北京市委党校经济学教研部副主任、副教授，研究方向为金融安全、资本市场；余敏，中共北京市委党校区域经济学硕士研究生，研究方向为金融理论与实践。

2023 年，随着全市经济回升向好，发展质量稳步提升，首都金融业发挥“压舱石”作用，实干担当、攻坚克难，有效应对内外部困难、挑战，为经济高质量发展提供有力金融支撑。

一　北京金融业持续平稳增长

2023 年，北京金融业实现增加值 8663.1 亿元，同比增长 6.7%，占地区生产总值的比重为 19.8%。资本市场体系不断完善。2023 年，全市境内首发上市公司有 20 家（主板 2 家、科创板 7 家、创业板 4 家、北交所 7 家），募集资金 267.08 亿元。2023 年，全市新三板挂牌公司定向增发 54 家次，募集资金 16.36 亿元。保费收入规模稳步扩大，保险保障作用有效发挥。2023 年，全市原保险保费收入 3204.7 亿元。其中，人身险公司保费收入 2610.8 亿元，财产险公司保费收入 593.9 亿元。2023 年，全市保险业累计承担风险保障 602.3 万亿元。至此，金融业已经连续 9 年位列北京市经济增长的第一大产业。2023 年底召开的中央金融工作会议提出，“做好科技金融、绿色金融、普惠金融、养老金融、数字金融五篇大文章”，为金融强国建设指明方向。

（一）科技金融领域创新不断，金融服务首都科技创新

2023 年，北京市以金融手段助力科技发展，在科技金融领域书写了新的篇章。作为首都，北京除了拥有丰富的金融资源和雄厚的科研力量外，还有一系列的政策优势。北京的科技金融政策，相较于其他科创金融改革试验区，更加特色鲜明。从提升科技型相关企业的融资便利程度（如专精特新企业贷款、高端制造业贷款的不断增加），到积极增加直接融资途径（如北交所、科创板的建设发展），再到各类相关试点的有序深入推进（如高新区科技金融试点），北京市在科技金融发展的模式、路径方面都起到了先行先试的引领作用。

在产品创新方面，为激发人才创新活力，向高端人才创新创业提供

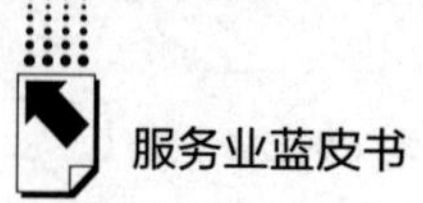

“中长期信用贷款”；为支持科技型企业更好地发展，向处于成熟期的科技企业提供“优化并购贷款政策”；为解决内部投贷联动业务面临的投资风险权重高的问题，向有关企业提出“依据资本监管规定，合理确定商业银行股权投资风险权重”等支持政策。

在推进开放合作方面，北京市依托“两区”建设的政策优势，引导金融资源向科技领域配置，促进科技与金融融合发展。在金融开放领域提出“赋予试验区科技创新型企业更多跨境金融选择权”、“深化合格境内有限合伙人（QDLP）试点”、“降低中小集团公司跨境资金集中运营管理企业资格门槛”、“拓宽合格境外有限合伙人试点企业和投资范围”和“开展本外币合一银行结算账户体系试点”等多项改革创新举措。

在推动科技金融产品体系构建方面，北京市持续引导金融多方联合，推动“股贷债保”联动。首先，推动金融机构推行特色金融产品，如“研发贷”、“认股权贷款”和“科创云贷”等。其次，创新性打造科技金融产品超市，为科创企业提供融资便利。最后，建立发债意向企业名单，通过融资双方对接、债券市场业务培训等方式，助力相关债券产品尽快规范落地。数据显示，截至 2023 年 9 月底，北京市发行科创票据等新产品 36 只，融资规模 435 亿元，居全国首位。

在建立健全科技金融服务保障体系方面，北京市通过银行走访企业等方式，推动构建线下银企对接服务机制，并重点支持信贷资金涌入科创行业；中关村管委会和北京市科委、市金融局等部门组建科技金融服务专家库，为科技金融服务提供专业支持；推动市财政出台风险补偿、贴息等融资配套政策，并对知识产权相应的质押融资业务加大风险补偿力度；除此之外，北京市相关部门为加深银行对科技金融相关前沿领域的认知，积极举办有关金融科技业务的培训、讲座，并采取多种形式宣传金融科技的优秀案例。

（二）绿色金融优势凸显，助力北京双碳目标实现

随着“碳达峰”“碳中和”目标的提出，我国绿色金融发展驶入“快车道”。作为国家金融管理中心，北京的绿色金融发展走在全国前列，政策体

系和顶层制度安排日渐完善。

在绿色金融政策设计方面，北京市出台了《关于金融支持北京绿色低碳高质量发展的意见》《北京市“十四五”时期低碳试点示范工作方案》《“两区”建设绿色金融改革开放发展行动方案》等文件，加强首都绿色金融政策支持，并对绿色金融发展提出指导性意见。

在绿色金融政策实施方面，中国人民银行碳减排工具在京落地量显著上升。创新推出“京绿融”支小再贷款专项产品、“京绿通”再贴现专项产品和“能源保供”专项再贴现产品，在确保能源供应安全的同时支持经济向绿色低碳转型。2023 年上半年，中国人民银行指导在京相关银行支持 155 个碳减排项目和煤炭项目，金额超 150 亿元，带动年碳减排量 520 万吨。截至 2023 年 6 月，北京市本外币绿色贷款余额同比增长 31.9%，北京地区非金融企业绿色债券融资规模为 516.8 亿元，居全国首位。

在绿色金融产品创新方面，北京市支持“碳中和”专题“债券通”绿色金融债券、绿色汽车分期资产支持证券、全球多币种“碳中和”主题境外绿色债券发行。北京燃气集团在港成功发行绿色债券。北京推动全市首单绿色（碳中和）商业房地产抵押贷款支持证券（CMBS）落地，支持“STOXX 邮银 ESG 指数”成功发布。开展“绿色信贷+绿色建筑+绿色监理”模式，探索推动绿色金融标准与绿色建筑标准相衔接。绿色金融产品服务创新的支持作用不断加强。工商银行北京市分行通过实施内部资金价格激励、建立快速审批通道等措施，实现绿色贷款规模快速增长。北京银行发放首笔“专精特新”绿色并购贷款；北京市首单 CCER 质押贷款创新产品落地，用于支持林业碳汇项目，挖掘生态产品价值，助力碳交易市场创造更多碳汇资源。兴业银行北京市分行探索“绿色仓储+分布式光伏”模式，使首都机场航港物流园银团贷款成功落地，运用碳减排支持工具实施清洁能源大基地项目。

在绿色金融基础设施方面，北京市发布《碳金融产品》，为金融机构开发碳金融产品提供有效指引。指导北京绿色交易所编制《北京市企业（项目）融资绿色认定评价办法（试行）》，稳步推进北京绿色项目库和企业碳账户的开发建设，推动北京绿色交易所升级为面向全球的国家级绿色交易所。与生态环境部门合作签署《关于绿色发展与金融支持合作备忘录》，建立工作协调机制。推动北京市金融机构环境信息披露工作“破冰”，北京市属银行华夏银行成为北京首个编制独立环境信息披露报告的市属金融机构。

在绿色金融组织体系方面，北京北创绿色低碳科技基金、北京永定延怀绿色产业基金等机构落地，北京自贸区内首家绿色特色支行、全市首家绿色金融特色支行获批设立，北京银行成立绿色汽车金融中心。在争取国家先行先试政策方面，北京市推荐相关区积极向生态环境部等 9 部门申报气候投融资试点，目前，通州区、密云区已获批国家气候投融资试点。

在绿色金融国际合作方面，北京市成功发布我国金融机构首次倡导提出的金融机构应对气候变化的国际性倡议——《气候友好银行北京倡议》，该事件获评“2021 年银行业十件大事”之一，并入选“两区”建设两周年改革创新实践案例。在中国国际服务贸易交易会期间，围绕“开放融合、绿色未来”主题，组织筹办金融服务专题展，举办中国国际金融年度论坛，探索绿色金融发展和深化国际合作的新路径。指导北京资产管理协会、英国伦敦金融城举办“全球投资向未来——中英可持续投资业务交流会”。支持“一带一路”绿色投资原则会议、中国金融学会绿色金融专业委员会年会等活动在京成功举办。支持国际金融论坛（IFF）先后发起中美欧全球碳定价会议、《生物多样性金融伙伴关系全球共同倡议》等。

（三）普惠金融持续发力，精准服务实体经济发展

为破解中小企业的融资难题，精准服务实体经济发展，近年来，北京市统筹相关部门进行了普惠金融领域的持续深入探索。

2021 年 4 月，北京市首贷服务中心将续贷、知识产权质押融资、确权融资等职责整合升级为“北京市贷款服务中心”，推进获得信贷“一件事”场景建设。截至 2023 年上半年，北京市贷款服务中心累计有 8.27 万笔登记业务申请，有 6.96 万笔审批通过。其中涉及的总贷款金额约 3400.92 亿元，约有 2862.95 亿元审批通过。科创、商贸、文化传媒类企业贷款占比为

46%，小微企业贷款占比为99%。截至2023年上半年，有22家银行、16家担保机构及其他相关机构共170个贷款产品进驻北京市贷款服务中心。各进驻机构筛选专业的客户经理驻场为企业提供面对面的融资服务，实现企业融资服务可比可选。

“小微金服平台”自2019年10月17日正式上线，针对中小企业缺乏抵押物、信息不对称等融资痛点，在集成金融资源、运用数据赋能、强化小微企业信用软实力、提升企业金融服务获得感等方面发挥巨大作用。目前已初步形成了“全方位、全周期”服务北京市科创民营小微企业的普惠金融生态体系。平台联合银行、基金公司、融资担保机构、资产管理公司等相关主体，形成了贷、投、担及不良资产处置等不同业务板块协同联动的完整闭环。“16+1”区级平台已经实现全覆盖，为“信易贷”平台向各区延伸、构建一体化中小微金融信贷服务体系奠定了坚实基础。此外，平台已与中国人民银行营业管理部的银企对接系统实现直连，共享企业融资需求。截至2023年12月25日，平台已经累计服务35734家企业。

2022年北京市建立“融资纾困直通车”服务机制，推动金融机构与企业供需两端的信息融合和精准对接。通过建立精准帮扶企业名单库、创设针对企业融资需求的梯次服务机制、设置融资协调和结果反馈机制等方式，对符合条件的企业采取续贷、展期、调整还款安排等方式予以支持。建立授信审批绿色通道，缩短贷款审批时限。发挥政府性融资担保机构的作用，提高银担合作效率。

2020年9月，“创信融”企业融资综合信用服务平台上线。“创信融”是由中国人民银行北京市分行主导，政府部门、商业银行共同参与建设的专门服务于中小微企业的企业融资综合信用服务平台，是提升金融服务实体经济质效的探索和创新。目前，“创信融”平台已陆续接入17家试点银行，截至2023年9月，参与的17家商业银行已精准支持中小微企业1.6万余家，发放纯信用贷款175亿元，其中，小微、首贷企业占比分别达到99%、80%。“创信融”平台为金融机构加快建立服务中小微企业敢贷愿贷能贷会贷长效机制，平衡增加信贷投放与防控信贷风险的关系，提供了有效的管理手段。

（四）养老金融快速发展，服务保障首都民生

随着我国老龄化程度的不断加深，人民群众对养老保障的需求日益迫切。2022 年以来，国务院办公厅和人社部、财政部等 5 个部门先后发布《关于推动个人养老金发展的意见》《个人养老金实施办法》，加快第三支柱养老保险体系的进一步完善。2022 年 11 月，银保监会办公厅印发《关于开展养老保险公司商业养老金业务试点的通知》，由此开始了商业养老金业务试点工作。

在个人养老金业务中，储蓄存款、银行理财、商业养老保险及公募基金 4 类产品同台竞技。在保险产品方面，2022 年 11 月，来自 6 家保险公司的 7 款专属商业养老保险产品成为首批个人养老金保险产品。在 3 个月后，个人养老金保险产品增加到 13 款，其中 12 款已在北京落地。而且，产品类型不再局限于专属商业养老保险，两全保险、养老年金等新形式也已出现。相比于其他的个人养老金融产品，北京市养老保险产品的保障服务更加完善，体系更加健全。

北京地区开展了老年人专属意外险、失独家庭综合保障两个政保合作项目，通过风险保障的方式来提升效率。在实现政策向弱势群体倾斜的同时，通过联合筹资模式有效减轻政府及老年人、养老（助老）机构的负担，真正实现以少量财政资金撬动社会资金，合力扩大政策覆盖面和提高保障水平。

同时，北京已在石景山区开展长期护理保险试点，以该区重度失能人员日常基本生活照料和与基本生活密切相关的医疗护理所需服务为保障内容，以实物形式提供相应的护理服务。截至 2023 年 10 月，石景山区参加长护险的人数为 42.8 万人，定点服务机构 78 个，上门护理人员 500 余人。长护险这一机制对提升失能人员及其家人的生活质量发挥了重要作用。

（五）数字金融得天独厚，助力全球数字经济标杆城市建设

数字金融是数字经济时代金融业发展的显著特征，北京在数字经济的发展中具有不可比拟的优势。

经过多年的发展，北京金融资源总量已居全国之首，金融业已经成为北京第一支柱产业，数字经济在地区生产总值中的占比超过四成。北京是全国科技创新中心和国家金融管理中心，拥有“科技+金融”叠加优势。北京市服务业数字经济核心产业 2022 年营业收入突破 4 万亿元，2023 年前三季度实现收入 3.2 万亿元，两个报告期的增速均高于服务业平均水平 5 个百分点以上。数字技术应用业的发展较为突出。

北京当前正在深入开展数字人民币试点。石景山区积极探索，先行先试。在企业方面，石景山区在全市范围内首先为数字人民币专精特新企业提供政策支持资金。在消费方面，石景山区在消费券中叠加发放数字人民币消费鼓励金。在“科技—产业—金融”良性循环方面，石景山区致力缔造“1+3+1”的高精尖产业，同时以现代金融产业为首，集聚一批具有示范引领效应的国家级金融基础设施，数字人民币试点不断深入。

5G 等新一代信息技术为首都金融新基建提供了新助力。在 5G 背景下，北京市深入融合包括数据、信息在内的生产要素；强化多种高新技术的融合应用，如量子科技、人工智能等；落地金融资产登记托管系统、交易设施、重要支付系统、基础征信系统等一批国家重大金融基础设施，加快央行法定数字货币在京全场景应用，加快推进建设国家金融科技风险监控中心、国家金融科技认证中心等项目。

数字金融新场景提升北京金融服务能力。使用信息时代的精细化数据，同时联合理财、债券、保险等现代金融服务方式，搭建更加专业化的金融模型，为客户量身定制金融服务。构造新零售场景，利用新兴科技手段促使零售服务、物流配送一体化，提供更完善、更具指向性的金融服务。

二　北京金融业发展面临的困难与挑战

（一）科技金融领域的精准滴灌服务有待提升

随着信息技术的不断发展，产业变革日渐深入，科技革命仍在进行，大国之间激烈的科技竞争无可避免。快速发展科技金融势在必行，但目前仍有一些难题急需解决。

首先是融资需求难以满足。处于生命周期不同阶段的科创型企业或不同科创活动的融资类型和融资需要迥然不同。相较于成熟期的科技企业，处于初创期、成长期的中小科技企业以及致力于攻克"卡脖子"等关键核心技术的企业更需得到资金支持，但实际情况并不理想。目前的科创金融服务并未结合科创企业的特点，双方并未同心同向、同频共振。

其次是服务能力有待加强。高新技术发展日新月异，而与之相配套的金融发展并未完全同步，在专业人才、风险管理、服务产品等方面均存在较大不足。同时，市场体系发挥的作用有限，产业发展基金、股权融资以及私募基金等方面发展不够完善，综合融资服务能力有待增强。

最后是配套政策支持不足。目前缺乏精准的企业科创评价体系，存在信息不对称，相关市场发育不成熟，政府并未完全承担起相应的风险补偿功能，科技型企业前期投入大、研发周期长、初期风险高、无重资产抵押，与这些特点相适应的配套政策不够完善。

（二）绿色金融领域面临多重风险挑战

尽管监管方、企业在绿色金融体系方面动作频频，绿色金融在取得进展的同时也为金融行业带来了新的业务机遇，但不可否认的是，当前，北京绿色金融还处于发展期，面临的问题和挑战还有很多。

一是信息不对称。为确定相关企业的绿色信贷额度，金融机构通常会进行尽职调查。但企业生产活动的专业性强、信息量大，对于应该披露什么信息和如何披露，难以制定统一的信用体系评价标准，对金融机构风险的识别困难，容易造成贷款规模杠杆率过高的问题，导致信用风险的产生。在绿色债券方面，由于信息不对称，常常会出现绿色债券的存续期与项目期不匹配等问题，使投资者面临损失。

二是地方金融监管难度加大。随着北京市绿色金融市场的不断扩大，拥有绿色信贷、绿色债券、绿色保险以及绿色衍生品等产品的相关金融机构的交易数据呈爆炸式增长，监管机构难以及时准确地进行数据监管。同时，部分企业存在“洗绿”行为，得到资金后并未用于相应的绿色产业升级当中，而监管机构只有在实地调查走访之后才能发现这一问题，存在监管的滞后性和不确定性，只能事后对企业进行处罚。

三是产品创新伴随的风险。随着绿色衍生品市场的兴起，有关期权、远期、期货等的绿色衍生产品逐渐增多。但由于新兴市场发展不完善且创新型产品的设计复杂、信息不透明，有关风险种类更多、危害更大、隐蔽性更强且传播速度更快。与此同时，创新型绿色产品出现带来的大量数据并未被有效利用，数据赋能新产品开发的潜力未被深入挖掘。而且，为规避系统性风险产生而叫停某些创新型产品的交易也在一定程度上阻碍了绿色金融市场的发展。

四是其他非市场风险对绿色金融的发展造成了阻碍。绿色金融开展过程中可能面临气候转型风险、竞争风险等非市场风险。为了实现“双碳”目标，传统的高碳工业企业面临着碳排放额度限制、更严格的排放标准和提高碳税价格等一系列限制性政策。而企业多数的项目融资款项来自金融机构，但目前金融机构转型风险检测、评估和调整工作不完善，没有可靠的信贷项目逐步退出方案。因此，金融机构要注意气候转型风险造成的冲击，降低转型过程中的经济损失，避免影响系统性金融稳定。为了实现低碳经济，很多企业积极开发新能源。短时间内大批企业进入新能源市场，造成新能源企业核心竞争力下降、利润率降低，并且技术革新较快，科技企业面临巨大的竞争压力。金融机构为新能源企业提供服务时，要注意企业所面临的竞争风险，避免融资项目期限变长或者市场过饱和产品变现困难所引发的流动性风险。

（三）普惠金融领域的覆盖面有待扩大，覆盖精度有待提升

尽管近年来北京市加大了普惠金融建设力度，但是与普惠金融发达地区相比，差距依然十分明显。普惠金融发达区域如深圳市，2023 年末辖内普惠型小微企业贷款余额达 1.69 万亿元，而同期北京地区普惠型小微企业贷款余额仅为 9572 亿元。

另外，北京地区普惠金融的生产技术不平衡，主要体现在业务集约化程度、产品和工具运用等方面。一是普惠金融业务集约化程度的分化严重。在现实中普惠业务操作和办理可谓手工劳动、半自动化和自动化并存。既有参照大中型企业授信模式撰写授信报告、线下操作、层层审批的传统信贷模式，也有针对专业市场、产业集群进行批量营销、批量授信的模式，还有大数据支持的新型普惠模式。二是产品和工具运用差异化。有的银行的普惠金融业务既有专属产品、专门流程和专业审批，又开发了专业辅助工具，如风险排查工具、评分卡、额度模型和风险预警工具等，而有的银行的普惠金融业务和对公信贷业务基本没有差别。以上两方面最终影响了普惠金融业务效率，各银行普惠金融业务人工成本占贷款收入的比重，最高的接近50%，低的不到5%甚至更低。未来北京市普惠金融亟须继续在数字化、专业化方面不断创新研究，以提高普惠金融服务效率。

（四）养老金融领域面临的供需缺口亟须弥补

一直以来，我国的养老金融市场均存在供不应求的情况，市场需求巨大但对应的供给稀缺，供需缺口日益变大，亟须弥补，同样，北京市也面临以下问题。

一是民营养老机构申请贷款较难。在老年人口中，对养老院及养老床位有需求的人群主要为子女不在身边（如在国外居住）的老人、丧偶老人、高龄老人、失能老人、失智老人等。养老机构在运营中应重点考虑如何服务这些老人。养老院的投资和运营主体主要有3种：央企、政府和民营资本。相比起央企投资兴办和政府运营的养老机构，民营养老机构的经营压力较大。民营养老机构多用租赁方式获取场地，没有固定资产，难以申请抵押贷款。另外，养老机构的特殊性在于，入住老人对机构的依赖程度较高，如果机构受到市场波动和运营压力的较大影响甚至关闭，入住老人的身心状态会受到很大的负面影响。因此民营养老机构获得融资、维持运营的紧迫性较强，融资难的问题亟待解决。

二是对居民养老金融及防范欺诈的知识普及有待加强。当前，各类金融产品及与金融合约捆绑的消费品层出不穷，公众识别风险、防范诈骗的知识需不断更新。然而，公众的金融及反欺诈知识的来源比较滞后和分散，并且专门为老年人群提供的此类教育并不多见。提供金融和反欺诈教育的常见主体有银行网点、公安机关、亲朋好友、社区等。例如，银行网点广播提示勿给陌生人汇款，公安机关联合社区居委会在小区内张贴反欺诈宣传告示，亲朋好友相互告知和提醒等。老年群体通过以上渠道能够获取金融知识，但知识来源比较分散，学习效果也有待评估。同时，随着技术条件、商业模式在现实中不断变化，金融和反欺诈相关的知识也需要不断总结和更新，需要有持续、优质的知识产品以及便捷的学习渠道供老年用户学习。

（五）数字金融领域面临技术发展与制度配套的矛盾

一是金融风险的传导速度可能更快、传播面可能更广、复杂性和危害性可能更强，将给金融监管带来新的挑战。目前，我国相应的体制机制配套并不健全，还在完善过程当中，如社会征信体系还不健全、融资担保配套还不完善、法律保障还未到位。因此，在数字金融发展过程当中不可避免地会遇到体制机制不灵活、资金补充机制缺位等问题。同时，除了制度不完善，技术也未能完全跟上数字金融发展的脚步，也在一定程度上限制了数字金融发展。

二是缺乏复合型人才。多技术融合应用、多场景融合发展，与之相应的数字金融人才不足的短板亟须补足。这种人才不足不仅是数量上的，更是结构上的。随着数字化转型与新兴产业发展，金融机构对数字金融人才的需求不再是单一的，而是复合的。

三是现有数字金融产品无法满足企业需求。中小企业一直存在融资难的问题，虽然现在许多金融机构都推出了针对中小企业的数字金融产品，但仍存在融资金融少、申请流程复杂、产品同质化严重等问题，无法从根本上解决中小企业的融资难题。对于银行来说，相比于大企业，中小企业的管理成本相对较高，如何促进银企互联互通、如何降低金融机构对中小企业的融资成本仍是未来需要解决的难题。

三 持续推动首都金融高质量发展

未来，北京应充分发挥已有优势，利用自身资源禀赋做好金融五篇大文章，持续推动首都金融高质量发展。

（一）充分发挥科技金融优势激发首都创新活力

由于科技金融市场属于不完全信息市场，且由于科创型企业自身的特点，无重资产抵押、前期投入大、赢利不稳定，因此金融机构无法借助传统的金融手段进行风险管控，这将会对科技金融服务产生影响，而只单纯依靠金融机构自己无法解决这些问题，需要从以下方面着力。

首先，优化金融营商环境。优化营商环境不仅能够激发市场主体活力，更能通过整合政务资源进行体制机制创新。为解决信息不对称问题，可搭建银企对接平台，促进银企互联互通，解决知识产权质押融资相关难题，更好地为企业服务，满足其发展需求。同时，支持金融机构创新产品、服务，优化服务模式，使企业融资更加便利。支持各类试点工作不断开展，促使相关配套保障体制机制不断完善，努力建设国际一流营商环境。

其次，整合优化知识产权资源。随着科技的不断发展，知识产权越来越深入人心，但知识产权作为科创型企业的核心竞争力，在金融方面的潜力并未被完全挖掘。因此，需要推动北京市贷款服务中心加快发展知识产权质押融资中心，将知识产权评估公司、银行、融资担保公司汇集起来形成一站式服务窗口，为科创企业知识产权质押融资简化办事流程、优化配套功能。

最后，持续深化科技金融服务。推动政策落实与科技企业发展同频共振，促进多部门协作，共同探索首都科技金融发展新路径。加快中关村国家自主创新示范区主阵地建设。按照《北京市“十四五”时期国际科技创新中心建设规划》“一园一产”原则，探索选取具备比较优势的银行、保险公司等金融机构开展园区优化试点工作，将园区主导产业政策和金融特色化服务结合起来，将园区产业布局优化和金融机构产业孵化器、众创空间等的发展结合起来，推动园区发展和科技金融生态体系发展协同并进，构建线上、线下科技创新综合孵化生态，提升金融创新和科技创新协同集聚效应。

（二）深化绿色金融改革开放

北京下一步应以首善标准落实绿色发展理念，服务绿色金融改革，深化国际交流合作，围绕升级政策机制、参与制定和应用绿色金融标准、聚集绿色金融市场资源、丰富绿色金融产品供给、加强绿色金融国际合作和推动京津冀绿色金融协同发展等方面持续开展工作，努力打造绿色金融国际中心。

具体来看，一是不断升级政策机制。以建设绿色金融改革创新试验区为纲领，持续完善绿色金融体系，探索更多可复制、可推广的经验。二是参与制定和应用绿色金融标准。积极应对气候变化，推动绿色金融标准与国际标准相衔接。支持第三方服务机构开展绿色认证、环境风险评估研究，开发绿色金融产品、ESG 评价指数，支持、引导绿色投资。三是进一步聚集绿色金融市场资源。以责任投资为导向，培育聚集绿色金融机构。加快建设北京绿色交易所，将其升级为面向全球的国家级绿色交易所，在新三板改革和北京证券交易所的支持下，助力绿色中小企业发展。四是进一步丰富绿色金融产品供给。支持绿色信贷、绿色债券、绿色保险、绿色基金发展，创新发展绿色股权投资业务，鼓励发展绿色供应链金融，加大对绿色技术领域的金融支持力度，形成更多绿色金融产品案例，更好地发挥金融的资源配置和激励约束功能。五是加强绿色金融国际合作。继续加强与国际金融组织的合作，拓展绿色金融国际合作空间。以在全球系统重要性金融机构会议上发出的《气候友好银行北京倡议》为抓手，深入参与全球绿色金融治理。建立全球金融机构绿色联盟，发挥“一带一路”绿色投资原则等合作机制的作用，推动更多绿色金融国际合作项目在京落地。六是推动京津冀绿色金融协同发展。支持城市副中心作为绿色金融的最大应用场景和先导承载地，发挥其京津冀协同发展桥头堡的辐射带动作用，加强京津冀区域金融合作，推动形成京津冀绿色金融协同发展新优势。

（三）持续提升普惠金融服务质量

在北京发展的新时期，北京普惠金融发展应该服务于北京的“四个中心”城市战略定位，关注普惠金融规模增加和覆盖面拓广，紧紧围绕高质量发展这一主题，优化普惠金融结构，提升普惠金融质量，走一条符合北京特色的普惠金融发展路线。

一是围绕北京战略定位，加大金融机构对重点行业的普惠金融支持力度。围绕北京战略定位，金融机构应通过产品、服务的完善改进，继续加大对重点行业的普惠金融支持力度。普惠金融政策和资金投放向“专精特新”和创新创业中小微企业倾斜，着力解决“卡脖子”和“补短板”问题，促进北京市的科技创新；向绿色转型发展的中小微企业倾斜，支持清洁能源、节能环保、碳减排技术等重点领域的发展，助力实现“双碳”目标，提升北京绿色低碳产业质效；向医药研发制造业倾斜，促进创新医疗器械研发、生物制药等中小微企业的发展，助力满足人民群众对健康生活的需求。

二是提升信用信息对普惠金融决策的支持作用，加快推进涉企信用信息共享应用，加强跨区域征信合作。鼓励各金融机构深度挖掘自身金融数据和外部信息数据资源，发挥金融信用信息基础数据库作用，对中小微企业进行精准画像。鼓励市场化征信机构运用新技术，完善信用评价模型，创新征信产品和服务，增加征信供给。继续推进征信平台建设，进一步推动可公开涉企信用信息向金融机构、征信机构等开放共享。加强区域间的征信合作，加快推广应用“京津冀征信链”，推动跨领域、跨地域信用信息互联互通。

三是降低中小微企业的综合信贷融资成本，运用再贷款、再贴现、专项资金和补贴奖励等，完善金融机构的配套政策。突出货币政策和财政政策的协同作用，推动金融机构落实好普惠小微贷款支持工具、“支农支小”再贷款再贴现等货币政策工具，积极对接财政部门、行业主管部门出台的贷款贴息、担保补助以及风险补充政策，进一步降低中小微企业获得贷款的门槛和成本。推进多方联动，金融机构及时获取行业主管单位筛选的可享受优惠政策的市场主体白名单，积极开展融资支持。辖内金融机构完善配套政策，将上述普惠金融政策执行情况纳入工作重点内容。

（四）积极探索适应首都特色的养老金融服务

在新发展阶段，北京市应积极探索适合首都特色的养老金融之路，针对北京市养老实际情况与需求，积极推进各类养老金融试点，推动试点机构销售行为规范化、信息披露透明化、保险服务特色化。同时，加快发展医养服务能力，构建医养服务体系，推出新型养老金融产品，创新养老金融服务，使北京养老金融更聚焦、更有针对性。

一是为老年人提供系统的金融教育和专业服务。老年人的金融知识从广义上看包括多个板块：①基本的财务知识，包括储蓄、利息等知识；②与金融交易相关的知识，如与购买理财产品、保险产品相关的知识；③获取金融知识的信息渠道和操作技能；④相关的个人权益保护，如隐私保护；⑤风险识别和防控，包括对虚假宣传的识别、对欺诈行为的识别等。延伸来看，老年人的金融和财务知识还包括与房产交易和出租相关的知识，与日常消费和支付行为相关的知识，与继承、遗嘱相关的知识等。可见，围绕经济、金融认知和行为的相关知识都可以看作老年人金融教育的组成部分。可鼓励社会各界参与制作有关老年人金融教育的文化产品，参与主体包括金融机构、老年协会、科研院所、公益组织等。文化产品的形式有书籍、线上和线下课程、视频等，创作重点是知识内容优质并且老年人乐于接受，可利用新媒体的传播渠道广泛传播。除线上传播以外，老年人的金融教育还可以和法律、财务等专业服务相结合。法律专业人士、银行工作人员、社区工作者等可拓展面向老年群体的专门服务，梳理和总结在本专业领域内老年群体关心的知识，向老年人输出专业、优质的知识产品。

二是鼓励银行持续探索养老机构融资的新形式。北京市于 2019 年 9 月发布的《关于金融支持养老服务业发展的实施意见》提出，鼓励银行业金融机构积极开展应收账款、动产、知识产权、股权等抵质押贷款创新，满足养老服务企业的多样化融资需求。在风险可控、不改变养老服务机构性质和用途的前提下，探索养老服务机构其他资产抵押贷款的可行模式。与此同时，商业银行可逐步探索养老金融垂直服务体系，从养老市场开发、项目运营、客服管理、投融资等方面一体化布局，并打造独树一帜的养老金融服务品牌。

（五）做好数字金融这篇大文章

为建设全球数字经济标杆城市，北京应充分发挥自身科技、金融、数据三个方面的优势，以深化数字产业化和金融数字化为主线，改革与开放共同发力，全力打造数字金融示范区，构建要素市场完备、创新优势明显、发展势头良好的现代数字金融体系。

一是大力培育数字金融产业主体。发挥龙头企业、领军企业的创新引领作用，积极支持科技企业与金融机构互融互通、协作创新。支持数字金融研发中心、应用中心、创新中心等在京发展。充分发挥数字技术加数据要素双轮驱动的作用，将数字的元素注入金融服务的全流程，将数字的思维贯穿业务运营的全链条，持续改进完善金融服务方式。

二是加强数字金融技术研发创新。积极整合产学研用的各方力量，支持相关理论和创新成果实际场景应用，开展大数据、云计算、区块链等前沿底层技术攻关，推动支付、登记、清算结算等金融领域通用技术应用，提升技术创新能力。拓展数字金融场景应用体验，搭建完善的数字金融服务平台和应用场景，深化应用场景发布机制，在社会民生、公共服务等领域建设实施具有实操性、提升便利度的数字金融应用场景。

三是构筑完善的数字金融监管体系。开展数字金融监管试点并持续巩固深化，加强试点成果推广应用，全面推进多层次数字金融风险防控体系建设。按照“同类业务同等监管”原则，明确业务实质和所适用的监管框架，确保依法将各类金融活动全部纳入监管，积极防范数字金融风险。为数字金融规范发展构建公平一致、公开透明、稳定可预期的营商环境，推动形成优胜劣汰的良好市场秩序。

参考文献

[1] 北京市统计局：《北京统计年鉴》（2015~2023）。

[2] 北京市统计局：《北京市 2022 年国民经济和社会发展统计公报》。

[3] 北京市地方金融监督管理局：《北京市地方金融监督管理条例》，2021 年 4 月 16 日。

[4] 国务院令第 737 号：《防范和处置非法集资条例》，2021 年 5 月 1 日。

[5] 阳晓霞：《把更多金融资源用于促进科技创新》，《中国金融家》2023 年第 12 期。

[6] 王程超、张路：《金融科技背景下我国绿色金融发展路径研究》，《金融科技时代》2022 年第 5 期。

[7] 王旭光：《2023 全球数字经济大会：推动数字金融实现高质量发展》，《国际商报》2023 年 7 月 12 日，第 6 版。

[8] 国家金融监督管理总局山东监管局课题研究组：《金融支持养老服务产业发展的典型做法与经验启示》，《中国银行业》2023 年第 10 期。

[9] 丁勇：《打造新时代首都扩大开放“两区”新样板》，《前线》2023 年第 12 期。

[10] 马梅若、易纲：《积极践行绿色发展理念　促进 30/60 目标平稳实现》，《金融时报》2023 年 6 月 9 日，第 1 版。

B.4

北京科技服务业发展报告（2024）

贺　艳*

摘　要：　科技服务业是北京重点发展的高精尖产业之一，成为北京国际科技创新中心和世界级领先科技园区建设的重要支撑。目前，北京科技服务业呈现良好发展态势，主要表现在对科技服务业的范围界定更加明确、政策支持持续加强、科技服务业对经济增长的支撑作用不断加强、多项指标领跑全国。同时，高精尖科技服务业也呈现自身发展特点。但目前北京科技服务业还存在着规模化程度不高、市场化发展不足、国际化水平偏低、专业性不足、政策有待加强等问题。针对这些问题，还要从加大政策支持力度、培育市场主体、提升科技服务专业化水平、支持科技服务机构集聚发展、促进科技服务业扩大开放等方面，不断推动北京科技服务业高质量发展。

关键词：　科技服务业　高精尖科技服务业　高质量发展　北京

科技服务业是连接科技与产业的重要领域，是提升产业链、供应链现代化水平的重要力量，成为现代服务业的重要组成部分。北京科技服务业是引领高精尖产业发展、推动经济高质量发展的重要力量。近年来，北京科技服务业增长较快、规模优势明显，近 10 年增加值增量占 GDP 增量的 9.8%，目前已经形成了万亿级产业集群，收入居于全国首位，在北京国际科技创新中心建设中发挥了重要作用。北京科技服务业在过去一年的发展中虽然成绩

* 贺艳，经济学博士，中共北京市委党校经济学教研部教授，北京市高端服务业研究基地研究员，研究方向为科技创新、乡村振兴。

显著，但也面临不少问题，需要下大力气进一步促进科技服务业发展，为北京经济高质量发展做出更大贡献。

一　北京科技服务业发展现状分析

（一）总体情况分析

1. 科技服务业的范围界定更明确

科技服务业是运用科学知识、科学方法和技术手段，为科学技术的产生、传播和应用提供各项服务的生产性服务业。国家统计局将科技服务业分为研究和试验发展、专业技术服务业、科技推广和应用服务业 3 个行业大类、19 个行业中类、48 个行业小类。北京比照国家对科技服务业的分类，根据实际发展需要，按照两种口径来统计科技服务业。一是按国民经济行业分类中的科学研究和技术服务业进行统计。具体内容主要包括：研究和试验发展、专业技术服务业、科技推广和应用服务业 3 大类，代码分别为 73、74 和 75，其下又分为自然科学研究和试验发展等 48 个行业小类。二是按照《北京市加快科技创新发展科技服务业的指导意见》，形成北京高精尖科技服务产业统计目录，主要包括研发设计服务（含研发、设计）、检验检测服务、工程技术服务、科技推广服务（含技术转移、知识产权、创业孵化）、科技金融服务和科技咨询服务 6 个领域，共包括 91 个行业小类。在实际工作中，高精尖科技服务业主要包括科技金融、工程技术、研发、设计、创业孵化、科技推广与技术转移、知识产权、检验检测、科技咨询 9 个领域。科技服务业的范围更加明确、具体，有利于更好地服务于实体经济发展。

2. 科技服务业的政策支持持续加强

近年来，北京出台了一系列支持科技服务业发展的政策文件，推动着北京科技服务业不断发展。2017 年 12 月，北京市发布了加快科技创新、构建高精尖经济结构的系列文件，其中包括《北京市加快科技创新发展科技服务业的指导意见》，文件指出了科技服务业发展的要求、原则、目标及具体任务，为北京科技服务业发展指明了方向。2021 年 11 月，《北京市“十四五”时期国际科技创新中心建设规划》明确提出推动科技服务业跨越式发展目标。2022 年 3 月，市科委等部门发布《北京市科技服务业“双百”工程实施方案（2021—2025 年）》，提出了产业创新能力与服务能力双提升、龙头品牌机构培育、开放服务平台建设及科技服务机构聚集发展等重点举措。通过北京市科技服务业“双百”工程联席会，建立统筹全市科技服务业发展重大问题研究、重要政策制定、重点项目推进的工作机制，加强对全市科技服务业的整体部署及对各区发展的指引。2022 年 6 月，市科委发布了中关村示范区“1+5”系列资金支持政策，内容主要涉及加快建设世界领先科技园区的若干政策措施，以及提升企业创新能力支持资金管理、优化创新创业生态环境支持资金管理、促进科技金融深度融合发展支持资金管理、提升国际化发展水平支持资金管理等方面的政策，这些政策对科技成果转化和产业化、创新创业公共服务平台建设具有促进作用，有助于加强技术标准创制运用、提升科技服务专业能力，对推动北京科技服务业高质量发展发挥了重要作用。2023 年 2 月，市发展和改革委员会等 11 部门联合发布《关于北京市推动先进制造业和现代服务业深度融合发展的实施意见》，提出要通过提升共性技术研发服务能力、总集成总承包服务能力、科技成果转化能力等加强技术服务供给，增强制造业和服务业的融合发展动能，实现经济高质量发展。

3. 科技服务业对经济增长的支撑作用加强

北京科技服务业的快速发展对经济增长的支撑作用不断加强。按照科学研究和技术服务业口径来看，2022 年科技服务业规模以上单位 3823 家，收入 8754. 8 亿元，利润 787. 6 亿元，增加值 3465. 0 亿元，在第三产业中排名第 3，仅次于金融业和信息服务业。2023 年 1~3 季度，科技服务业规模以上企业数量达 3290 家，收入 5544. 9 亿元，保持持续增长的态势。[①]

① 数据来源于北京市统计局。

2023年前3季度北京地区生产总值为31723.1亿元，第三产业生产总值为27122.7亿元，占比为85.5%。其中，科技服务业产值达2621.3亿元，占第三产业生产总值的比重为9.66%（见表1），信息服务业、金融业、科技服务业产值分别占地区生产总值的20.1%、20.0%、8.3%。从高精尖科技服务业口径来看，2022年全市高精尖科技服务业规模以上单位4825家，从业人员69.5万人，实现收入10382.7亿元，利润1486.6亿元。

表1　北京科技服务业产值及占比情况

单位：亿元，%

年份	科技服务业产值	占第三产业生产总值比重	占地区生产总值比重
2019	2826.4	9.57	7.99
2020	2985.0	9.86	8.27
2021	3198.2	9.72	7.94
2022	3465.0	9.93	8.33
2023	2621.3	9.66	8.30

注：2023年为1~9月数据。
资料来源：《北京统计年鉴（2023）》。

2023年北京市技术市场保持平稳增长态势，技术合同认定登记实现“双突破”。认定登记技术合同总量首次突破10万项，达106552项，比上年增长12.1%；成交额达8536.9亿元，比上年增长7.4%（见表2）。合同类型主要集中在技术开发和技术服务，成交额分别为2179.8亿元和6054.8亿元，分别占全市技术合同成交额的25.5%和70.9%。技术交易热点主要集中在电子信息、城市建设与社会发展和现代交通领域，成交额分别为2516.0亿元、2272.0亿元和1356.2亿元，分别占全市的29.5%、26.6%和15.9%。其中，落地本市的技术合同35361项，成交额2333.1亿元，主要集中在电子信息、航空航天、新能源与高效节能等高精尖领域。输出技术合同成交额前3位的是海淀区、朝阳区和东城区，成交额分别为3550.4亿元、1404.8亿元和1000.9亿元，分别占全市的41.6%、16.5%和11.7%。从研发产出看，截至2023年末，全市有效发明专利量为57.4万件，同比增长20.2%；万人发明专利拥有量为262.9件，同比增长20.4%。①

表2　北京市技术合同数量及成交金额

年份	技术合同数量(项)	技术合同成交金额(亿元)	成交金额占比(%)
2014	67278	3136.0	36.56
2015	72272	3452.6	35.10
2016	74965	3940.8	34.55
2017	81266	4485.3	33.41
2018	82486	4957.8	28.01
2019	83171	5695.3	25.43
2020	84451	6316.2	22.36
2021	93563	7005.7	18.78
2022	95061	7947.5	—
2023	106552	8536.9	—

资料来源：国家统计局官方网站。

4.整体发展优势明显，多项指标领跑全国

北京科技服务业相比全国其他城市来说，整体发展优势比较明显。统计数据显示，2022年，北京市规模以上科技服务业企业收入合计8754.9亿元，约是上海（5294.0亿元）的1.7倍；实现利润总额787.6亿元，约是上海（212.5亿元）的3.7倍。② 从北京、上海、广东三地科技服务业比较来看，规模以上企业从业人员、营业收入及利润，北京均高于其他两地（见表3）。

---

① 数据来源于北京国际科技创新中心网站。

② 数据来源于北京市统计局。

表 3 北京、上海、广东三地规模以上科技服务业企业主要指标情况

单位：万人，亿元

地区	从业人员	营业收入	利润
北京	100.6	7379.2	627.0
上海	40.18	5059.14	353.72
广东	54.82	3840.64	314.12

资料来源：《北京统计年鉴（2023）》《上海统计年鉴（2023）》《广东统计年鉴（2023）》。

此外，截至 2021 年底，北京市共有执业专利代理师 9742 人，占全国的 36.3%，各类创业孵化服务机构超过 500 家，检验检测机构超过 1200 家，均居全国首位。①

（二）高精尖科技服务业发展特点分析

1. 细分领域差异化发展，呈“3+3+3”格局特色

按照《北京市加快科技创新发展科技服务业的指导意见》，北京重点发展的高精尖科技服务业，具体包括科技金融、工程技术、研发、设计、创业孵化、科技推广与技术转移、知识产权、检验检测、科技咨询 9 个领域。近年来，北京高精尖科技服务业 9 个领域实现差异化发展，形成“3+3+3”的格局特色。工程技术、科技金融、研发 3 个领域规模较大，占据主导地位。2022 年，3 个领域收入合计 7723.9 亿元，占 9 个领域总收入的 74.4%；利润合计 1178.9 亿元，占比为 79.3%。其中，工程技术领域收入最高，科技金融领域利润最多，研发领域增长最快。科技推广与技术转移、科技咨询、检验检测 3 个领域成长较快、空间较大。2022 年，上述 3 个领域收入合计 2153.0 亿元，占比为 20.7%，较 2021 年增加 2.1 个百分点；利润合计 284.5 亿元，占比为 19.1%。其中，科技推广与技术转移、检验检测领域的收入同比增速分别处于各领域第 2、第 4 位，科技推广与技术转移、检验检测领域的利润同比增速分列各领域第 2、第 3 位。可见，科技推广与技术转移、检验检测领域虽然目前规模还不算大，但是发展势头较好，

① 数据来源于北京市统计局。

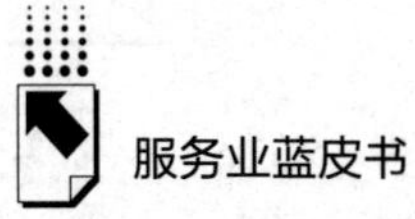

有较大的增长空间。设计、知识产权、创业孵化领域的规模相对较小，还有较大发展空间。2022 年，上述 3 个领域收入合计 505.7 亿元，占比为 4.9%；利润合计 23.2 亿元，占比为 1.6%。① 当前还需要大力推进设计、知识产权、创业孵化领域的发展，充分发挥其服务功能。

2. 行业总体集中度较高，部分领域民营机构活跃

行业集中度是衡量规模化发展的重要标志。北京高精尖科技服务业行业集中度总体水平较高，但不同行业差距较大。从北京科技服务业各细分领域来看，工程技术、研发、科技咨询、检验检测、科技金融 5 个领域头部机构的规模优势明显，设计、科技推广与技术转移、创业孵化、知识产权 4 个领域的民营机构更为活跃。工程技术领域准入门槛高，央企、国企是行业发展主导力量。2022 年，前 60 家工程技术企业实现收入占比超过 70%，集中度非常高。在研发领域，事业单位占比达到 52.1%，收入占比近 2/3；规模以上单位前 80 家收入合计占比达七成。科技咨询领域规模以上单位前 45 家，占该领域企业总数的 16.6%，收入占比超过 70%；29 家国家高端智库建设试点单位中，在京的达到 24 家。检验检测领域，国企和事业单位数量占到规模以上单位数量的近六成，收入占比近七成。科技金融领域，国企、央企占规模以上单位数量的 1/3 以上。可见，以上 5 个领域行业集中度都比较高，而且央企、国企、事业单位占比也较高。此外，设计、科技推广与技术转移、创业孵化、知识产权等领域民营机构较多，竞争较为充分，市场化程度相对较高。

3. 空间集聚效应显著，区域特色布局明显

北京高精尖科技服务业区域集聚差异明显，特色较为突出。从科技服务业的区域分布看，主要集中在海淀、朝阳、西城、东城四区。2022 年，这四区单位数、从业人员、营业收入、利润合计分别占全市的 69.9%、73.8%、78.7%和 89.2%。其中，海淀区单位数、营业收入、从业人员均居全市首位。2023 年海淀区技术合同成交额达 3550.4 亿元，居各区首位②，

① 数据来源于北京市统计局。

② 数据来源于《北京区域统计年鉴（2023）》。

有力推动中关村科学城成为科技创新出发地、原始创新策源地、自主创新主阵地。朝阳区利润总额居全市首位。从各区科技服务业的发展重点看，各区形成差异化发展态势。海淀区综合化发展优势突出，朝阳区国际化研发、创投、设计特征彰显，丰台区和石景山区工程技术、检验检测领域具有相对优势，顺义区和北京经济技术开发区科技推广与技术转移、创业孵化资源不断落地，昌平区研发、创业孵化、工程技术领域发展较快，通州区设计、绿色金融领域加快发展，大兴区和房山区积极搭建成果转化平台和产业化平台，怀柔区高端研发平台项目加快落地。

二　北京科技服务业发展存在的主要问题

（一）科技服务业规模化程度不高

从北京科技服务业主体来看，规模普遍偏小，规模以上企业占比总体偏低，2022 年规模以下单位约占全部法人单位的 98.0%，户均从业人员不超过 10 人。[①] 与上海、广东等省市类似，北京制造业基础较好，但龙头企业在北京研发和推广领域布局落子的积极性以及关联企业的发展却不及沪粤两地。例如，上海科技服务业营收增量排名前 20 的企业中，有 5 家是得物、大疆等头部科技企业或其关联企业；北京科技服务业营收增量排名前 20 的企业中，多数为工程管理（总包）、工程设计服务类公司，头部科技企业或其关联企业较少。从科技服务业细分领域来看，科技金融、工程技术领域规模大、利润高，2022 年二者收入合计占科技服务业总收入的 63%，而创业孵化、设计、知识产权领域三者收入合计仅占 4.9%[②]，各行业发展差距较大。主要原因在于科技服务市场不成熟，需求不旺，中小企业购买研发、设计、咨询、知识产权等服务的意愿和能力不足，市场交易规则有待完善。

---

① 数据来源于北京市科委。

② 数据来源于北京市统计局。

（二）科技服务业市场化发展不足

北京科技服务业体制内单位占比高，市场化发展程度较低。科技服务业规模以上单位中央企、国企、事业单位占比约为1/3，尤其是研发、工程技术、检验检测、科技推广与技术转移等细分领域，央企、国企、事业单位仍占主导地位。2022年，工程技术领域国有企业收入占比超过80%，排名前100的企业中只有4家民营企业；检验检测领域事业单位与国企数量占比超过一半，收入占比近70%；研发领域科研院所、高校等事业单位数量占比超过一半，收入占比近2/3。[①] 高校、科研院所等单位以承接政府项目和内部业务为主，存在考核导向不清、激励不明等制约，缺乏主动“揽活”的动力与意识。高校、科研院所的研发投入占比较高，但科技成果转化率整体较低。以北京市属高校为例，近年来，市属高校平均专利转化率不足10%，并且随着专利申请量的增加，转化率有所降低，大量授权专利未能有效转化，导致专利成果面临极大的浪费。

（三）科技服务业国际化水平偏低

北京科技服务业国际化水平偏低，国际知名品牌企业有待培育。在京龙头科技服务机构在收入规模、服务价格、赢利能力、专业化能力、品牌影响力等方面与国际知名服务机构相比，存在明显差距。虽然近年北京市科技服务机构大量涌现，但与国际创新城市相比，具有国际竞争力的品牌较少，多数机构数量小、配套设施不足、服务能力有限，特别是能够提供集成化服务的龙头机构数量较少，国际化发展能力以及整体国际竞争力有待提升。京内本土工程技术企业的国外市场收入占比通常不到15%，而国际头部承包商的国外收入均超过50%，海外市场扩展能力有待提升。此外，众多国际咨询机构在京设立分支机构，总部多设在上海，需要增强对国际科技服务机构的吸引力。

---

① 数据来源于北京市统计局。

（四）科技服务业专业性不足

科技服务业主体主要基于传统方式提供服务，面向新兴产业提供服务的技术、标准、方法等储备不足。以科技推广与技术转移机构为例，北京市科技推广与技术转移机构规模总体偏小，实力不足，主要表现在服务功能单一、业务面较窄。其从业人员多数来自科技人员和机关干部，专业性不足，使得服务功能单一，服务效率较低。目前，大部分高校、院所的科技成果转移转化部门或机构在实际往往跟科研处、大学科技园管理办公室等原有科研管理部门“套牌”运作，缺乏独立的科技成果转化专业服务队伍。有的高校、院所即使建立了专门的科技成果转化部门，其运营机制也不够完善，未形成真正的市场化运营模式。科技服务业与先进制造业的协同性不足，市场化融合政策缺乏，科技服务业的发展难以适应与引领先进制造业的发展。

（五）科技服务业政策有待加强

近年来，北京虽然出台了支持科技服务业的相关政策，但缺少专项支持政策，各区在产业空间支持上也偏向硬科技企业和大项目，对科技服务机构配套的重视程度不足。再加上长三角、珠三角地区吸引企业的条件优厚，政策透明度高、执行力更强，政策吸引力较大，对北京形成较强竞争，导致北京研发资源外溢现象明显，部分优质科技企业因外省市优惠政策或发展战略调整，整体外迁或将研发中心转移到上海、江苏、广东等省市。科技部高新技术企业异常异地搬迁公告显示，2023 年以来，北京有 10 家国家高新企业迁至江苏，4 家迁至广东。[①] 近年来，各地加快推进本地全球化研发布局，如西门子医疗在上海建立创新中心，作为全球首家对外开放式的联合创新平台，人工智能企业地平线车载 AI 芯片全球研发中心落地上海。由于北京本地材料制备、分析检测等相关实验活动受限，制造业外迁在一定程度上导致服务机构获得客户的成本增加。例如，工业设计下游产业链的中试车间、模

① 数据来源于北京市统计局。

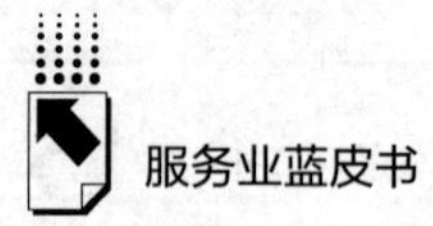

具生产等配套外迁，使设计企业的时间和经济成本较高，为了降低企业成本，部分企业随之外迁，导致设计人才流失。

三　推动北京科技服务业高质量发展的对策建议

（一）出台科技服务业专项政策，加大政策支持力度

在市级层面制定出台支持科技服务业重点领域发展的专项政策，在区级层面制定出台科技服务机构配套支持政策。结合《北京市加快科技创新发展科技服务业的指导意见》《北京市科技服务业“双百”工程实施方案（2021—2025年）》等政策内容，制定重点领域发展专项规划。同时，对现有相关科技政策和产业政策进行梳理、完善和补充，尽快形成扶持和发展科技服务业的政策体系，从资金、人才、用地、税收、注册、应用场景等制约企业发展的痛点、堵点方面入手，加强对科技服务机构的支持。各区要针对区域科技服务业发展的特点和优势，出台支持科技服务机构的相关配套政策，进一步做强做优科技服务业，发挥其推动实体经济创新发展的潜能。此外，积极落实国家出台的与科技服务业相关的各项税收优惠和价格优惠政策，从而进一步推动北京科技服务业创新发展。

（二）培育科技服务业市场主体，引导品牌化、规模化发展

近年来在市场监管部门新登记注册的科技服务业企业数量保持较快增长，2021年新设市场主体近9万家，2022年超11万家，2023年前3季度已新增超过10万家。[①] 但2021年以来，符合纳统条件的规模以上企业数有所减少，且占全国的比重下降。积极培育壮大市场主体成为北京科技服务业发展的重要内容。积极培育创新能力强、辐射带动作用强的科技服务龙头企业，推动骨干企业做大做强，发挥行业带动引领作用。龙头

① 数据来源于北京市统计局。

企业的培育要按照区域经济发展的实际情况进行，因地制宜，根据北京市各区科技服务业发展的优势，对重点科技服务企业进行合理布局。培育壮大一批成长性好、专注于细分领域创新的科技服务中小企业，加大配套政策和措施支持，鼓励企业发展专业化服务。例如，扶持生物医药产业的新型研发机构，大力发展研发服务外包等服务体系，促进生物医药企业创新发展。支持科技服务业品牌机构发展。重点支持具有较强技术实力、资源整合能力、市场经营能力，对北京市科技创新和高精尖产业有服务支撑作用的工程技术、检验检测、科技咨询领域的企业进一步提升能力，打造行业品牌。

（三）提升科技服务专业化水平，促进实体经济创新发展

改造升级传统服务业态，不断形成“互联网+科技服务”的新形态、新业态。为此，应从以下几个方面提升科技服务业的专业化水平。一是注重技术能力的提升。科技服务企业应加强对5G、人工智能、大数据、区块链、虚拟现实等新技术的应用，实现数字化、智能化升级；开展领域内关键技术、方法、标准、装置、设备创新研发，开发专业基础软件及其核心模块，建设行业数据库、知识库等，提升技术服务能力。二是注重市场拓展能力提升。科技服务企业应建立人才培养体系，与院校共建实习基地、现代产业学院、联合实验室等，以及面向全球招聘，培养引进具有专业水平、善于管理、精通法律政策的科技中介人才及复合型科学技术服务人才。建设专业开放服务平台，推动新技术在科技服务领域创新应用，培育科技服务新业态，服务国家及本市重大战略、高精尖产业。三是加强重点领域的科技服务。工程技术领域：服务机构应依托自身优势，整合产业链上下游资源，搭建工程技术服务平台，为现代交通、建筑市政、能源化工、钢铁冶金等领域提供设计、建造、运维等服务。检验检测领域：搭建检验检测综合服务平台，平台拥有固定的经营服务场所、互联网载体，聚集多方检验、检测、认证服务资源，促进供需对接；搭建检验检测专业化服务平台，重点面向高精尖产业，提供检验检测、概念验证、分析、评价等专业服务。

（四）支持科技服务机构集聚发展，提升服务能级

聚焦未来科学城、怀柔科学城、北京经济技术开发区、北京城市副中心（以下简称“两城一区及副中心”）等重点区域，引导科技服务资源集聚，加强科技服务机构培育，服务重点区域创新主体。推动在重点区域新设科技服务机构，支持各类投资主体在“两城一区及副中心”新设科技金融、工程技术、研发、设计、创业孵化、科技推广与技术转移、知识产权、检验检测、科技咨询等领域的科技服务机构。已在“两城一区及副中心”范围内注册并开展业务的工程技术、检验检测、科技咨询等领域的服务机构，应提升服务水平。构建京津冀协同创新共同体，积极探索科技资源市场流动，推动人才、资金等创新要素的流动，打造创新资源共享服务网络，形成三地联合科技服务机构，鼓励三地的高校、科研机构、科研人才开展跨区域、跨组织、跨专业的合作交流，聚焦关键技术领域开展协同创新，提升服务能级。

（五）促进科技服务业扩大开放，提升国际竞争力

落实“两区”建设的制度和政策创新，推动科技服务业扩大开放。鼓励知识产权服务机构开展境外服务，推动科研院所、高校和企业在境外申请专利，鼓励参与制定国际标准，扩大科技服务的国际影响力。鼓励和支持企业与国际组织建立合作关系，并给予相关政策、资金支持。搭建专业的国际化交流平台，对企业在海外销售、设立研发机构、出口技术和产品等国际业务提供信息服务。支持企业举办国际化的创新创业大赛、高端论坛、行业展会等交流活动，参加国际专业展会，承接国际项目，提升全球影响力。例如，借力中国国际服务贸易交易会、金融街论坛、京港洽谈会等重大平台，做好科技服务业各领域的宣传展示，持续扩大品牌影响力，并结合招商引资、企业恳谈会等活动不断加强对北京科技服务业的宣传推广。引导企业通过参与奥运会、世界杯、世博会等全球性赛会进行品牌营销推广。运用国际交往和经贸规则，吸纳国外先进技术、管理经验和产业资本，共同推动科技服务业发展。同时，引领新经济组织和新社会组织融

入全球市场，与国际科技服务业企业建立合作伙伴关系，提升自身的国际化竞争力。

参考文献

［1］北京市统计局：《北京统计年鉴（2023）》，中国统计出版社，2023。

［2］北京市统计局：《北京区域统计年鉴（2023）》，中国统计出版社，2023。

［3］上海市统计局：《上海统计年鉴（2023）》，中国统计出版社，2023。

［4］深圳市统计局：《深圳统计年鉴（2023）》，中国统计出版社，2023。

［5］中国科技评估与成果管理研究会等编著《中国科技成果转化年度报告 2022（高等院校与科研院所篇）》，科学技术文献出版社，2023。

［6］方力、贾品容、姜宛贝等著《北京高质量发展报告（2022）》，社会科学文献出版社，2022。

［7］西桂权、类淑霞、曹倩：《北京市科技服务业发展现状及其影响因素研究》，《技术与管理创新》2021 年第 6 期。

［8］朱相宇、严海丽：《北京市科技服务业的发展现状与比较研究》，《科技管理研究》2017 年第 23 期。

［9］李纲、孙杰、夏义堃：《我国科技服务与产业协同发展的实践演进、建设成效与经验启示》，《科学观察》2022 年第 3 期。

［10］杜宝贵、陈磊：《五维视角下中国科技服务业政策研究》，《科技管理研究》2021 年第 12 期。

［11］赖晓南、吴珺：《首都科技服务业的三个问题和五项建议》，《高科技与产业化》2015 年第 7 期。

［12］朱晓青主编《北京高端服务业发展报告（2022~2023）》，社会科学文献出版社，2023。

B.5

北京市商务服务业发展报告（2024）

高辰颖*

摘　要： 商务服务业是北京市现代服务业的支柱性行业门类之一。在北京全面提升“两区”建设水平、进一步打造“北京服务”品牌的推动下，2022年以来，北京商务服务业呈现产业规模整体复苏回升、经营效益保持领先、行业发展分化明显、重点区域集群化发展突出、总部经济发展环境优化等显著特征，同时也形成了集成化、数字化、集群化、国际化4个新趋势。结合北京市商务服务业发展的新特点、新趋势，应统筹推动产业发展的规模与质量、品牌效益、创新能力和国际竞争力全方位提升，构建与新时期首都功能定位相符合的高端商务服务体系，推动首都商务服务经济高质量发展。

关键词： 商务服务业　高质量发展　北京

商务服务业主要服务于商贸、商务活动，是生产性服务业的重要组成。① 商务服务业具有专业化程度高、服务地域广、成长周期短、经济效益高等特点，发达的商务服务业是国际大都市的显著特征，在全球市场细分、产业转移、制造业价值链升级等因素的驱动下，我国商务服务业的供需强度不断提升，正在成为拉动区域经济发展的关键力量。根据2019年修订的国民经济行业分类标准，商务服务业包括企业管理服务、咨询与调查、广告业、职业中介服务等行业，涵盖了直接为商业活动中的各种交易提供服务的

---

* 高辰颖，经济学博士，中共北京市委党校经济学教研部副教授，研究方向为经济增长、消费经济。

① 苏夏怡：《现代商务服务业发展研究》，《中国市场》2012年第41期。

经营性事务活动。商务服务业主要以技术、知识、信息等资源要素投入为基础，是符合现代服务业要求的人力资本密集型行业，也是高附加值行业，目前发达国家和地区中增长最为迅猛、活力最为强劲的生产性服务部门主要集聚在商务服务业。[①] 发展商务服务业不仅有利于提升生产性企业的核心竞争力，驱动制造业价值链升级，同时也有利于带动传统服务业转型升级，推动现代服务业快速发展。另外，商务服务业新型服务和产品的开发有利于培育形成新产业、新业态、新模式，提高整个经济社会的创新效益和区域的综合价值。商务服务业是社会经济发展到一定阶段后，随着产业分工不断深化、细化而形成和发展的，在工业化中后期，随着大规模、标准化的生产体系向敏捷化、融合化、灵活性的生产体系转变，产业链、价值链不断重组、延伸，社会经济专业化程度不断提高，内部分工不断细化，生产型企业为应对全球化发展的趋势，提高运营效率和市场竞争力，开始将非核心业务外包给分工更为专业、功能更为强大的服务型企业，由此派生出制造业对各种技术咨询、法律服务、品牌管理和营销推广等商务服务的强烈需求，满足企业在节约成本、降低风险等方面的发展要求，可促进专业化分工进一步深化，促进社会资源配置效率提高。随着新一代信息网络技术的应用赋能，商务服务提供的途径和内容更加多元，服务的范畴伴随着可交易性的提高变得更加广泛，新的商务服务种类不断产生。

近年来，在我国加快构建“以国内大循环为主体、国内国际双循环相互促进”的新发展格局的战略背景下，服务贸易开放程度不断加深，服务贸易规模稳步扩大，其中生产性服务贸易成为增长最快的部分，已经成为服务贸易发展的新趋势和新引擎。在国内国际市场双向开放的形势下，商务服务业供需两旺、双向升级，持续展现出强劲的增长潜力和广阔的发展前景。从供给侧来看，商务服务业领域的外商投资发展迅速，各种类型的商务服务企业数量逐步增加，商务服务业的供给能力随之提升；从需求侧来看，跨国公司在中国市场布局以及本土企业出海衍生出对国内国际市场投资环境、法

① 郭怀英：《商务服务业的产业特性与驱动机制分析》，《中国经贸导刊》2010 年第 7 期。

律法规、市场研究、管理咨询等商务服务的大量需求。商务服务业领域的企业管理服务、咨询与调查等属于知识密集型服务业，在全球产业链中处于高端位置，发展商务服务业能够推动城市产业结构升级，完善城市高端服务功能，提升其在世界城市经济竞争格局中的影响力和控制力，是城市或区域参与国际竞争的主导力量①，与北京城市战略定位和资源禀赋相符，是首都高质量发展的重要体现及率先探索构建双循环新发展格局的有效路径。北京市当前加快国际科技创新中心建设和“两区”建设，推动数字经济发展、供给侧结构性改革和京津冀协同发展，正在进入“五子联动”成局成势的新阶段，政策创新、制度改革、开放引领等叠加优势、外溢效应加速释放，为商务服务业的技术创新、模式创新、政策创新、制度创新提供了重要支撑。随着国际科技创新中心建设和全球数字经济标杆城市建设的步伐加速，新技术、新模式、新场景的强势崛起提高了商务服务业的创新势能，释放了商务服务业高质量发展的潜力。“两区”建设加快向纵深迈进为北京集聚了全球高端商务服务要素，拓展了国际商务服务市场，提升了商务服务业的增长效能。另外，北京持续加强新一轮高精尖产业部署，传统产业转型升级、战略性新兴产业和未来产业的发展对商务服务业的高速增长提供了强大的支撑，更具专业化、国际化和创新性的现代商务服务业加速发展。

一　北京商务服务业发展现状分析

（一）产业规模整体复苏回升，支柱地位有待巩固提高

北京市商务服务业整体呈现复苏回升的发展态势。从近 5 年来看，2019 年商务服务业增加值为 2599.3 亿元，但 2020 年商务服务业受到新冠疫情的影响较大，产业增加值下降了 12%，之后逐渐趋于缓慢恢复的状态，2023

① 赵弘、牛艳华：《商务服务业空间分布特点及重点集聚区建设——基于北京的研究》，《北京工商大学学报》（社会科学版）2010 年第 2 期。

年实现增加值2710.0亿元，按不变价格计算，同比增长4.98%，增加值规模创历史新高，是2013年的1.6倍（见图1）。但若剔除新冠疫情影响的短期因素，长期来看北京市商务服务业增加值增速呈现缓慢下降的趋势，产业增长的新动能尚未完全形成。

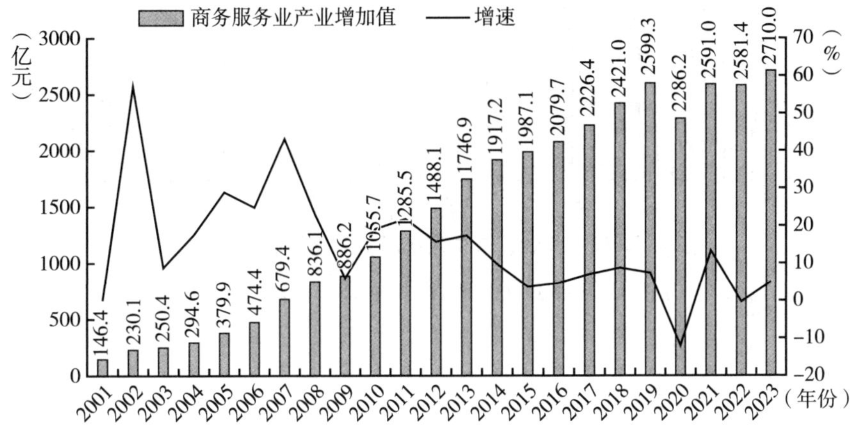

图1　2001~2023年北京市商务服务业增加值及增速变化

资料来源：北京市统计局数据、《北京统计年鉴（2023）》。

从商务服务业增加值占比变化情况来看，尽管商务服务业是占全市地区生产总值比重较高的行业门类，但整体占比下降幅度较为明显。2023年其增加值占全市GDP比重为6.19%，占全市第三产业增加值比重为7.3%，分别比2019年下降了1.14个和1.46个百分点，相较于2013年分别下降了2.08个和3.09个百分点（见图2）。相比于金融业、信息服务业、科技服务业等占比较高的行业门类，商务服务业的优势不突出，且差距逐渐拉大。北京市商务服务业的规模体量需加快提升，进一步巩固其在高端服务业中的支柱性行业地位。

（二）产业经营效益保持领先，规模以上企业发展动能强劲

2023年1~12月，北京市规模以上商务服务业法人单位收入合计9722.2亿元，同比增长8.4%（见图3），占全市第三产业总收入的5.37%，

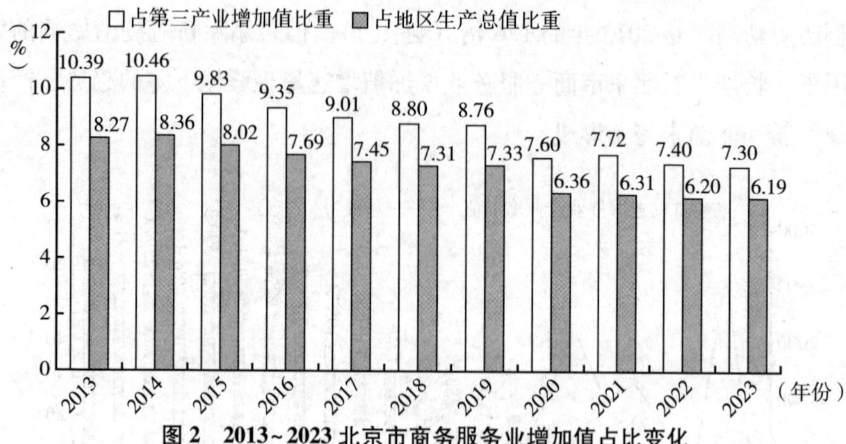

图 2　2013~2023 北京市商务服务业增加值占比变化

资料来源：北京市统计局数据、《北京统计年鉴（2023）》。

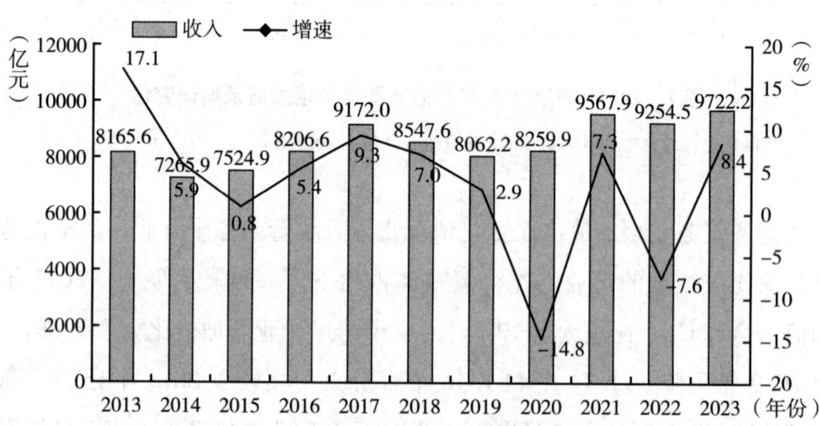

图 3　2013~2023 年北京市商务服务业收入及增速

资料来源：北京市统计局数据。

收入水平相较于 2013 年增加了 1556.6 亿元。2023 年实现利润总额 6727 亿元，同比增长 3.3%，占全市第三产业利润总额的比重为 20.92%，在全市第三产业各行业利润总额占比中持续位列第 2，与排名第 1 的金融业利润总额占比（45.23%）的差距较上年缩小 4.89 个百分点。2023 年商务服务业收入利润率达 70.77%，尽管比上年降低了 3 个百分点，但仍然远高于全市第三产业平均水平（18.57%），收入利润率水平位居第三产业各行业领域第 1，高于排名第 2 的金融业 21.25 个百分点，高于排名第 3 的信息服务业 50.88 个百分点，高利润的行业属性明显。从劳动产出效率看，2023 年商务服务业人均利润 65.69 万元，同比增长 5.96%，高于全市第三产业平均水平（49.80 万元），产出效率不断提升。①

除 2018 年受全国第四次经济普查数据口径调整影响，全市规模以上商务服务业企业数量出现较大幅度减少外，2015 年以来基本呈现稳步增长态势。2023 年，全市规模以上商务服务业企业达到 5201 家，较 2022 年增加 25 家，占全市第三产业规模以上企业总量的 13%，仅次于批发零售业（10778 家），位居第三产业各领域第 2。从企业经营规模看，2023 年规模以上商务服务业企业平均营业收入 1.83 亿元，同比增长 2.23%。商务服务业的成本费用利润率持续保持高位，2022 年高达 66%，同比增长 27.1 个百分点，高于全市第三产业平均水平，2023 年前 3 季度达到 34.4%（见表 1）。北京市培育形成了一批赢利能力强、规模较大、品牌优势突出的商务服务业企业，人力资源、法律服务等领域企业品牌的全球影响力和知名度显著提升。例如，在“2023（第八届）中国人力资源最具价值品牌 100 强”榜单中，北京上榜企业有 22 家，居全国首位，其中包括 BOSS 直聘、智联招聘、猎聘等具有较高影响力和品牌价值的人力资源服务品牌②；在“2021 中国律所品牌价值 100 强”榜单中，北京上榜企业有 49 家，几乎占一半，金杜、德恒、中伦、环球、金诚同达等排名前 5 的企业均在北京③。

① 《规模以上第三产业法人单位主要经济指标》，https：//tjj.beijing.gov.cn/tjsj_31433/yjdsj_31440/dscy_31862/2023/202401/t20240131_3550789.html。

② HR 价值网、中人品牌研究院联合发布的“2023（第八届）中国人力资源最具价值品牌 100 强”榜单。

③ 德本咨询、eNet 研究院、互联网周刊、投研电讯四家智库机构联袂推出的“中国律所品牌价值 100 强”榜单。

表1　2018~2023年（1~3季度）第三产业各行业成本费用利润率

单位：%

行业	2018年	2019年	2020年	2021年	2022年	2023年1~3季度
第三产业	24.8	28.1	22.8	22.3	22.3	19.6
批发零售业	2.7	2.4	2.3	3.0	3.1	3.3
交通运输业	11.7	9.2	3.7	5.0	2.9	9.2
住宿餐饮业	4.8	4.0	-9.4	-5.8	-8.8	6.3
信息服务业	32.1	17.5	16.5	14.8	17.5	20.8
房地产业	21.1	16.2	11.5	8.9	5.9	11.4
商务服务业	42.5	45.3	38.2	38.9	66.0	34.4
科技服务业	8.3	9.1	11.6	9.5	11.2	13.0
水利服务业	10.7	8.7	1.8	3.6	4.6	3.2
居民服务业	1.8	3.5	2.5	1.6	2.6	4.1
教育培训业	6.5	2.7	-5.4	-7.6	4.1	9.1
卫生服务业	-0.3	-3.3	-5.3	-1.5	-1.5	3.2
文体娱乐业	15.0	16.6	9.8	9.9	6.1	15.2

资料来源：北京市统计局数据。

（三）行业发展分化明显，重点领域竞争能力巩固

2023年，北京市以广告业、组织管理服务、咨询与调查等主要行业支撑的商务服务业体系更加巩固，这三大领域的规模以上法人单位数、合计收入、利润总额占商务服务业相应指标的比重分别为58.3%、68.5%、96.3%（见表2）。从收入看，广告业收入居各领域首位，占商务服务业总收入的比重为31.1%，同比增速为-1.2%；组织管理服务的收入位居第2，占比为23.5%，同比增速为12.1%，在三大领域中增速最快；咨询与调查的收入位居各行业第3，占比为13.9%，同比增速为5.3%。在全行业中，收入水平增速最快的是旅行社及相关服务（223.4%）。从利润看，组织管理服务以占全市商务服务业13%的规模以上法人单位数和11%的从业人员平均人数，实现了全行业超90%的利润总额，居各行业首位；综合管理服务的利

润同比增速最快（51.4%），利润水平增长速度持续领先；全行业中有两个行业利润负增长，广告业、安全保护服务的利润同比增速分别为-16.8%和-86.8%。从企业集聚情况看，咨询与调查、广告业两大领域的规模以上法人单位数分列前两位，占商务服务业规模以上法人单位数的比重分别为24.3%、20.7%，同比增速分别为3.9%和-2.79%，全行业中安全保护服务规模以上法人单位数的增速最快，实现了17.27%的高速增长。从就业数量看，安全保护服务的从业人员平均人数最多，占比为38.18%，是商务服务业中劳动密集度最高的行业领域；其次为咨询与调查，占比为17.09%；法律服务同比增速最快（4.5%）；同时，旅行社及相关服务的就业吸纳力也有明显提升（3.2%）。

表2　2023年北京市商务服务业规模以上法人单位主要经济指标

项目	单位数（家）	合计收入		利润		从业人员平均人数	
		金额（亿元）	同比增长（%）	金额（亿元）	同比增长（%）	人数（万人）	同比增长（%）
商务服务业	5201	9722.2	8.4	6727.0	3.3	102.4	-0.9
其中：							
组织管理服务	693	2283.6	12.1	6314.8	2.0	11.6	-2.6
综合管理服务	253	261.9	10.1	82.6	51.4	2.2	-3.7
法律服务	249	331.7	5.5	72.0	2.2	3.4	4.5
咨询与调查	1264	1356.8	5.3	124.2	32.0	17.5	-3.1
广告业	1077	3024.0	-1.2	39.5	-16.8	5.1	-11.0
安全保护服务	163	370.1	-2.5	0.8	-86.8	39.1	-2.4
会议、展览及相关服务	388	251.2	47.1	10.2	—	1.7	-5.0
旅行社及相关服务	117	385.6	223.4	3.1	—	0.9	3.2

资料来源：北京市统计局《规模以上第三产业法人单位主要经济指标》。

总的来看，尽管新冠疫情后传统的广告业、咨询业恢复缓慢，但是互联网广告业、人力资源服务业，以及被列入服务业扩大开放范围的法律、设计等专业服务领域，均呈现较好的发展态势，进一步巩固了北京市商务服务业的优势领域。以广告业为例，北京是全国最大的广告市场，2023年广告业营收总额为3024亿元，一直保持全国第1，全国龙头广告企业里近1/3落户北京[①]，集聚了蓝色光标、北京电通、恒美广告等知名的综合服务类、数字营销类、创意制作类广告公司。在中国广告网评选的“2023年度中国杰出广告公司TOP100”榜单中，北京上榜企业数量最多（29家），超过上海（13家）和广东（6家）的数量之和。在“2023中国互联网广告收入TOP10”企业榜单中，字节跳动、百度、腾讯等7家北京企业上榜[②]，均保持强劲的增长势头。其中，字节跳动的广告收入规模达1000亿元以上，占全国互联网广告收入的25%，并以全年23.74%的增长率超过阿里巴巴，位列第1。2024年，北京市市场监管局联合10个部门出台“广告业十条”，从解决企业融资贷款难、高新技术企业认定、建设广告产业园区及地方政府资金扶持等方面，有力促进全市广告业收入增长，吸引广告业龙头企业落户北京。

（四）产业空间分布特征明显，重点区域集群化发展突出

北京市商务服务业基本形成了以朝阳区为第一梯队，以海淀区、西城区、东城区为第二梯队，以通州区、丰台区、石景山区、顺义区为第三梯队的区域布局，形成以中央商务区（CBD）、金融街、奥林匹克中心区为核心，以丽泽金融商务区、运河商务区等新兴商务区为支撑的产业发展格局。在做深做实“两区”建设的背景下，作为北京自贸区国际商务服务片区的“三大组团”，顺义、朝阳、通州正在持续发力，推动北京“1+2+3”[③]的未

① 《今年以来本市平均每天诞生800余户企业让更多经营主体“生得下”“长得大”“活得好”》，《北京日报》2023年3月9日。

② 中关村互动营销实验室、秒针营销科学院、北京师范大学新闻传播学院：《2023中国互联网广告数据报告》。

③ “1”是指以服贸会为龙头，打造国际经贸交流平台；“2”是指以“双枢纽”机场为依托，做强口岸功能平台；“3”是指以三大综保区为承载，构建支撑产业双向发展的开放平台。

来商务版图加速形成。[①]

朝阳区的主导产业之一是商务服务业，规模总量稳居首位并持续扩容。2023 年 1~11 月，朝阳区商务服务业实现增加值 813. 9 亿元，在全市商务服务业增加值中的占比超过四成；收入总计 3343 亿元，同比增长 9. 9%，在全市规模以上商务服务业法人单位收入中占比五成，增速高于全市平均水平 3. 1 个百分点；利润总额 1562. 3 亿元，同比增长 39. 8%，在全行业中赢利水平突出。[②] CBD 作为北京市商务服务业核心承载区，2023 年实现税收 1285. 1 亿元，同比增长 10. 6%，以占朝阳区 17. 84%的面积贡献了 58. 4%的税收，以占北京市 5‰的面积贡献了 8. 5%的税收[③]，获得“2023 福布斯中国中央商务区竞争力评选”第 1 名。2023 年前 3 季度，CBD 实现收入 6801 亿元，同比增速为 0. 3%（见表 3），占全市高端产业功能区规模以上法人单位收入的 8. 27%。[④]

表 3　2008~2023 年（1~3 季度）CBD 规模以上法人单位主要经济指标

单位：亿元，%

时间	收入合计	同比增速	利润总额	同比增速
2013 年	7018. 3	19. 9	707. 2	27. 1
2014 年	7278. 1	3. 7	1010. 6	42. 9
2015 年	7018. 3	-3. 6	1134. 4	12. 3
2016 年	7201. 2	2. 6	1335. 9	17. 8
2017 年	7362. 4	2. 2	1363. 2	2. 0
2018 年	7732. 8	5. 0	1403. 1	2. 9
2019 年	7342. 8	-5. 0	1140. 7	-18. 7
2020 年	7955. 5	8. 3	1795. 1	57. 4
2021 年	9469. 2	19. 0	2156. 1	20. 1
2022 年	9334	-1. 4	1403. 2	-34. 9
2023 年 1~3 季度	6801	0. 3	—	—

资料来源：《北京区域统计年鉴（2023）》。

① 《国际商务服务片区：黄金三角，聚势赋能，“掘金大开放，探秘自贸区”北京实践之一》，《北京商报》2021 年 1 月 13 日。

② 《多项第一！朝阳三季度主要经济指标数据出炉》，https：//chynews. bjchy. gov. cn/sub/news/545797/12876. htm。

③ 《北京 CBD 再添 4 家跨国公司地区总部》，CBD 管委会公众号“北京 CBD 之窗”。

④ 《北京区域统计年鉴（2023）》。

通州区依托运河商务区大力发展总部经济，形成了以总部经济为核心、以城市服务为支撑的现代商务服务产业体系。通州区制定印发《北京城市副中心（通州区）商务服务产业高质量发展三年行动计划（2022—2024 年）》，出台《北京城市副中心（通州区）促进商务经济高质量发展若干措施》（“商十条”），聚焦支持商务经济集群化发展，加大对总部企业以及法律服务、咨询与调查、人力资源服务、广告业等专业服务企业的支持力度。2022 年，通州区商务服务业新设市场主体数量是 254 户，占全区新设市场主体数量的比重为 17.64%，运河商务区近 2 万家高端企业实现落户，其中包括国际四大会计师事务所之一的普华永道。①

顺义区发挥首都国际机场所在地的区位优势，营造开放的国际一流营商环境，为商务服务业重点企业、重点行业的发展提供有力支撑。2023 年 1~7 月全区商务服务业实现营业收入 143.8 亿元，同比增长 23.8%，增幅远高于全市平均水平。2023 年，首都机场临空经济示范区单位数为 1037 家，占全市高端产业功能区规模以上法人单位数的 8.36%，收入 3145.7 亿元，同比增速为 8.2%，远高于全市高端产业功能区平均水平，且居 6 个高端产业功能区首位。② 在重点企业方面，首都机场集团有限公司等 10 家重点企业的营收对全区商务服务业的贡献率达 75.0%。③ 在重点行业方面，组织管理服务行业的增长速度最快，对全区的拉动力最强，培育出北京汽车集团等代表性企业。中国国际新能源汽车供应链大会等多个专业展会依托中国国际展览中心有效带动会议、展览及相关服务业发展，未来新国展二期、三期的建成投用将为商务功能强化提供支撑，北京国际会展商务核心区正逐渐形成。

丽泽金融商务区作为首都西南部发展的新地标，正逐渐成为北京商务服务业产业升级新的承载空间，为丰台区商务服务业的发展注入新动能。2023

① 《重点培育发展六大产业　建设 10 大重点功能区》，《北京城市副中心报》2023 年 7 月 3 日。

② 《高端产业功能区规模以上法人单位主要经济指标》，https：//tjj.beijing.gov.cn/tjsj_31433/yjdsj_31440/ldgd_31982/2023/202311/t20231110_3298722.html。

③ 《连续三个月涨幅超 20%！顺义区商务服务业营收快速增长》，https：//baijiahao.baidu.com/s?id=1777728632694540866&wfr=spider&for=pc。

年1~11月，丰台区商务服务业保持较高速运行，规模以上商务服务业法人单位共计242家，实现收入410.4亿元，同比增长19.8%，远高于全市商务服务业平均增速，对行业收入的贡献率高达98.7%，支柱优势明显。①

（五）开放政策持续完善，总部经济发展环境优化

在“两区”政策持续深入实施的推动下，专项支持政策体系持续完善，推动北京市商务服务业的开放程度不断加深。据北京市统计局、国家统计局北京调查总队发布的数据，在服务业扩大开放的重点行业中，商务服务业、文体娱乐业的新设外资企业集聚度较高，2023年两者合计占全市新设外资企业数量的76.4%。2023年，商务服务业实际利用外商直接投资额23.0亿美元，是2013年的1.48倍（见图4）。但受宏观经济形势等因素影响，2023年北京市商务服务业对外资的吸引力下降幅度较大，亟须进一步优化外商投资环境，集聚全球优质商务服务资源。为此，2023年12月，北京市商务局发布外资商务服务业在京投资指引，对职业介绍机构、税务服务、咨询与调查服务、人才中介机构四大商务服务领域外商投资的市场准入、资格认定、经营范围、审批机构、主管部门等方面给予精细化指引。

北京市大力支持商务服务业总部经济发展，近年来出台了一系列扩大开放的政策措施，推动总部经济做优做强。在政策方面，出台了《北京市促进总部企业高质量发展的相关规定》，重视对跨国公司地区总部和外资研发总部的认定，聚焦国际商务服务、数字经济等重点领域，支持更高能级总部企业在京发展，充分利用“两区”政策优势，统筹整合政策服务资源，持续优化总部企业的发展环境。印发《北京市关于进一步加强稳外资工作的若干措施》，提出聚集全球高端优质资源，打造更高能级总部经济。印发《关于北京市专业服务业助力“走出去”发展若干措施》，通过搭平台、优服务、抓统筹、强机制等措施，完善专业服务业对“走出去”的支撑体系建设。出台

① 《2023年1~11月丰台区租赁和商务服务业整体发展良好》，http：//www.bjft.gov.cn/ftq/fxbg/202402/fc76f5f642934e59ab62bd4610dcea20.shtml。

图4　2013~2022年北京市商务服务业实际利用外商直接投资情况

资料来源：《北京统计年鉴（2023）》。

《北京市外经贸发展资金支持北京市外贸企业提升国际化经营能力实施方案》，面向商务服务业等领域，对拥有自主品牌、自主知识产权的“双自主”企业，以及在自由贸易试验区注册的外贸企业和取得国家高新技术认定的外贸企业开拓国际市场等相关活动给予优先支持。从总部经济品牌看，北京市入选世界500强企业数量连续居全球城市榜首，在2023年《财富》世界500强榜单中，北京上榜企业有53家，超过排名第2的东京（29家）与排名第3的纽约（16家）两者数量之和。2024年3月，北京市全面启动“全球服务伙伴计划”，推动计划在全市域范围内实施，培育符合首都功能定位的各类服务业企业与服务机构，面向商务服务业等“两区”建设的九大服务业重点领域招募全球伙伴，为服务伙伴提供政企高层对话、顾问咨询、政策匹配、诉求对接等集成服务，助力服务伙伴进一步融入北京和全国开放发展大局。

二　北京商务服务业发展的新趋势

随着全球商务服务业产业发展模式的升级和新技术的广泛应用，北京市商务服务业呈现新的发展趋势，主要体现为以下4个方面。

（一）全产业链集成化趋势凸显，产业经营模式持续演变

随着全球商务服务业产业经营模式的持续演变，全产业链集成化的趋势越发凸显。龙头企业在市场需求的驱动下，依托核心业务的市场主导优势，通过纵向或横向推进资源整合，拓展产业链上下游，汇集发展资源，延伸价值链。目前，全球商务服务业龙头企业正在由提供单一产品的服务商向生态化服务平台转变，其功能逐步演化成系统解决方案的集成服务提供商。例如，在法律服务领域，法律机构通过设立专属替代性法律服务平台，依托信息技术、大数据分析和标准化流程提供“法律+”产品与服务，转型成集成服务提供商。在咨询与调查领域，信息技术管理咨询服务成为发展主流，行业龙头企业正在向大数据咨询、研制、培训等多元交融服务模式转变。以德勤为例，依托强大的财务审计等核心业务背景，德勤逐步拓宽业务范畴，由会计和审计、税务咨询等领域向企业管理咨询、人力资源管理、信息技术咨询等领域发展，已经成功转型成全球知名的综合型专业服务集团。北京市商务服务业依托总部经济的发展优势，近年来全产业链集成化发展的成效明显。上奇产业通数据显示，2023 年，北京市商务服务业链主企业数量（1054 家）在全国排名第 2，仅次于上海市（1093 家）。2023 年北京市商务服务业链主企业 TOP10 见表 4。

表 4　2023 年北京市商务服务业链主企业 TOP10

序号	企业名称	资质类别	区域
1	北京百度网讯科技有限公司	高新技术企业,独角兽企业,上市企业	海淀区
2	北京金山云网络技术有限公司	高新技术企业,独角兽企业,上市企业,省级专精特新企业	海淀区
3	云智慧(北京)科技有限公司	高新技术企业,独角兽企业,科技型中小企业,省级专精特新企业	海淀区
4	北京春雨天下软件有限公司	高新技术企业,独角兽企业,省级专精特新企业	海淀区
5	北京优迅医学检验实验室有限公司	高新技术企业,国家级专精特新企业,科技型中小企业,省级专精特新企业	海淀区

续表

序号	企业名称	资质类别	区域
6	北京偶数科技有限公司	高新技术企业,国家级专精特新企业,科技型中小企业,省级专精特新企业	海淀区
7	北京迪信通通信服务有限公司	高新技术企业,科技型中小企业,省级专精特新企业	朝阳区
8	北京合力亿捷科技股份有限公司	高新技术企业,新三板上市企业,省级专精特新企业	海淀区
9	北京尽微致广信息技术有限公司	高新技术企业,独角兽企业,省级专精特新企业	朝阳区
10	北京多氪信息科技有限公司	高新技术企业,独角兽企业,上市企业	海淀区

资料来源：上奇产业通大数据平台。

（二）产业数字化转型加速，新型商务服务业态模式激增

随着“数字+”“互联网+”等新一代信息技术在商务服务业领域的创新应用，传统商务服务业加速开启数字服务新时代，新业态、新模式不断涌现，推动商务服务专业服务质量与效益大幅提升。在专业服务领域，“虚拟律所”的迅速崛起推动法律服务的经营模式及组织形式加速变革，以远程办公的方式，实现全过程、全链条线上服务。例如，美国律所 FisherBroyles 依托云端平台软件，在全美 19 个地区设立“云端办公室”；金杜律师事务所在武汉、重庆、西安等地设立 22 家“云办公室”，将传统线下法律服务应用场景与功能延伸到线上，创新优化服务模式。在广告业，人工智能技术已经深入应用到互联网广告的全环节（包括策划、创意、投放、监测、优化、分析、评估和管理等）、全领域（包括搜索引擎、电商、视频、新闻咨询、社交媒体等），成为互联网广告业发展的新引擎。例如，百度发布的“轻舸”AI Native 营销平台，能够显著提升广告投放的精准度和转化率，推动广告营销市场实现新的增长。根据中关村互动营销实验室、秒针营销科学院、北京师范大学新闻传播学院共同发布的《2023 中国互联网广告数据报告》，2023 年，中国互联网广告收入为 5732 亿元（见图 5）。

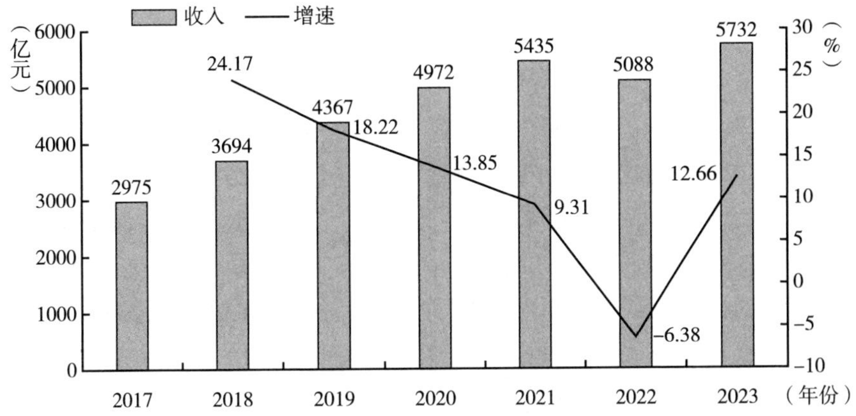

图 5　2017~2023 年中国互联网广告收入及增速

资料来源：中关村互动营销实验室、秒针营销科学院、北京师范大学新闻传播学院联合发布的《2023 中国互联网广告数据报告》。

2021 年，《商务部办公厅关于加快数字商务建设服务构建新发展格局的通知》中提到支持数字商务技术创新，鼓励各地积极打造本地区具有典型创新性和发展潜力的数字商务行业龙头和领军企业，有效增强商务领域数字技术应用能力。近年来北京市高度重视商务领域的数字化、智能化转型升级，支持企业利用 5G、大数据、人工智能、物联网、区块链等先进信息技术创新培育商务服务业新兴商业模式和创新场景，全面提升产业的数字化水平及企业核心竞争力。2023 年，在商务部发布的 132 家电子商务示范企业名单中，北京市有 14 家企业入选（见表 5），数量居全国首位，在商务服务领域入选了京东、美团、抖音、快手等电子商务龙头企业。[①] 这些平台企业的崛起正在颠覆传统商业模式和产业格局。

① 《本市 14 企业入选商务部电子商务示范企业，数量居全国首位》，https：//sw. beijing. gov. cn/zwxx/swxx/202308/t20230823_ 3228471. html。

表 5　北京市 2023 年电子商务示范企业名单

序号	企业名称	序号	企业名称
1	北京京东世纪贸易有限公司	8	北京有竹居网络技术有限公司
2	北京快手科技有限公司	9	北京值得买科技股份有限公司
3	北京泡泡玛特文化创意有限公司	10	东方优选(北京)科技有限公司
4	北京三快在线科技有限公司	11	多点生活(中国)网络科技有限公司
5	北京涂多多电子商务股份有限公司	12	国能(北京)商务网络有限公司
6	北京小仙炖生物科技有限公司	13	国网数字科技控股有限公司
7	北京新氧科技有限公司	14	小米科技有限责任公司

资料来源：商务部《关于电子商务示范企业名单的公告》。

（三）商务服务业集群化水平提升，特色功能区优势日益突出

随着区域经济的快速发展及产业规模的不断扩大，商务服务业发展的集中度越来越高，逐渐形成集群化、规模化发展效应。企业以资源优势、区位优势、政策优势或技术优势为基础，通过专业园区、特色集聚区及示范基地等形式，带动不同规模、不同等级企业集群化发展。

近年来，我国高度重视商务服务业专业园区的培育建设工作。例如，在人力资源服务领域，2022 年人力资源和社会保障部出台《关于实施人力资源服务业创新发展行动计划（2023—2025 年)》，提出完善产业园的功能布局，到“十四五”末建成 30 家左右国家级人力资源服务产业园和一批地方人力资源服务产业园。为落实国家政策部署，推动专业服务园区建设，北京市先后发布《北京市人力资源服务业创新发展行动计划（2023—2025 年)》《北京市促进人力资源市场发展办法》等政策文件，全面推动国家级人力资源服务产业园建设，完善国家、市、区三级人力资源服务产业园体系，包括规划通州园、海淀园、朝阳园 3 个重点园区，加强园区资源整合，推动产业集群化、专业化发展。其中，朝阳园被人力资源和社会保障部认定为全国首批、全市首家国家级人力资源服务出口基地，截至 2022 年，拥有 1500 家经

营性人力资源服务机构，营业收入、税收占据绝对优势。[①] 同时，与国际大都市 CBD 的功能布局相似，北京 CBD 精细化产业集群布局的特征日益明显。例如，北京 CBD 聚集了超过 1 万家外资企业，形成了以专业服务业、金融业为主的产业集群，其中包括 200 多家世界 500 强企业。[②] 此外，望京、燕莎、丽泽等商务区的专业服务产业集群正在形成。

借助独特的区位优势和“两区”政策红利，北京高度集聚商务服务业产业资源，目前已拥有 2000 多家律师事务所，从业律师 3 万多人，700 多家会计师事务所，注册会计师 1.3 万人，知识产权代理机构数量大约占全国的 1/4。[③] 此外，北京还拥有众多商务服务业创新资源和创新空间，未来将推动北京拓展商务服务业创新功能区，进一步促进商务服务业集群化、规模化、高端化发展。

（四）产业国际化程度不断加深，资源要素加速全球化配置

近年来，全球服务业扩大开放的程度不断加深，服务贸易复苏态势良好。随着国际商务服务发展环境的进一步改善，商务服务业全球化发展将迎来重大机遇。

一方面，商务服务业跨国企业依托其成熟的市场渠道、高水平的专业技术、广泛的服务范围、丰富的项目经验，拓宽在国际市场的布局，高效利用全球资源提升专业服务能级，推动商务服务业要素型开放程度进一步加深。另一方面，新规则制定成为国家掌握全球服务贸易治理主动权的“先手棋”，商务服务业市场制度型开放将成为主要趋势。

商务服务业扩大开放是我国构建新发展格局、推进现代服务业高水平开放的着力点和重要领域。2023 年，国务院批复同意《支持北京深化国家服

① 《中国北京人力资源服务产业园朝阳园入选》，http：//www.bjchy.gov.cn/lqjs/lqdt/4028805a7fff4a8601800156eacc01da.html。

② 《北京 CBD 跨国公司地区总部达 114 家，占全市总量近 50%》，《新京报》2024 年 4 月 2 日。

③ 《企业选择北京落地发展有哪些优势?》，https：//www.beijing.gov.cn/fuwu/lqfw/ztzl/tzbjhkt/sjtj/stc/202310/t20231026_ 3287717.html。

务业扩大开放综合示范区建设工作方案》，提出170余项试点措施，支持北京对接国际高标准经贸规则，开展先行先试，进一步提升服务领域贸易投资合作质量和水平。① 在此背景下，北京市充分利用“两区”政策，推动商务服务业对外开放进一步扩大，全球化资源配置能力不断提升。例如，《北京市促进总部企业高质量发展的相关规定》支持总部企业在中国（北京）自由贸易试验区内围绕全球贸易、数字经济等领域开展先行先试，享受产业准入更加开放、数据流动更加安全有序、资金进出更加便利、人才支持幅度更大、税收优惠力度更大、营商环境更优的政策服务措施。再如，北京CBD对标国际先进规则，全面优化涉企服务，全力建设市场化、法治化、国际化的一流营商环境。深入实施推进“总部倍增计划”，不断优化营商环境，吸引外资企业入驻，充分发挥“两区”政策叠加优势，打造招商引资金字招牌，为企业扎根提供沃土，同时坚持强化区域招商引资及企业服务能力，招商联络站布局全球。目前，北京CBD全球招商联络站已覆盖新加坡、中国香港、中东等地，并获得众多海外企业的高度关注，对CBD国际化招商发挥了重要作用。②

三　北京商务服务业高质量发展的对策建议

结合北京市商务服务业发展的新形势、新要求、新趋势，以新时代首都发展为统领，以高质量发展为主题，坚持“五子”联动和融入新发展格局，坚持数字化、融合化、集成化、开放化引领，统筹推动产业发展贡献力、创新发展内生力、产业生态支撑力、国际市场竞争力提升，构建与新时期首都功能定位相符合的高端商务服务业体系，推动首都服务业高质量发展。

① 《找准服务业扩大开放着力点》，《经济日报》2023年12月1日。

② 《北京CBD再添4家跨国公司地区总部》，CBD管委会公众号“北京CBD之窗”。

（一）引育并举，推动全产业链规模化、高端化发展

坚持做大规模和提升质量“两手抓”、引育龙头骨干企业和培育专精特新企业“两结合”，加快国内外优质商务服务业机构集聚，培育壮大本土商务服务业企业，提升面向全球的商务服务能力和水平，实现商务服务业规模、质量、效益同步提升。一是紧抓“两区”建设契机，提升高端商务服务业集聚水平。充分利用国家和市级平台加强招商推介，提升中国国际服务贸易交易会、中关村论坛、京港洽谈会等重大活动的影响力，吸引带动商务服务业重点企业和重大项目落户。筛选一批商务服务业“小升规”候选企业名录，研究制定针对成长性强、具有发展潜力的中小微企业的培育成长计划，引导企业做精做深，加快成长为细分行业领域的骨干企业，培育一批国际一流的律师事务所、会计师事务所。二是瞄准高端，提高产业质量和效益。聚焦广告、人力资源、法律服务、咨询等重点领域，绘制不同细分行业的产业链图谱，推动不同领域商务服务业企业加快拓展延伸产业链，抢占产业链、价值链高端环节，积极布局新赛道。坚持高端化、国际化的发展导向，支持广告业重点发展创意设计、制作技术、媒体发布、整合营销等关键环节，推动人力资源服务业重点拓展高级人才寻访、人力资源信息软件服务等高端领域，鼓励和引导头部法律机构开拓金融投资、国际仲裁、海事商事等业务领域，提升高端服务能力和水平。

（二）融合赋能，激发重点行业领域创新发展活力

紧抓“两业”融合、数实融合等产业融合化发展趋势，坚持创新引领、业态融合、模式集成，推动技术创新与产业融合互促共进，提升商务服务业创新发展活力。一是促进产业内部融合发展集成联动。顺应商务服务业集成化、“一站式”升级趋势，支持具备一定资源整合、配置能力的商务服务业企业和机构延伸服务链条，集中培育一批涵盖全过程、全链条、跨领域的综合性商务服务集成商，提升商务服务供给能级。鼓励建立跨领域、多资质的综合性专业服务机制，支持具有较大影响力、较高服务

水平的专业机构组建服务联盟，整合法律、会计、广告、人力资源、咨询、知识产权等行业资源，提供一站式、链条化专业服务。二是数字赋能产业融合发展新模式。深化人工智能、大数据等信息技术在商务服务业的渗透与应用，结合法律、广告、人力资源等行业特点，分类制定数字化升级路线图，明确数字化转型方向，提升商务服务业数字化、智能化服务水平。鼓励商务服务业龙头企业与大数据机构、信息平台合作，面向特定区域、行业和场景，联合开发一批垂直领域的专业知识库、数字产品及增值服务，引领服务模式和要素供给方式升级。支持商务服务业企业探索远程服务、云服务、平台分包等新兴服务业态，营造高效协同、相互渗透的服务新生态，提升商务服务业融合发展效率。

（三）优化布局，提升产业生态的集聚度和协同性

瞄准商务服务业高质量发展阶段性需求，加强机制创新和资源统筹，强化政策、人才、空间、资金等要素支撑，营造一流的产业发展生态，激发市场主体发展活力。一是拓展特色产业承载空间。用足用好北京市商务服务业开放政策，支持国家级金科新区、国家级人力资源服务产业园、丽泽金融商务区、通州运河商务区等重点产业园区，吸引一批高端商务服务业机构、联盟组织、行业协会入驻，打造商务服务业综合性示范标杆，构建全流程专业服务生态链。推动中国北京人力资源服务产业园、北京国家广告产业园等特色园区高水平建设运营，加强国内外知名品牌专业服务机构集聚发展，带动关联性较强的配套服务机构集聚，提升重点园区产业发展水平和品牌服务能级。发挥区域商务经济高质量发展政策的引导效应，加强对高端商务服务项目的支持，在支持标准、申报条件、奖励金额等方面给予倾斜，加大政策保障力度。二是放大行业组织的赋能效应。发挥北京商务服务业联合会的资源枢纽作用，支持成立法律、会计、人力资源、广告等重点领域的联盟，共同搭建综合性商务服务平台，整合行业内优质服务资源和机构，拓展商务服务链条和市场，提升产业生态黏性。加强行业组织管理，研究成立商务服务业协会发展基金，制定专业服务业地方标准、行业标准、团体标准，发布服务

质量规范、行业信用服务准则，选择具有条件的重点行业成立专业委员会，提升产业市场秩序。三是构筑优质人才集聚高地。瞄准国际市场，建立高层次人才引进长效激励机制，吸引具有国际一流视野、行业资深经验的高素质人才集聚，提升北京商务服务业人才竞争优势。支持用人单位实施专业技术人才知识更新工程，开展高层次紧缺急需和骨干专业技术人员专项培训，培养一批重点商务服务业领域的高素质、复合型人才。针对广告、会展等实操性强的服务领域，支持领军企业联合高校院所，共建人才培训机构和实训基地，开展定向人才培训，强化专业人才支撑。

（四）开放引领，提升服务品牌的国际市场竞争力

对标国际最高标准、先进服务规则，深化落实“两区”专业服务业开放发展部署，坚持“引进来”和“走出去”相结合，释放政策红利，提升商务服务业开放水平。一是谋划高水平开放的政策创新。把握新一轮国际经贸规则演变趋势，对标中欧投资协定、CPTPP等国际经贸规则，围绕知识产权、法律、人力资源等领域，探索研究与商务服务业国际规则相衔接的突破性制度创新，力争形成国家级制度创新典型案例。全面推进“两区”建设商务服务业领域政策落地实践，开展总部管理、专业会展、国际法律等重点行业定期政策会诊，深入了解面临的问题困难与制度障碍，探索形成一揽子制度突破清单。加快落实RCEP发展行动方案，深化开展仲裁、公证、鉴定等多元法律合作，完善跨国合作营商环境，助力商务服务业企业拓展国际市场。二是加快国际商务服务业资源集聚。充分利用“两区”开放政策，鼓励商务服务业领域全球知名企业在丽泽金融商务区、通州运河商务区、首钢园等重点产业园区，设立跨国公司区域总部及研发、管理、采购、品牌、结算中心等功能性机构，打造高能级外资总部集聚区。主动对接在京跨国公司、国际组织、国际商会等国际机构，积极引导外资投向商务服务业领域，吸引人力资源、投资咨询、信用评估、管理咨询等领域的全球品牌外资机构亚洲分部或中国子公司落地。强化落实服务业扩大开放试点任务，加大商务服务业领域开放力度，放宽会计审计、法律等领域外资准入与国内业务开展

的限制，拓展对外开放的广度和提升对外开放的深度。三是引导本土企业拓展国际市场。以共建“一带一路”国家为重点，鼓励总部管理、法律、咨询与调查、广告等领域具有实力的商务服务业企业“走出去”，通过境外并购、特许经营、设立分支机构等方式开展境外业务，面向全球市场提供服务，提高国际服务市场竞争力。支持会计、人力资源、会展等重点领域企业“联合出海”“一站式出海”，探索成立国际商务服务业联合体或发展联盟，提供对外投资运营、资产管理、商务咨询、财务管理等服务，拓展境内境外双向服务新渠道。充分利用国际开放平台资源，支持商务服务业领军企业加强与相关投资促进机构、专业协会对接，建立合作伙伴关系，构建境外商务服务合作伙伴网络。

参考文献

[1] 国家发展和改革委员会：《北京市国民经济和社会发展第十四个五年规划和二〇三五年远景目标纲要》，北京市人民政府网，2021 年 1 月 27 日。

[2] 赵弘、牛艳华：《商务服务业空间分布特点及重点集聚区建设——基于北京的研究》，《北京工商大学学报》（社会科学版）2010 年第 2 期。

[3] 郭怀英：《商务服务业的产业特性与驱动机制分析》，《中国经贸导刊》2010 年第 7 期。

[4] 杨亚琴、王丹：《国际大都市现代服务业集群发展的比较研究——以纽约、伦敦、东京为例的分析》，《世界经济研究》2005 年第 1 期。

B.6

北京文体娱乐业发展报告（2024）

陆园园 *

摘　要： 文体娱乐业作为北京经济的支柱产业、增强人民获得感的幸福产业，已成为推动北京高质量发展的重要引擎，在构建“高精尖”经济结构、推进全国文化中心建设方面发挥了重要支撑作用。2022~2023年，北京以习近平新时代中国特色社会主义思想为指引，坚持稳中求进、守正创新，以首善标准推进全国文化中心建设，坚定落实文化强国战略，文体娱乐业承压前行、应变求新，实现产业总体平稳发展、韧性前行，新业态、新模式、新成果不断涌现，全国文化中心的引领示范作用日趋彰显。当今国内外形势深刻变化，突发公共事件、逆全球化等将给文体娱乐业发展带来不确定性。人民群众对美好精神文化生活的需求更加高涨，文体娱乐业发展不平衡、不充分的矛盾依然存在，实现北京文体娱乐业高质量发展的需求更加迫切。未来北京将以推进高质量发展为主题，不断推动文体娱乐业繁荣发展，加快建设文体娱乐业现代化产业体系，推进文体娱乐业治理体系和治理能力现代化，为建设全国文化中心和世界文化名城做出积极贡献。

关键词： 文化产业　体育产业　高质量发展　北京

2022~2023年是北京文体娱乐业发展承压前行、应变求新的两年。北京市以首善标准推进全国文化中心建设，坚定落实文化强国战略，文体娱乐业

* 陆园园，管理学博士，北京市高端服务业发展研究基地研究员，中共北京市委党校经济学教研部教授，研究方向为战略管理、创新。

实现总体平稳发展，新业态、新模式、新成果不断涌现，全国文化中心的引领示范作用日趋彰显。

一　北京文体娱乐业发展现状分析

（一）北京文化产业发展现状[①]

1. 北京文化产业数据分析

2022 年，北京文化产业增加值为 4700.3 亿元，占 GDP 比重为 11.3%，比上年提高 0.3 个百分点。按现价计算，2022 年，北京文化产业增加值比上年增长 4.2%，比全国文化产业增加值增速高 1.5 个百分点。同期，全国文化产业增加值为 53782 亿元，占 GDP 比重为 4.46%；北京文化产业增加值占全国的比重为 8.7%，比上年提高 0.1 个百分点。2013~2022 年北京文化产业增加值及占 GDP 比重见图 1。

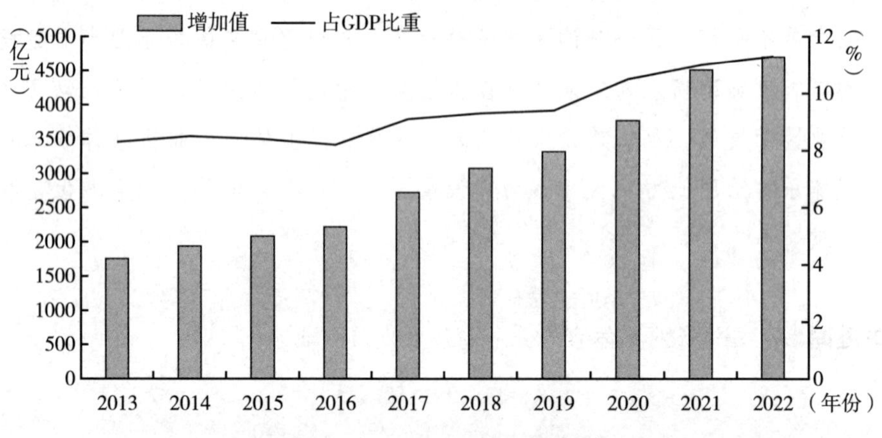

图 1　2013~2022 年北京文化产业增加值情况

资料来源：根据北京市统计局公开数据整理。

① 本节数据来源于《北京市 2023 年国民经济和社会发展统计公报》《北京市 2022 年国民经济和社会发展统计公报》。

2022 年，北京市规模以上文化产业收入合计 17997.1 亿元，与上年持平；利润总额 1846.6 亿元，同比增长 26.1%；吸纳从业人员 61.3 万人，同比减少 7.8%。分产业看，2022 年，文化制造业、文化批发和零售业、文化服务业增加值分别为 108.5 亿元、246.6 亿元和 4345.2 亿元，占文化产业增加值的比重分别为 2.3%、5.2%和 92.4%。与 2021 年相比，文化服务业占比提高 0.6 个百分点。分领域看，2022 年，全市文化核心领域增加值为 4176.3 亿元，占文化产业增加值的比重为 88.9%；文化相关领域增加值为 524.0 亿元，占比为 11.1%。[①] 与 2021 年相比，文化核心领域占比提高 1.2 个百分点。

2018~2022 年北京文化产业按领域分组的单位数量见图 2，2018~2022 年北京文化产业按领域分组的收入见图 3，2018~2022 年北京文化产业按领域分组的从业人员平均人数见图 4，2018~2022 年北京文化产业按领域分组的资产见图 5。

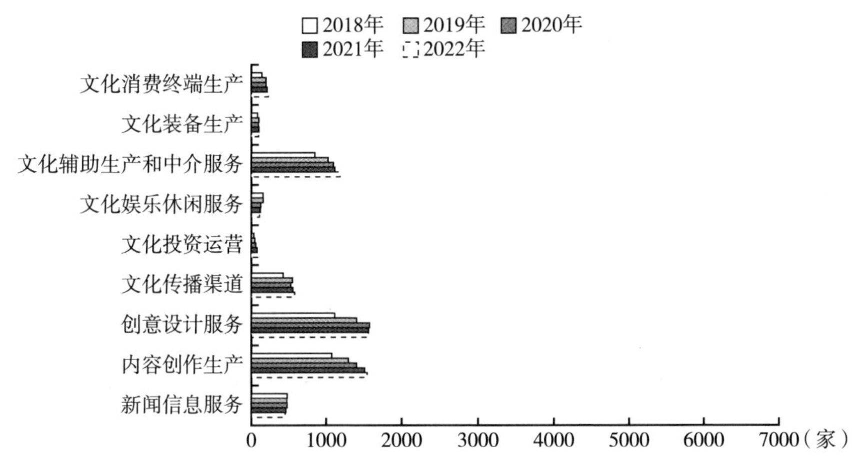

图 2　2018~2022 年北京文化产业按领域分组的单位数量

资料来源：根据北京市统计局公开数据整理。

① 文化核心领域包括新闻信息服务、内容创作生产、创意设计服务、文化传播渠道、文化投资运营、文化娱乐休闲服务 6 个领域，文化相关领域包括文化辅助生产和中介服务、文化装备生产、文化消费终端生产 3 个领域。

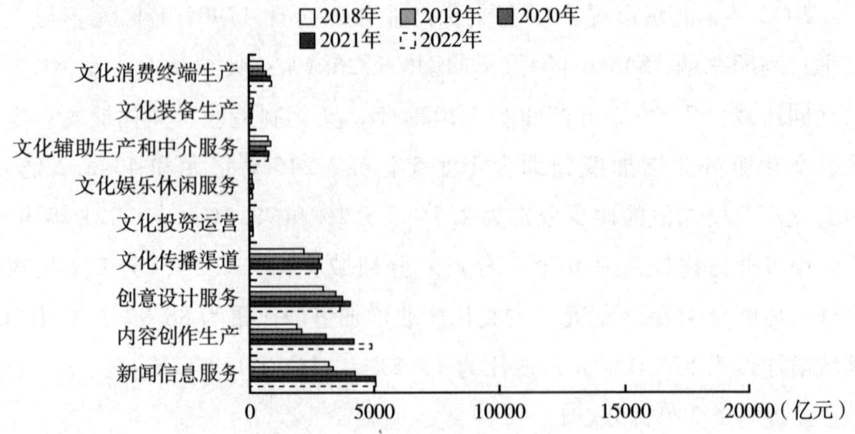

图 3　2018~2022 年北京文化产业按领域分组的收入

资料来源：根据北京市统计局公开数据整理。

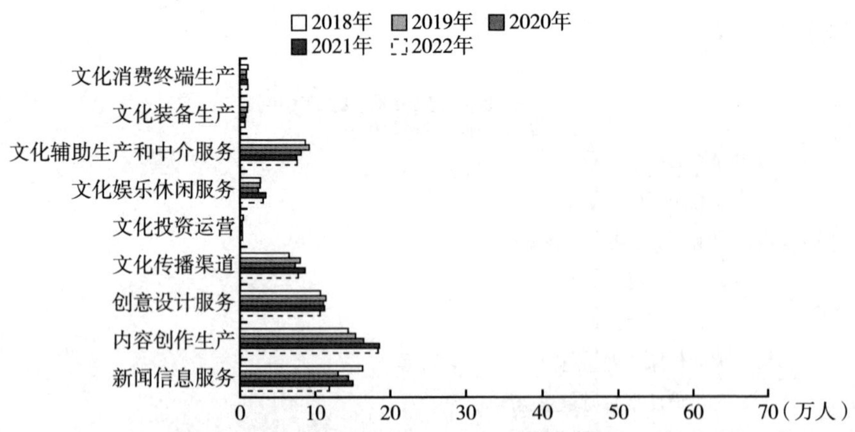

图 4　2018~2022 年北京文化产业按领域分组的从业人员平均人数

资料来源：根据北京市统计局公开数据整理。

截至 2022 年末，全市共有公共图书馆 21 个，总流通 769.5 万人次；国家档案馆 18 家，馆藏纸质档案 1049.5 万卷（件）；备案博物馆 210 家，其中免费开放 100 家；群众艺术馆、文化馆 18 家。北京地区登记在册的报刊总量 3514 种，出版社 240 家，出版物发行单位 10419 家。全年引进出版物版权 7446 件，版权（著作权）登记 105.4 万件。截至 2022 年末，有线电视

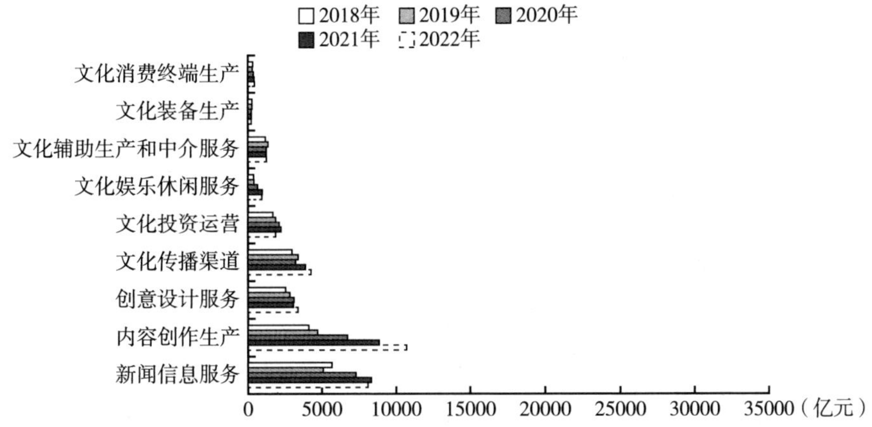

图 5　2018~2022 年北京文化产业按领域分组的资产

资料来源：根据北京市统计局公开数据整理。

实际用户 610.1 万户，其中高清电视实际用户 344.2 万户，超高清（4K）实际用户 193.7 万户。2022 年制作电视剧 36 部、电视动画片 20 部、纪录片 150 部、网络剧 58 部、网络电影 98 部、网络微短剧 43 部、网络动画片 28 部。

2023 年，北京规模以上文化产业法人单位实现收入合计 20638.3 亿元，同比增长 13.6%。其中，规模以上文化企业实现营业收入 20140.1 亿元，同比增长 13.6%。

分领域看，2023 年，全市文化核心领域实现收入合计 18721.9 亿元，同比增长 13.9%，对全市文化产业收入增长的贡献率为 92.4%。其中，新闻信息服务、内容创作生产、文化传播渠道、文化投资运营和文化娱乐休闲服务 5 个领域的收入合计同比分别增长 8.9%、31.7%、8.4%、10.6% 和 48.7%；创意设计服务领域收入合计同比下降 0.6%，较 1~3 季度降幅扩大 0.1 个百分点。文化相关领域实现收入合计 1916.3 亿元，同比增长 10.8%。其中，文化辅助生产和中介服务、文化消费终端生产 2 个领域收入合计同比分别增长 19.9% 和 5.5%；文化装备生产领域收入合计同比下降 7.7%，较 1~3 季度降幅收窄 1.4 个百分点。

2. 北京文化产业发展特点

（1）产业结构深度优化调整

2022 年，北京文化核心领域实现收入合计 16339.4 亿元，同比增长 0.6%，占文化产业收入合计的 90.8%，继续引领高质量发展。其中，新闻信息服务、内容创作生产和文化娱乐休闲服务 3 个领域的收入增速分别为 4.3%、17.2%和 8.1%。文化产业优势领域的主导地位不断巩固，体现了北京文化产业结构优化、高质量发展的新特征。

（2）文化消费在下行中孕育新变化

2022 年，受新冠疫情和经济下行的双重影响，北京文化消费市场整体收缩，呈下行趋势。全市人均文化娱乐支出 1145 元，同比下降 16.2%。全年共放映电影 262.9 万场，同比下降 21.6%；观众 2575.4 万人次，同比下降 39.0%；票房收入 14.2 亿元，同比下降 36.3%。全年接待旅游总人数 1.8 亿人次，同比下降 28.5%；实现旅游总收入 2520.3 亿元，同比下降 39.5%。全年共举办营业性演出 20315 场，同比下降 1.3%；观众人数 374.3 万人次，同比下降 27.1%；票房收入 6.3 亿元，同比下降 19.5%。与此同时，文化消费在新冠疫情影响下呈现新变化，“微旅游”“微度假”成为新兴出游趋势，数字消费、虚拟消费成为新的文化消费增长点。

（3）文化金融市场在艰难中蓄力坚守

2022 年，北京文化产业共发生融资事件 124 起，较 2021 年减少 74 起，资金流入规模为 141.4 亿元，同比下降 85.8%。文化产业私募股权融资 38.2 亿元，同比下降 68.5%。2022 年，新增知乎、北京汉仪创新科技股份有限公司、飞天云动科技有限公司、花房集团公司 4 家上市企业，知乎成为国内首家同时在美股和港股上市的互联网企业。2022 年，北京新增新三板挂牌文化企业 3 家。2022 年文化产业上市首发融资规模为 19.9 亿元，占全国的 12.2%，其中数字内容服务领域上市首发融资规模达 11.9 亿元，占融资总额的 59.6%，在整体收紧的文化金融市场中持续释放发展潜力。

（4）文化新业态发展领跑全国

2022年，北京规模以上文化企业中，文化新业态在新冠疫情期间实现营业收入同比增长7.2%，高于全国平均增速1.9个百分点；占全市规模以上文化企业营业收入的比重为67.8%，同比提高4.5个百分点。北京正成为文化新业态发展的策源地和主阵地。

（5）“文化+科技”企业成为创新发展的主导力量

2022年，北京规模以上数字文化核心产业单位1867家，占全市规模以上文化产业单位数量的33.0%；规模以上“文化+科技”企业实现营业收入10857.8亿元，同比增长8.9%，占全市文化企业营业收入的比重为61.8%，同比提高5.0个百分点。从研发投入来看，2022年1~11月，“文化+科技”企业研发费用合计同比增长14.4%。截至11月末，全市“文化+科技”企业实现技术合同成交总额同比增长1.2倍。文化与科技融合已成为北京文化产业发展中的亮点。

（6）文化产业空间格局不断优化

北京以城市更新汇聚发展动能，中轴线遗产保护有序推进，大运河文化带、长城文化带、西山永定河文化带成为首都文化建设金名片，“一轴三带”引领优秀传统文化传承创新。各类产业功能区、产业园区、文化街区、文化商圈等多元产业空间承载高质量发展，各区域产业发展特色日益鲜明，文化领域的区域合作走深走实。

（7）文化供给与消费提质发展

“大戏看北京”成为首都文化新名片，电竞北京、北京时装周等品牌活动提升城市文化氛围，线上文化消费、夜经济、沉浸式体验催生消费新空间、新活力、新形态。文化贸易与交流推动中华文化更好地走向世界，北京以“双奥之城”身份向世界彰显城市新形象。“两区”建设纵深推进，文化产品与服务在海外市场的竞争力日益增强。北京国际电影节、北京国际运河文化节等品牌活动促进国际合作交流，创新中华文化的国际表达，“一带一路”交流合作深化了文明互鉴。

（二）北京体育产业发展现状①

2023 年，北京体育产业实现快速发展，体育企业稳经济效益明显。2023 年，北京体育产业规模以上企业 834 家，营收增速超过 10.5%；推出国家级、市级体育产业相关政策 85 项；搭建政企银交流平台，向 70 家企业放款 6.7 亿元；对 4 家职业体育俱乐部（5 支队伍）核定奖励资金 6600 万元，保障了职业体育俱乐部的良性发展。2015~2021 年北京体育产业增加值及占 GDP 比重见图 6。

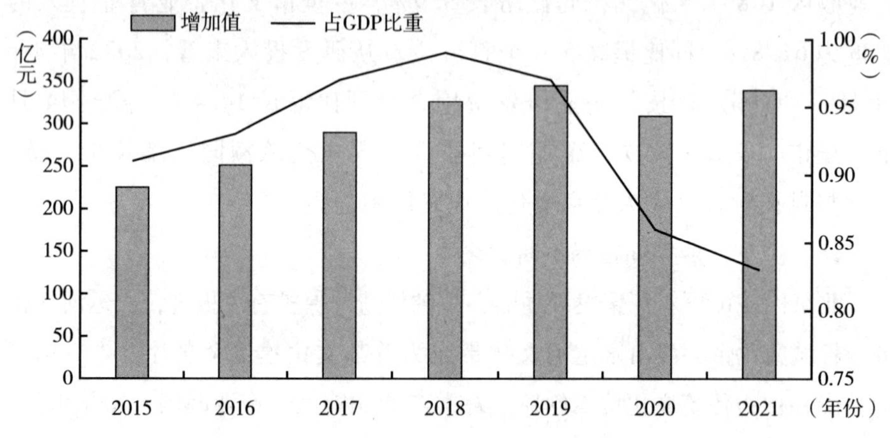

图 6　2015~2021 年北京体育产业增加值及占比

资料来源：根据北京市统计局公开数据整理。

2022 年，北京运动员共获得国际性比赛奖牌 53 枚，其中金牌 36 枚、银牌 10 枚；获得全国性比赛奖牌 197 枚，其中金牌 62 枚、银牌 66 枚。在北京第 24 届冬奥会上，全市共有 34 名运动员、3 名教练员入选中国体育代表团，参加 5 个大项比赛，获得 2 枚金牌、1 枚银牌。全年北京残疾人运动员共获得国际性比赛奖牌 9 枚。在北京第 13 届冬残奥会上，全市共有 12 名运动员、3 名教练员入选中国体育代表团，参加除残奥冰球外

① 本节数据来源于《北京市 2023 年国民经济和社会发展统计公报》《北京市 2022 年国民经济和社会发展统计公报》《北京市体育产业工作情况报告》。

的 5 个大项比赛，获得 5 枚金牌、2 枚银牌、2 枚铜牌。

2023 年，北京创建全民健身示范街道和体育特色乡镇 43 个，改扩建体育公园 14 个，新建足球、篮球等体育健身活动场所 82 处。全年北京运动员共获得国际性比赛奖牌 58 枚，其中金牌 34 枚、银牌 12 枚、铜牌 12 枚；获得全国性比赛奖牌 180 枚，其中金牌 62 枚、银牌 56 枚、铜牌 62 枚。全年北京残疾人运动员共获得国际性比赛奖牌 87 枚，其中金牌 36 枚、银牌 30 枚、铜牌 21 枚；获得全国性比赛奖牌 16 枚，其中金牌 5 枚、银牌 5 枚、铜牌 6 枚。

2023 年，北京制定实施促进体育消费工作方案，有效促进了体育消费升级。第四届“8·8”北京体育消费节暨首届京津冀体育消费节成交总额为 2.23 亿元，同比增长 27.4%；服贸会体育服务专题展一年期签约执行金额达到 8.07 亿美元；体彩销售额达到 108.24 亿元，同比增长 48.5%；筹集公益金 25.75 亿元，同比增长 41.7%，创历史新高。

在商旅文体融合方面，2023 年北京市体育局与北京市文旅局联合发布了 67 个体育旅游精品项目，4 个项目入选中国十佳体育旅游精品项目名单，体育领域服务性消费额增速超过 6%。组织举办了第三届京张体育旅游嘉年华，开展 304 项重点体育赛事文旅活动，京张体育文化旅游带建设取得新成效。

另外，北京强化对体育培训机构的一体化监管，制定体育培训综合监管方案，出台体育行业预付资金监管实施细则，开展预付费风险提示，持续推广合同示范文本等工作，体育市场营商环境得到了持续优化。

二　北京文体娱乐业发展存在的主要问题

（一）北京文化产业发展存在的问题

1. 文化产业持续健康发展的环境更加复杂

当今世界正经历“百年未有之大变局”，国内外形势深刻变化，各种不稳定、不确定性因素明显增多，经济全球化遭遇逆流，全球科技竞争日趋激烈，文化“走出去”面临挑战，维护文化安全的任务更加繁重。各种思想文化在首都交流、交融、交锋，维护意识形态和文化安全的任务更加艰巨。突发公共事件、逆全球化等将给文化产业发展带来不确定性，北京文化产业持续健康发展的环境更加复杂。

2. 文化产业高质量发展的需求更加迫切

人民群众对美好精神文化生活的需求更加高涨，文化领域发展不平衡、不充分的矛盾依然存在，城乡差距、区域差距依然存在，文化产品的供给和需求不完全匹配，实现北京文化产业高质量发展的需求更加迫切。

3. 文化产业核心领域发展面临下行压力

2022 年全市规模以上文化产业中，文化传播渠道领域实现收入合计 2657.5 亿元，同比下降 7.0%；利润总额 86.2 亿元，同比下降 23.8%。创意设计服务实现收入合计 3465.5 亿元，同比下降 15.1%；利润总额 78.3 亿元，同比下降 19.4%。全市规模以上文化投资运营领域实现收入合计 48.9 亿元，同比下降 12.4%；全市规模以上文化辅助生产和中介服务领域收入合计 695.4 亿元，同比下降 13.3%；全市规模以上文化装备生产领域收入合计 90.4 亿元，同比下降 23.6%。各领域收入的变化情况反映了北京文化产业发展面临的压力。

（二）北京体育产业发展存在的问题

1. 体育产业发展环境面临挑战

国际环境日趋复杂，北京体育产业高质量发展面临诸多问题和挑战。全球体育秩序和赛事格局受到严重影响，体育政治化倾向重新抬头。同时，推进体育高质量发展缺乏有力支撑，体育产业发展不平衡、不充分问题依然突出，重点领域和关键环节的改革任务仍然艰巨，体育创新能力还不适应高质量发展要求。满足人民群众健身休闲需求尤其是满足个性化需求的有效供给不足。竞技体育的体制机制与经济社会发展不相适应，运动项目发展不均衡、核心竞争力不强等问题依然存在。体育产品和服务有效供给不足，体育市场主体活力尚未充分激发，体育消费潜力尚未充分释放。对标体育强国建设目标，发展节奏亟待提速，发展计划急需重新调整。体育行业治理能力面临严峻挑战，深化体育改革缺乏实质性突破。体育领域党的建设短板明显，“重业务、轻党建”问题普遍存在。

2. 体育产业发展活力有待激发

北京体育产业总体规模还需要进一步扩大，占 GDP 比重还处于低位。体育产业发展不平衡，产业链条贯通不畅，产业结构单一，产业布局有待优化。国家级体育产业示范基地的集聚效应不明显，公共体育设施使用效率需要进一步提高。体育科技创新和高精尖产业发展需要更加突出和加强。体育产业政策需要更加完善，引导社会资本投入体育领域的力度需要加大，以进一步提高体育市场活力。同时，竞技体育可持续发展面临挑战。传统优势项目提升空间有限，潜在优势项目尚未形成雄厚实力，冰雪运动项目水平较低，竞技后备人才的选拔、培养和储备困难较多，争金夺银的运动员队伍有待扩大，为祖国争光、为首都添彩的使命艰巨。

三　推进北京文体娱乐业高质量发展的对策建议

2023 年是全面贯彻落实党的二十大精神的开局之年，是实施“十四五”规划承上启下的关键一年。未来北京将坚持以习近平新时代中国特色社会主义思想为指导，坚持稳中求进的工作总基调，加强全国文化中心建设，促进首都文体娱乐业繁荣发展，提升大国首都文化软实力和国际影响力。

（一）推进北京文体娱乐业高质量发展的新思路

1. 指导思想

深入贯彻党的二十大和二十届一中、二中全会精神，深入贯彻习近平文化思想，深入贯彻习近平总书记对北京重要讲话精神，立足新发展阶段，贯彻新发展理念，融入新发展格局，以社会主义核心价值观为引领，以首都发展为统领，以推进高质量发展为主题，以深化供给侧结构性改革为主线，不

断推动北京文体娱乐业繁荣发展，加快建设文体娱乐业现代化产业体系，推进文体娱乐业治理体系和治理能力现代化，为建设全国文化中心和世界文化名城做出积极贡献。

2. 发展目标

一是文体娱乐业实现高质量发展。主动适应北京从“大众文旅消费时代”率先进入“品质文旅消费时代”的趋势，文体娱乐业供给侧结构性改革向纵深推进，现代化文体娱乐业产业体系初步建成，以国内大循环为主体、国内国际双循环相互促进的文体娱乐业新发展格局基本形成。二是文体娱乐业公共服务水平显著提升。全面建成供给丰富、便捷高效的现代文体娱乐业服务体系，初步实现公共文化设施覆盖身边化、服务内容品质化、供给主体多元化、服务方式智能化。三是文体娱乐业治理体系和治理能力现代化水平显著提升。构建起“市场自治、行业自律、政府监管、社会监督”的共治格局，文体娱乐业的营商环境进一步优化，市场监管体系进一步健全，安全网络坚韧稳固。四是北京文化金名片更加光彩夺目。中华优秀传统文化、革命文化、社会主义先进文化广为弘扬，非物质文化遗产保护传承取得重大进展，历史文化名城保护和国家文化公园建设任务全面落实。五是北京文艺舞台更加繁荣。代表国家形象、首都水准的“艺术高峰”作品不断涌现，具有国际影响力的品牌艺术展演活动精彩纷呈，艺术创新创造活力持续增强。六是文体娱乐业的国际影响力显著增强。更大范围、更宽领域、更深层次的文体娱乐业对外开放格局基本形成，国际竞争优势明显增强，国际交流更加频繁。

（二）推进北京文化产业高质量发展的对策建议

1. 构建具有国际影响力的现代文化产业体系和文化市场体系

大幅提升北京文化产业在设计、影视、演艺、音乐、网络游戏、旅游、艺术品交易、会展等领域的国际竞争力，推进文化与科技、金融、体育等相关产业融合发展，着力培育文化产业发展新动能，建设市场竞争力强、创新驱动力足、文化辐射力广的文化产业发展引领区。一是构建具有综合竞争力的现代文化市场体系。培育一批实力强、富有活力的文化企业，深化国有文化企业改革，完善现代企业制度，健全鼓励创新的体制机制，做大做强主业，提升核心竞争力；引领文化消费新风尚，加快实施“文化商圈”计划，加快培育建设新兴商业街区，打造具有全球知名度的文化商业新地标；深入推进“放管服”改革，依法放宽文化市场准入条件，优化文化领域的行政审批，加大文化市场监管力度。二是建设满足群众高品质文化消费需求的创新创意中心。发挥北京文化底蕴深厚、设计资源丰富等优势，建设顶级设计团队集聚、高端设计节展赛事汇聚的设计之都，迈入国际一流设计方阵；发挥北京在影视创意策划、创作生产、宣传发行等方面的优势，建成影视工业体系发达、人才云集、精品荟萃的影视之都；完善产业链条，集聚产业资源，云集品牌活动，将北京打造成为市场竞争力强、策划水平高的会展中心。三是推进“文化+”融合发展。发展文化科技融合新业态，依托首都丰富的文化科技资源优势，加强产业共性关键技术研究；提高金融对文化的支撑作用，健全首都文化投融资服务体系，突破产业投融资瓶颈，建设首都文化金融生态圈；推进文化与其他产业深度融合，深入实施“文化+”融合发展战略，不断推动融合新业态发展。

2. 建成供给丰富、便捷高效的现代公共文化服务体系

坚持政府主导、社会参与、重心下移、共建共享的工作理念，建成完备、便捷、高效、优质的现代公共文化服务体系，充分满足人民群众日益增长的公共文化需求。一是构建群众身边的公共文化设施网络。围绕城乡、区域均衡发展，聚焦城市副中心、城市南部地区、新首钢地区等重要功能承载区，规划建设一批标志性公共文化设施；高标准规划建设区域性综合文化中心，建设图书馆、文化馆、博物馆等惠民文化设施；立足新时代文明实践中心、所、站建设，统筹调配志愿服务力量，全面整合基层公共文化服务资源。二是加强高质量公共文化供给。发挥各级各类公共文化服务机构的主力军作用，加大优质公共文化供给；统筹用好各类文化资源，以满足人民群众基本文化需求为导向，深化公共文化服务供给侧结构性改革，提升公共文化服务效能；完善群众文化需求征集和反馈机制，推动公共文化服务供给与群众文化需求有效对接，打通公共文化服务“最后一公里”。三是提高公共文化服务科技含量。加快公共文化服务数字化建设，构建标准统一、互联互通、便捷实用的首都特色公共文化数字资源库；丰富公共文化服务智能化应用场景，建好用好公共文化服务云系统，提供一站式、集成式、多媒体覆盖的智能化服务。四是创新公共文化服务体制机制。进一步落实公益性文化事业单位法人自主权，强化公共服务职能，发挥公共文化服务骨干作用；健全政府购买公共文化服务制度，创新政府购买服务方式，结合市民群众不断发展的公共文化需求，及时调整和优化公共文化服务政府采购目录。

3. 推动文化赋能，加快构建新发展格局

将文化融入“五子”联动，立足国际消费中心城市建设，抓住国家服务业扩大开放综合示范区和北京自由贸易试验区建设机遇，深化文化领域供给侧结构性改革，发挥好文化对旅游和商圈消费、塑造城市形象、提升国际影响力的作用，提升文化产业发展质量和水平。一是以文化赋能国际消费中心城市建设。打造文化消费新地标，推动前门大栅栏、王府井、西单、五棵松、蓝色港湾、三里屯、隆福寺等商业街品质化发展；创新文化消费场景，培育壮大云演艺、云展览、云旅游等新型文化产品形态，积极发展文商旅融合、线上线下融合的文化消费新场景；提升视听消费创新驱动能力，加快发展高新视频产业，提升 8K 超高清内容制作供给能力，丰富超高清、互动视频等视听节目形态；打造文化新空间，鼓励博物馆、图书馆、市民文化中心、实体书店、旅游景区等文化空间载体与演艺、影视、IP 运营、电竞等加强合作，拓展文化业态。二是以文化品牌塑造城市形象。打造文化消费品牌，在音乐、影视、游戏、动漫、体育赛事等领域塑造一批精品文化 IP，打造一批以文化 IP 运营为核心的产业园区、文化景区和特色小镇；提升北京文化品牌的国际影响力，加强北京城市文化品牌提炼，创作一批融入城市精神内核的优秀文艺作品，打造一批文化科技融合创新的文化品牌，传承创新老字号等知名文化品牌，培育具有全球竞争力和知名度的新型文化企业和产品品牌。三是以文化贸易提升城市影响力。优化对外文化贸易布局，支持代表我国优秀文化、具有自主知识产权的产品进入国际市场，重点推动具有中国特色的影视、出版、演艺、动漫、游戏等领域的版权出口；增加核心文化产品和服务出口比重，把更多富含思想价值的文化产品和服务推向国际；增强企业竞争力，积极培育和打造一批国家文化出口重点企业和重点项目，把优质文化产品和服务输送到世界各地，主动传播中国理念和北京故事。

（三）推进北京体育产业高质量发展的对策建议

深入落实北京市委、市政府和国家体育总局的决策部署，坚持以新时代首都发展为统领，着力推动体育事业高质量发展，为推进中国式现代化贡献更多体育力量。

1. 积极布局云平台

一是高标准完成市政府重要民生实事项目，推动智慧体育建设，方便群众就近就便健身。二是推动“国球进社区”“国球进公园”，配建室内外乒乓球设施，加强农村地区体育健身设施建设。三是加强室外健身器材维护管理，不断提升基层体育场地设施的日常维护管理水平。四是广泛开展全民健身赛事活动，组织卡丁车公开赛、飞盘联赛等新兴时尚赛事活动，开展以“数智体育”为主题的系列活动，举办城市副中心群众赛事活动。五是推动科学健身与健康生活融合发展，深入推进体医融合，探索本土化智慧体医融合健康促进科学模式。六是加大全民健身宣传力度，传承中华优秀体育文化，弘扬中华体育精神，不断提高全民健康理念和健身意识。

2. 全面推动体育产业高质量发展，助力北京“两区”建设和国际消费中心城市建设

一是提升市场主体活跃度，用好“京彩体育贷”等政策，落实“一件事”办理机制，做好重点企业走访，服务体育企业发展。二是加快发展赛事经济，加大高水平体育赛事供给，发挥赛事的牵引作用，促进赛事消费。三是举办“8·8”北京体育消费节，将体育消费节扩展到津冀地区，共促区域体育消费。四是办好服贸会体育服务专题展，努力提升参展商国际化率、行业龙头企业比例等指标，推动举办国际体育（北京）嘉年华等会展，为企业交流合作提供平台。五是突出体育彩票的品牌价值，深化游戏品种运

营和销售渠道结构调整，努力提升销售规模。六是打造首钢园、五棵松、新工体等10个以体育为特色和牵引的商圈，联合发布体育旅游精品项目，推进体商文旅融合。

3. 发挥“双奥之城”优势，持续推进冰雪运动普及发展

一是全力备战第十四届全国冬季运动会，实行“一项目一方案一专班”，突出重点项目，抓细训练措施，力争取得更大突破。二是扩大群众冰雪运动覆盖面，举办第十届市民快乐冰雪季，开展大众冰雪北京公开赛等活动，吸引带动更多群众参与，持续扩大冰雪运动人口。三是广泛开展青少年冰雪运动，加强市级、区级青少年冬季项目运动队建设，选拔、训练、输送更多优秀青少年运动员。四是继续扩大冰雪消费，深入实施《北京市进一步促进冰雪消费三年行动方案（2023—2025年）》，举办冰雪运动消费季活动，培育新消费增长点。五是推动冬奥场馆开放运营，鼓励引进高水平冰雪赛事和文化娱乐活动，促进冬奥场馆四季运营。

4. 积极申办举办重大赛事，服务国际交往中心功能建设

一是进一步提高自有品牌赛事品质，办好中国网球公开赛、北京马拉松等品牌赛事，加强对北京滑板公开赛等系列赛事的价值挖潜，打造“北京公开赛”赛事IP。二是全力筹办高水平国际赛事，办好国际滑联短道速滑世界杯、速度滑冰世界杯等5项国际赛事。三是积极申办更多高水平国际赛事，力争每个冬奥场馆都有一项国际冰雪赛事落户，继续保持国际赛事数量全国第一。四是鼓励举办高水平国际商业赛事和群众性赛事，鼓励社会力量举办“三大球”等高影响力项目的国际商业赛事，举办滑板等新兴项目的国际商业赛事，举办山地徒步大会等具有观赏性、有品质的国际群众性赛事活动。

5. 深入推进京津冀协同发展，提升区域体育整体发展水平

一是深化群众体育协同发展，与津冀联办游泳、徒步、羽毛球等赛事活动，推动北京市、河北省健身步道互联互通。二是深化竞技体育协同发展，推进体育场地设施、高水平教练员等训练资源共用共享，加强优秀运动队之间的交流，共同提升竞技成绩。三是深化青少年体育协同发展，进一步完善

京津冀青少年赛事体系，创建京津冀青少年体育赛事品牌。四是深化体育产业协同发展，举办京津冀体育产业大会，开展第四届京张全季体育旅游嘉年华活动，发布体育旅游精品项目和重点体育赛事文旅活动，推动京张体育文化旅游带建设。

参考文献

［1］北京市统计局、国家统计局北京调查总队：《北京市 2023 年国民经济和社会发展统计公报》，2024 年 3 月 21 日。

［2］北京市统计局、国家统计局北京调查总队：《北京市 2022 年国民经济和社会发展统计公报》，2023 年 3 月 21 日。

［3］北京市体育局：《北京市体育产业工作情况报告》，2023 年 1 月 5 日。

［4］北京市文化改革和发展领导小组办公室：《北京市“十四五”时期文化产业发展规划》，2022 年 3 月 12 日。

［5］《北京市国民经济和社会发展第十四个五年规划和二〇三五年远景目标纲要》，2021 年 1 月 27 日。

［6］北京市人民政府：《北京市推进全国文化中心建设中长期规划（2019 年—2035 年）》，2020 年 4 月 9 日。

专 题 篇

B.7

北京生产性服务业绿色转型的实践探索与启示

孟 帆*

摘 要： 生产性服务业绿色转型是北京市生产方式绿色转型的重要一步。生产性服务业是当前产业发展的战略制高点，是建设现代化产业体系的重要支撑；生产性服务业是发展方式绿色转型的关键环节，是全面推进美丽中国建设的重要部分。北京市生产性服务业绿色转型的优势是产业结构成熟，绿色转型基础好；总部经济发达，技术资源突出。北京市生产业服务业绿色转型的主要挑战有产业集聚带动效应有待进一步发挥、企业和公众的绿色观念有待进一步加强和绿色技术与生产过程有待进一步融合。对此，应统筹需求侧和供给侧，打造绿色全产业链；以科技创新为驱动力，全面提升服务业质量；大力发展节能环保产业，助力绿色低碳转型。

* 孟帆，人口、资源与环境经济学博士，中共北京市委党校经济学教研部讲师，研究方向为生态环境修复、绿色低碳发展。

关键词： 生产性服务业 绿色转型 能源消费 节能环保产业 北京

在中国经济取得历史性成就的同时，粗放的发展方式所带来的环境问题变得更加严峻，生态文明建设逐渐受到高度重视，推动经济发展绿色转型成为当前国家社会发展的重要课题，绿色发展理念也成为中国经济发展的内在要求。2012 年，明确生态文明建设战略地位，党的十八大提出“五位一体”的总体布局；2015 年，中共中央、国务院提出“协同推进新型工业化、信息化、城镇化、农业现代化和绿色化”，它标志着中国的现代化战略已经由“四化同步”向“五化协同”迈进；“创新、协调、绿色、开放、共享”五大发展理念在 2015 年党的十八届五中全会上被提出；“加快转变绿色发展方式”，这是党的二十大报告中明确提出的；数智技术、绿色技术的广泛推广，加速推动传统产业转型升级，这在 2023 年 12 月召开的中央经济工作会议上被重点提及；围绕打造绿色低碳发展先行区，提出了建设美丽中国先行区的重要举措。中央政治局于 2024 年 1 月 31 日召开第十一次集体学习，就扎实推进高质量发展进行研讨，习近平总书记强调指出，“绿色发展是高质量发展的底色，新质生产力本身就是绿色生产力”，“加快绿色科技创新和先进绿色技术推广应用，做强绿色制造业，发展绿色服务业，壮大绿色能源产业，发展绿色低碳产业和供应链，构建绿色低碳循环经济体系”。一系列政策和指示体现了当前阶段我国生产方式绿色转型的必要性和迫切性。

按照北京城市功能定位，绿色发展是北京发展战略的重要突破口，也是“建设全球一流的和谐宜居之都”战略目标下的必然要求。产业是立市之本、强市之基，是城市发展的支撑和脊梁，实现生产方式的绿色转型是实现城市绿色发展的关键。2024 年 1 月，北京市政府工作报告强调“抓好重点行业绿色化改造，大力发展绿色低碳产业”。2 月 19 日上午，首都经济社会高质量发展推进大会召开，提出“发展新质生产力是推动高质量发展的内在要求和重要着力点。要充分发挥首都优势，推动形成符合首都定位、彰显创新优势、厚植绿色底色、深化区域协同、充满发展活力的新质生产力发展格局”，“以发展的‘绿量’提升产业的‘含金量’”。作为服务业中的关键部分和制造业的重要支撑，生产性服务业绿色转型是生产方式绿色转型的重要一步。

一　生产性服务业的内涵及分类

生产性服务业的概念最早是由 Browning 和 Singelman 在 1975 年提出的，在对服务业进行功能性分类方面具有开创性意义。生产性服务业通常是为客户提供专业服务的设计、金融、保险、法律、商业服务和经纪等领域的总称。生产性服务业是服务于生产制造和商业活动，而不是直接服务于个人消费者的行业。它虽然不直接参与物质的转化或生产过程，却是任何一个生产环节都不能缺少的。

从经济学的角度来看，生产性服务业的形成与发展是由成本优势决定的。在特定的生产过程中，企业需要确定是自主生产还是外购，以决定制造或采购的各个环节。这个决策对企业的成本结构、制造模式和组织架构都会产生直接的冲击。对企业来说，如果外部机构可以提供效率更高、成本更低的服务，那么这项活动就应该委托外部机构来承担；反之，如果企业本身的能力比较强，那这项活动就应该自己来承担。我国生产性服务业的发展分为 3 个阶段，即种子期、成长期和成熟期。在种子期内，生产企业所需的各种生产性服务由企业内部提供，尚未形成外部生产性服务市场。这一时期的经济发展水平和市场化程度相对较低，市场交易费用相对较高，有些知识密集型、创新型制造业企业对生产性服务的需求已经较大。随着产业的发展，外部生产性服务市场逐步兴起。一些低知识密度、缺乏创新的企业，在这个时代也开始有了生产性服务的需求。在这一时期，市场上开始出现专门提供生产性服务的主体。随着经济的发展，市场化程度提高，市场交易成本逐渐降低。生产性服务业在成熟期内具有较高的细分程度和专业化服务水平。生产性服务业的发展，既可以体现其自身专业化分工的广度和深度，也可以体现其与其他行业的联系水平。

按国家统计局划定的标准，生产性服务业分为 10 大类、35 中类（见表 1），共 171 小类。从这个划分中可以看出，生产性服务业覆盖高精尖产业的多个前端和后端，是生产活动中非常重要的一环，也是经济高质量发展的重要部分。生产性服务业是生产制造环节中必需的产业活动，对经济发展和产业转型升级起到重要的支撑作用。生产性服务业的发展水平，对产业结构、生产效率、生产规模等都有直接影响。专业性强、创新活跃、产业融合度高、带动作用显著的生产性服务业，涉及农业和工业多个环节，是全球产业竞争的重要制高点。

表 1　生产性服务业的划分

序号	大类	中类
1	研发设计与其他技术服务	研发与设计服务
		科技成果转化服务
		知识产权及相关法律服务
		检验检测认证标准计量服务
		生产性专业技术服务
2	货物运输、通用航空生产、仓储和邮政快递服务	货物运输服务
		货物运输辅助服务
		通用航空生产服务
		仓储服务
		搬运、包装和代理服务
		国家邮政和快递服务
3	信息服务	信息传输服务
		信息技术服务
		电子商务支持服务
4	金融服务	货币金融服务
		资本市场服务
		生产性保险服务
		其他生产性金融服务
5	节能与环保服务	节能服务
		环境与污染治理服务
		回收与利用服务
6	生产性租赁服务	融资租赁服务
		实物租赁服务

续表

序号	大类	中类
7	商务服务	组织管理和综合管理服务
		咨询与调查服务
		其他生产性商务服务
8	人力资源管理与职业教育培训服务	人力资源管理
		职业教育和培训
9	批发与贸易经纪代理服务	产品批发服务
		贸易经纪代理服务
10	生产性支持服务	农林牧渔专业及辅助性活动
		开采专业及辅助性活动
		为生产人员提供的支助服务
		机械设备修理和售后服务
		生产性保洁服务

资料来源：国家统计局《生产性服务业统计分类（2019）》。

二　北京生产性服务业发展概况

（一）北京生产性服务业的发展历程

北京生产性服务业经历了起步、发展和成熟阶段。改革开放之初，北京服务业基础十分薄弱，北京逐渐开始探索生产性服务业的发展模式，引进国外先进经验和技术，生产性服务业处于起步阶段。随着信息化技术的应用，北京生产性服务业迅速崛起。大量国际企业和跨国公司纷纷进入北京，带动了服务业的多元化发展，促进了北京经济结构的转型升级，生产性服务业进入发展阶段。近年来，北京生产性服务业进入成熟阶段。北京于2012年发布全国首个生产性服务业领域的五年专项规划，2013年成为全国首个生产性服务业规模破万亿元的城市。北京加大对生产性服务业的扶持力度，通过政策引导和创新驱动，推动生产性服务业向数字化、智能化方向发展，并不断提升服务质量和效率。2015 年，北京生产性服务业实现增加值 12160.3 亿元，比 2005 年翻两番，占地区生产总值的比重达到 52.9%，特别是金融、科技、信息三大产业对地区生产总值的现价贡献率达到62.1%。[①] 2016 年，《北京市人民政府关于进一步优化提升生产性服务业加快构建高精尖经济结构的意见》正式印发实施，一大批具有国际竞争力的生产性服务业企业相继涌现，为北京市经济社会发展注入了新的动力。

（二）北京生产性服务业的特点

北京生产性服务业具有产业结构多元化、科技创新驱动和辐射带动力强的特点。生产性服务业是当前产业发展的战略制高点，是首都现代化产业体系的重要部分。北京生产性服务业涵盖信息技术、研究与开发、金融服务、人力资源等多个领域，包括信息技术服务、技术研发、设计服务、咨询服务等多个细分领域，形成了多元化的产业结构。其中，信息技术服务和技术研发领域较为发达，涵盖了人工智能、大数据、云计算等前沿技术，而设计服务和咨询服务领域则呈现专业化的发展趋势。北京生产性服务业注重科技创新，不断引进先进技术和管理经验，提升服务质量和竞争力。一些企业在人工智能、区块链、物联网等领域取得了突破性进展，具有很强的科技实力。北京生产性服务业与国际市场紧密联系，拥有一批具有国际竞争力的企业和品牌，正逐步走向国际化舞台。北京的技术交易六成左右服务京外，超 20%出口国外[②]，辐射带动作用明显。

---

① 《北京市 2015 年暨“十二五”时期国民经济和社会发展统计公报》，https：//tjj.beijing.gov.cn/tjsj_31433/tjgb_31445/ndgb_31446/202002/t20200216_1643269.html。

② 《北京：生产性服务业已占半壁江山》，https：//www.gov.cn/xinwen/2016-07/14/content_5091152.htm。

三　北京市生产性服务业绿色转型的优势

（一）产业结构成熟，绿色转型基础好

1949年前，北京是一个工业发展水平有限，以农业和服务业为龙头、以消费为主导的城市。20世纪70年代后期，北京逐步建立起重工业产值占60%以上，以钢铁、石化、机械制造三大产业为主导的工业体系。北京在20世纪80年代初到90年代中期对重工业发展战略进行了适时调整，二产比重明显下降，三产比重明显上升，产业结构由过去的二三一向三二一转变。从21世纪初开始，北京市通过实施“人文北京、科技北京、绿色北京”战略，促进了工业的优化升级和绿色转型。同时，相继出台了一系列针对信息技术产业等能耗低的新兴产业的鼓励政策。近年来北京不断进行产业结构调整，疏解非首都功能，服务业增加值在GDP中的占比较高，逐渐构筑了“高精尖”的产业格局。2000~2022年北京市服务业增加值占GDP的比重见图1。

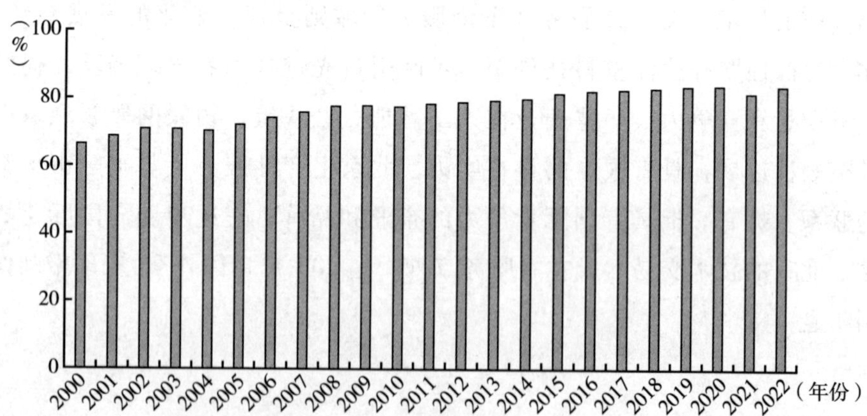

图1　北京市服务业增加值占GDP的比重

资料来源：《北京统计年鉴》。

北京市的服务业已经占到很大比重，但制造业仍然是产业发展中不可或缺的一部分。特别是高端制造业，是生产性服务业发挥作用、实现绿色转型的重要组成部分。北京的汽车制造业一直处于领先地位，总产值远高于其他产业，尤其是在 2015 年以后。电子设备制造业也表现突出，总产值位居汽车制造业之后。这两类制造业是服务业中重点发展的行业，也是生产性服务业服务的重点行业。生产性服务业的绿色转型，对于制造业来说也是一个升级的过程。生产性服务业实施绿色转型，对制造业生产管理流程的影响已经开始显现。

在服务业中，金融业、商务服务业、信息服务业等生产性服务业的利润较高，尤其是金融业，盈利远超其他产业。在用工人数上，商务服务业、信息服务业、批发零售业等行业的用工人数较多（见图 2）。2012 年，批发零售业的用工人数最多，之后是商务服务业，信息服务业的用工人数快速增长，2022 年成为用工人数最多的行业。这个变化说明了北京市服务业的发展变化，由批发零售业等传统服务业逐渐转变为信息服务业等现代服务业，体现了生产性服务业的绿色转型。

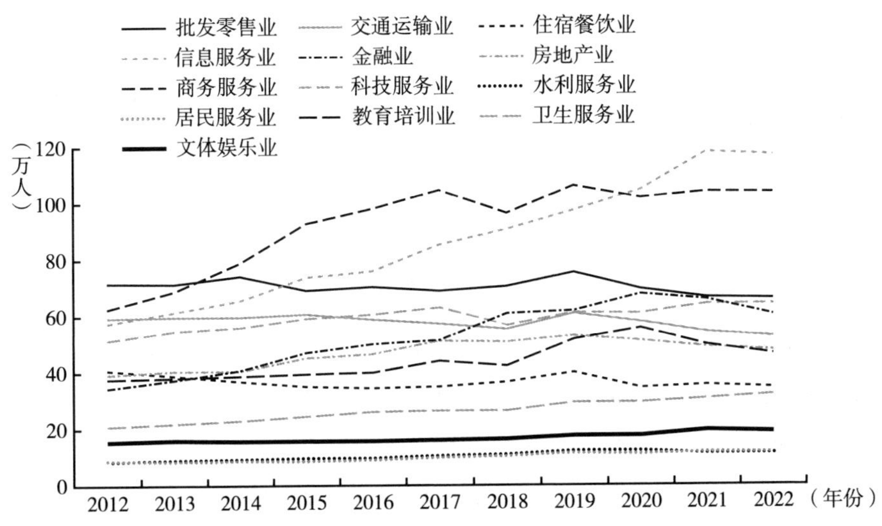

图 2　2012~2022 年北京市服务业分行业的用工人数

资料来源：《北京统计年鉴》。

在能源消费上，相比于2021年，2022年交通运输业、住宿餐饮业都发生了下降，显示了这些产业的节能降耗成果。批发零售业、信息服务业、房地产业等产业的能源消费增速明显放缓，说明这些产业也实施了绿色转型并取得了成效（见表2）。

表2　2020~2022年北京市服务业分行业的能源消费

单位：万吨标准煤

行业	2020年	2021年	2022年
批发零售业	216.8	236.1	241.9
交通运输业	1068.8	1147.5	875.7
住宿餐饮业	174.5	199.4	197.8
信息服务业	274.5	315.7	335.1
金融业	66.8	69.6	77.2
房地产业	452.2	488.0	492.3
商务服务业	179.3	192.7	200.3
科技服务业	151.6	197	208.3
水利服务业	74.2	83.1	85.3
居民服务业	28.6	41.4	44.4
教育培训业	225.1	243.9	247.2
卫生服务业	100.9	106.7	117.0
文体娱乐业	64.0	81.5	82.0

资料来源：《北京统计年鉴（2022）》《北京统计年鉴（2023）》。

（二）总部经济发达，技术资源突出

作为各大企业、科研院所、金融机构总部和研发中心的聚集地，北京信息和科研技术发达，营商环境优越，具有实现产业绿色转型的独特优势。知识密集度高，信息化程度高，对生产性服务业绿色转型大有裨益。作为典型的知识技术密集型产业，生产性服务业更容易在企业间形成学习效应，能够提升企业技术水平和劳动生产力水平。生产性服务业作为经济结构中的重要一环，能够实现集聚，对服务业比重上升、重工业比重下降都会有一定的帮助。生产性服务业的集聚，不仅有助于提升制造业的服务化水平，改善能源利用结构，而且将使同类或同质污染废弃物的集中排放和处理成为可能，有利于降低企业的环境治理成本，降低碳排放，从而有效促进产业结构的优化升级，实现碳减排环境治理和公共设施管理业的集聚。

在北京的服务业中，以技术资源为基础、能耗低、附加值高、关联度高的金融业、信息服务业等生产性服务业对经济的贡献度较高。而这些产业的进一步发展，也正是生产性服务业绿色转型的优势所在。北京市作为首都，还有相对发达的节能环保产业。被国务院确定为七大战略性新兴产业之首的节能环保产业，是促进生产性服务业绿色转型的重点产业。北京是中国最早兴起节能环保产业的地区之一，起源于1973年。在发展历程的前20多年基本完成了初期积累，1998年北京市节能环保企事业单位达到389家；到2002年，北京市节能环保产业保持较为平稳的发展趋势，在册节能环保企事业单位增加到800余家；党的十八大以来，财政和民间资本投入的增加让北京市节能环保产业的发展达到了新高度。节能环保产业是以防止环境污染、改善生态环境、保护自然资源为目的的技术开发、产品生产、商业流通、资源利用、信息服务和开放自然保护等活动的总称，因此这类产业必然会大大有助于城市的绿色发展。节能环保产业的壮大，不仅能够直接解决环境污染问题，实现大气污染物、水污染物、固体废物的无害化减量，而且能够与其他高污染、高能耗产业结合起来，补齐产业污染、能耗短板，有效控制高污染产业的环境风险。一些绿色环保技术还可以实现资源化利用，同时节省工业生产成本。

四　北京市生产性服务业绿色转型的主要挑战

（一）产业集聚带动效应有待进一步发挥

在服务业已经发展成熟的城市，同类企业应该能够产生集聚效应，对产业发挥承上启下的作用，但目前北京生产性服务业还没有充分发挥集聚带动效应。因此，应通过技术溢出和规模经济，将生产性服务业集聚起来，以产业整合、互补和竞争，遏制环境污染或提高绿色效益。集聚的生产性服务业共享公共基础设施、中间供应商和劳动力资源，以及横向一体化和纵向一体化过程中溢出的剩余价值，从而降低交易成本和生产成本。生产性服务业的聚集也会促使相关制造业在专业化发展中不断集聚。生产性服务业发展到一定程度，可以实现批量提供污染治理外包服务，以此降低制造业的减排成本。生产性服务业的发展和集聚会加强企业间隐性知识的传播，促进行业内知识和技术的创新与扩散，促进生产性服务业企业建立人才、知识、信息、技术等方面的交流网络。生产性服务业企业在市场竞争中更有效率地开展技术创新，在专业化经营中提高生产服务质量，在制造业生产价值链中嵌入更多专业化、高附加值的中间服务产品，从单纯依靠资源要素投入，向依靠创新驱动的绿色高效发展模式转变，有助于城市经济增长方式的转变。

（二）企业和公众的绿色观念有待进一步加强

全民的节约意识、环保意识和生态意识有待加强，实践绿色生活方式和消费模式的主观能动性还需调动。长期以来，以经济增长为主导的发展模式导致了对环保问题的忽视。在追求经济利益的过程中，环境保护被放在次要位置，企业和公众更关注经济发展而忽略了环境保护。部分企业和消费者对绿色发展的认知水平有限，缺乏对绿色产品和服务的认可与支持，制约了绿色转型的推进。加强企业和公众的绿色观念，有助于推动生产性服务业和制造业实施绿色转型，从而节约能源消耗，更好地促进绿色发展。全民绿色观念会影响产业端的绿色供给，进一步释放生态市场潜力，推动产业绿色转型。

（三）绿色技术与生产过程有待进一步融合

目前，北京部分生产性服务业企业的技术水平相对滞后，缺乏绿色技术的研发和应用能力，导致绿色转型的进程缓慢。绿色技术通常需要在生产过程中进行整合和应用，但某些技术可能难以与现有生产流程相匹配，从而导致融合有些困难。有些生产环节的绿色技术标准尚未完全统一，导致企业在选择和应用绿色技术时存在障碍。绿色转型需要具备环保、能源等领域的专业人才，否则无法有效地进行技术整合和应用，人才的短缺也给企业实施绿色转型带来困难。引入绿色技术需要进行设备更新、工艺改造等投资，这会带来较高的成本，企业可能因此望而却步。引入新的绿色技术可能伴随着风险和不确定性，企业可能因担心技术不成熟或无法达到预期效果而犹豫不前。同时，有的企业因为缺乏完善的管理体系而在技术融合过程中存在混乱和不协调的情况，影响绿色技术的有效应用。

五 北京市加快生产性服务业绿色转型的对策建议

（一）统筹需求侧和供给侧，打造绿色全产业链

落实绿色发展和高端制造理念，大力开展就业培训，为产业发展提供合适的高端人才。鼓励企业实施绿色高端战略和标准，唤醒企业的社会责任感，实施税收优惠、奖励补贴和政府采购等经济措施。

打造绿色全产业链，倡导企业开发绿色产品。加大园区规划设计力度，培育绿色产业园区。鼓励企业推广使用可再生能源和分布式能源，采用节能、节水、降碳的绿色技术。大力推动资源再生利用产业规范化、规模化发展，加强核心技术支撑，提高工业固体废弃物、废旧金属和电子产品等回收利用率。

树立绿色消费理念，倡导绿色生活习惯。在全领域、全方位、全环节推进绿色生活升级，实现生产体系和生活体系的有效循环连接。

健全绿色金融的法律法规保障，加强环保与金融部门的信息沟通，成立专门的金融机构环境信用评级机构，加快建立为绿色金融服务的投资基金，开发可再生能源和环保汽车等信贷业务与保险产品。

推广绿色物流理念，利用先进物流技术规划和实施运输、仓储、装卸搬运、流通加工、配送、包装等物流活动。制定绿色物流标准，理顺绿色物流管理体制。

搭建绿色服务业公共平台，强化制度性供给。搭建具有国际先进水平的大数据、云计算、电子商务等服务外包产业平台，积极研究工业互联网网络架构体系，加快制定面向工业互联网平台的协同制造技术标准，以及产业链上下游间的服务规范。生产性服务业的绿色转型需要与之相匹配的制度保障，应强化绿色转型的刚性约束。明确主体功能区的环境容量和资源承载力，健全绿色产品、服务以及生活的标准体系，加快推进绿色信用体系建设，强化生态与经济综合决策机制，完善绿色转型发展考核监督体系。

（二）以科技创新为驱动力，全面提升服务业质量

全面推进创新，提高创新技术进步在产业发展中的贡献份额。以科技创新为突破点，加快创新链、产业链、人才链、资金链、服务链深度融合，整合社会创新资源，全面提升服务业质量。

以新能源汽车制造和电子设备制造为重点，打造高端制造业。以绿色化、智能化为方向，推进重大技术的不断创新和推广应用，加强先进工程科技攻关。注重科技的战略作用，加快研发应用实用技术。促进5G、人工智能、大数据、云计算、物联网、区块链等领域的发展，加强以通用芯片、特色芯片制造为基础的集成电路相关技术攻关。

（三）大力发展节能环保产业，助力绿色低碳转型

加强产业发展的顶层设计，完善法律法规体系，规范排污费收取，推动排污权交易市场发展，完善环境保护监督问责机制，营造良好的市场条件，大力发展节能环保产业。充分利用北京市的科研资源，通过建立科研基金等手段鼓励节能环保产业的技术和产品创新；优化技术创新成果转化机制，鼓励企业与高校和科研院所进行产学研合作，提高创新成果的转化率；重视节能环保技术的发展，尤其是新兴的资源化类型的技术。为公众提供更与时俱进的节能环保宣传和教育，提高公众的环境保护意识，为北京市节能环保产业的长远发展奠定良好的群众基础和舆论基础。

参考文献

[1] Browning, C., Singelman, J., *The Emergence of a Service Society*, Springfield, 1975.

[2]《高举中国特色社会主义伟大旗帜 为全面建设社会主义现代化国家而团结奋斗——在中国共产党第二十次全国代表大会上的报告》，人民出版社，2022。

[3]《中华人民共和国国民经济和社会发展第十四个五年规划和2035年远景目标纲要》，人民出版社，2021。

[4]《北京城市总体规划（2016年—2035年）》，中国建筑工业出版社，2019。

B.8
北京生活性服务业高质量发展的实践探索

刘李红*

摘　要：　便民生活圈打造是生活性服务业发展的重要方向，也是近年来北京市构建国际消费中心城市的重要抓手。本文以一刻钟便民生活圈为研究对象，分析北京市生活性服务业发展的阶段演进、现状特征以及未来路径。研究发现，北京市生活性服务业经历了以标准制定为基础的规范化发展阶段，连锁化、便利化发展阶段，规范化、连锁化、便利化、品牌化、特色化发展阶段，以及品质化发展阶段。通过发放问卷并统计分析发现，北京市一刻钟便民生活圈仍面临发展不充分、不均衡，发展形态有待优化，多功能化、智能化、连锁化便民商业有待发展等问题，这与配套政策有待完善、标准规范有待更新、传统便民企业数字化转型有待深入、社区公共空间使用管理有待规范等深层次原因紧密相关。基于此，本文提出未来要从高起点谋划便民生活圈建设、强化相关部门协调配合、促进便民生活圈精准发展、积极支持引入专业化运营机构、全面助推传统便民企业数智化转型、规范社区公共空间使用管理等方面着力。

关键词：　生活性服务业　一刻钟便民生活圈　数智化转型

生活性服务业是直接向居民和消费者提供物质与精神生活产品及服务的

---

* 刘李红，经济学博士，中共北京市委党校经济学教研部教师，研究方向为城市经济学、宏观经济学。

国民经济基础性支柱产业。生活性服务业是北京市构建国际消费中心城市的重要领域。便民生活圈打造是生活性服务业发展的重要方向，也是近年来北京市构建国际消费中心城市的重要抓手。《加快恢复和扩大消费持续发力北京国际消费中心城市建设2023年行动方案》和《北京培育建设国际消费中心城市2024年工作要点》均将推进建设一刻钟便民生活圈作为重要的任务方向。为科学界定生活性服务业的统计范围，系统地开展生活性服务业统计监测和评价工作，2016年国家统计局发布了《生活性服务业统计分类标准（试行）》，将生活性服务业划分为10大类、25中类和93小类，10大类包括居民与家庭服务，健康与养老服务，零售与寄递服务，住宿与餐饮服务，旅游、体育及休闲娱乐服务，文化与教育培训服务，交通与信息通信服务，金融服务，房地产服务，以及其他生活性服务。2019年对该标准进行调整，但是大类与2016年版保持一致。2021年，商务部等12个部门印发《关于推进城市一刻钟便民生活圈建设的意见》，将一刻钟便民生活圈涉及的生活性服务业划分为基本保障类、品质提升类、公共服务和基础设施类，其中基本保障类业态包括便利店、综合超市、菜市场、早餐店、美容美发店、药店、家政服务点、邮政快递综合服务点等，品质提升类业态包括特色餐饮店、运动健身房、保健养生店、新式书店、教育培训点、幼儿托管点等。[①] 本文将以一刻钟便民生活圈作为研究对象，研究北京市生活性服务业发展的政策演进、现状特征以及未来路径。

一　北京生活性服务业发展的阶段演进

生活性服务业发展的阶段演进规律与居民消费需求、新科技的演变逻辑基本一致。北京市生活性服务业经历了以标准制定为基础的规范化发展阶段，连锁化、便利化发展阶段，规范化、连锁化、便利化、品牌化、特色化

① http：//www. mofcom. gov. cn/article/zcfb/zcwg/202107/20210703175012. shtml.

发展阶段，以及品质化发展阶段。随着消费成为拉动经济发展的主要动能以及居民对生活性服务业业态的要求更多样、更高级，北京市关于生活性服务业发展的政策文件逐渐系统化，可落地性逐渐提升。未来，北京市生活性服务业将呈现线上与线下共同驱动、基本保障类业态与品质提升类业态齐头并进的发展特征。

（一）2002年之前：以标准制定为基础的规范化发展阶段

2002 年之前，北京市出台了一系列生活性服务业相关政策文件，在该阶段，政策文件的重心主要围绕规范化发展。1985 年、1994 年北京市分别出台了关于新建居住区公共设施配套建设的相关标准规范，这些文件中提到的公共设施包括便民店、幼儿园、停车场、商场、养老院、医院等。

（二）2002~2014年：连锁化、便利化发展阶段

2002~2014 年出台的相关专项政策主要聚焦居民零售业的连锁化、便利化发展。2002 年，《北京市人民政府关于推进流通现代化的意见》中提到要以发展连锁商业、提高传统商业的物流配送效率等为发展的重点。2013 年，《北京市人民政府关于促进电子商务健康发展的意见》中提到要发展便民网络服务平台，建立社区终端配送服务网络。2013 年《北京市贯彻落实国务院加快流通产业发展意见的实施方案》中提到要提高便民商业的连锁化水平，加强郊区现代流通网络建设。

（三）2015~2018年：规范化、连锁化、便利化、品牌化、特色化发展阶段

2015 年之前，全国及北京市对生活性服务业的发展缺乏顶层指导，处于各专项各自发展的阶段。2015 年，国务院发布了《关于加快发展生活性服务业促进消费结构升级的指导意见》，这是我国为全面推进和鼓励生活性服务业发展所颁布的第一个政策性文件。2015 年，《北京市提高生活性服务业品质行动计划》出台，提出要加快推进北京市生活性服务业的规范化、连锁化、便

利化、品牌化、特色化发展。在此之后，出台的政策文件侧重于连锁化以及生活性服务业发展所需的空间保障方面。在连锁化方面，北京市于 2016 年出台了《关于进一步促进连锁经营发展的意见》，提出要完善连锁经营发展的体制机制，加强连锁品牌规划和提高市场集中度。在空间保障方面，由于历史遗留问题，北京市不少居住区周边的商业和公共设施配套未按照标准进行，2017 年北京市启动"疏整促"专项行动后，出台了多项支持利用腾退闲置空间发展便民商业设施的政策文件，如 2017 年出台的《关于"疏解整治促提升"工作中完善便民商业设施若干问题的指导意见》、2018 年出台的《关于利用地下空间补充完善便民商业服务设施的指导意见》。

（四）2019年至今：品质化发展阶段

2019 年，《北京市提高商业服务业服务质量提升"北京服务"品质三年行动计划》发布，提出要鼓励发展"互联网+生活性服务业"新模式。2021 年，《北京市"十四五"时期商业服务业发展规划》中提到了鼓励发展"互联网+生活性服务业"、推动社区商业多业态融合发展、支持特色小店发展等任务。2022 年，《加快建设一刻钟便民生活圈　促进生活服务业转型升级的若干措施》提出要按照拓展空间、丰富业态、提升品质、优化监管的思路，巩固基本便民业态，强化品质提升类业态。2023 年出台的《中共北京市委北京市人民政府关于贯彻落实〈质量强国建设纲要〉的意见》中提出了加快餐饮企业数字化转型、鼓励开发智慧"云健身"产品和服务等行动，推动生活性服务业向高品质和多样化升级。《北京培育建设国际消费中心城市 2024 年工作要点》中提到要在全市建设一批布局合理、业态丰富、智慧便捷的一刻钟便民生活圈，品质提升类业态成为该阶段政策关注的重点内容。

二　北京生活性服务业发展存在的主要问题

由于统计数据未能反映北京市便民生活服务业的具体时空特征以及居民的异质性特征，2023 年课题组设计了《北京市一刻钟便民生活圈发展现状》

调研问卷，在全市发放 1000 份，回收有效问卷 845 份。通过对问卷调查结果的分析发现，北京市一刻钟便民生活圈仍面临发展不充分、不均衡，发展形态有待优化，多功能化、智能化、连锁化便民商业有待发展等问题。

（一）发展不充分问题较为突出

一是基本保障类业态的结构性问题突出。在所有受访者中，回答一刻钟便民生活圈内有便利店、综合超市、早餐店、药店、菜市场、美容美发店等业态的受访者占 50%~80%，而回答有家政服务点、维修点、再生资源回收点等业态的受访者不足 25%。二是品质提升类业态的整体供给不足。在所有受访者中，回答一刻钟便民生活圈内有品质提升类业态的受访者不足 50%。从供需对比关系看，新式书店、文化中心、社交互动体验类店、亲子互动店、社区会客厅等业态的供需不匹配程度较高，其新增需求大于现有供给。三是公共服务和基础设施类业态的结构性矛盾突出。除幼儿园、小学外，回答一刻钟便民生活圈内有其他公共服务和基础设施的受访者不足 50%。从供需对比关系看，室外运动场地、室内体育设施、养老服务中心、社区文化设施、休闲公园等的供需结构性矛盾较为突出，其新增需求大于现有供给。各类业态供需占比情况见图 1。

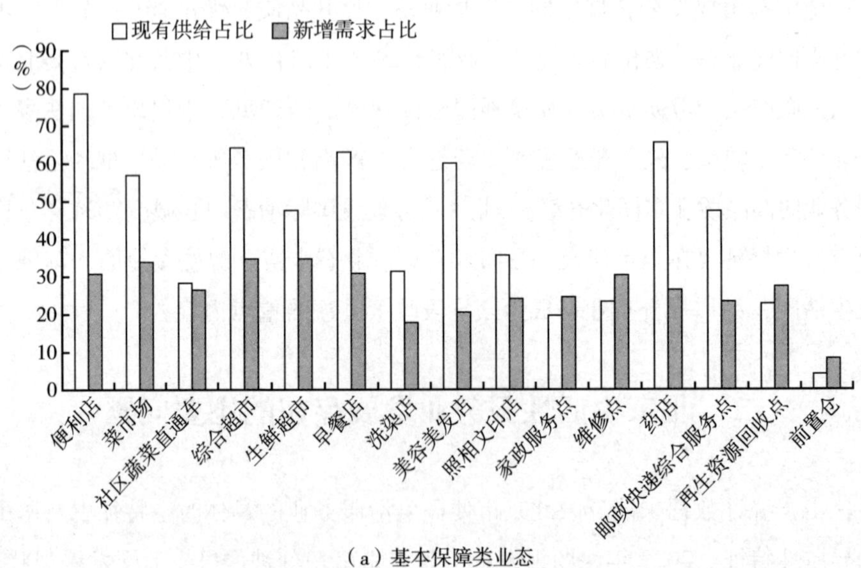

（a）基本保障类业态

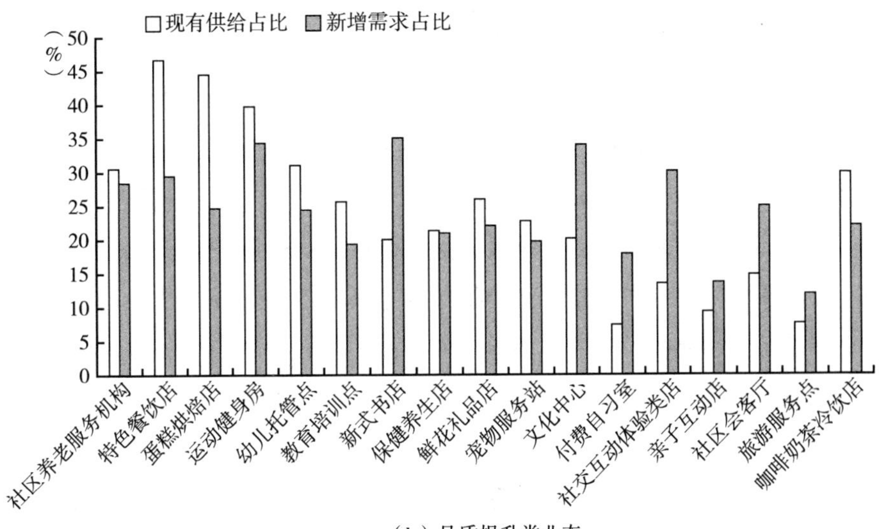

（b）品质提升类业态

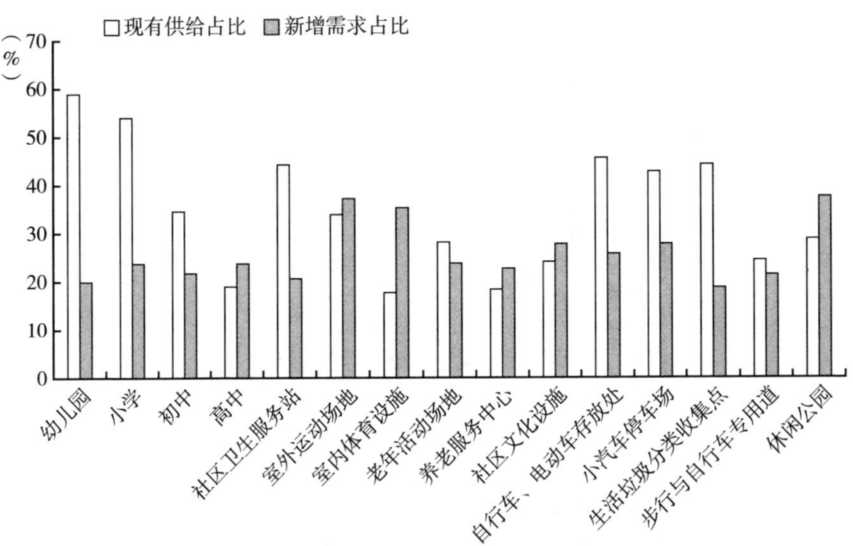

（c）公共服务和基础设施类业态

图 1　各类业态供需占比情况

资料来源：由问卷调查数据分析得出。

（二）发展不均衡问题较为凸显

一是老旧社区和新建社区的便民业态供给相对不足。课题组将 2010 年后建成的社区定义为新建社区，将 2001 年前建成的社区定义为老旧社区。新建社区的基本保障类业态供给相对不足，菜市场、综合超市、早餐店、洗染店、美容美发店、照相文印店、家政服务点、维修点、药店、邮政快递综合服务点、再生资源回收点在新建小区的供给少于其他年份建成的社区。新建社区和老旧社区的品质提升类业态供给相对不足，特色餐饮店、运动健身房、幼儿托管点、文化中心、亲子互动店等在老旧社区的供给少于其他年份建成的社区，社区养老服务机构、保健养生店、鲜花礼品店、宠物服务站、社交互动体验类店、社区会客厅等在新建社区的供给少于其他年份建成的社区。新建社区的公共服务和基础设施类业态供给相对不足，小学、初中、高中、社区卫生服务站、室外运动场地、老年活动场地、养老服务中心、社区文化设施、生活垃圾分类收集点、步行与自行车专用道、休闲公园等在新建社区的供给少于其他年份建成的社区。各类业态在不同年份建成社区的供给占比现状见图 2。

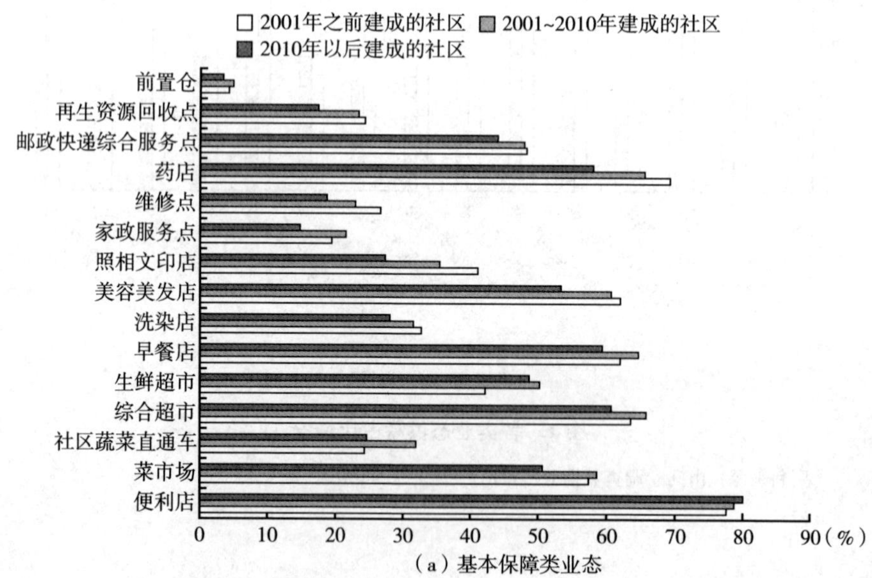

（a）基本保障类业态

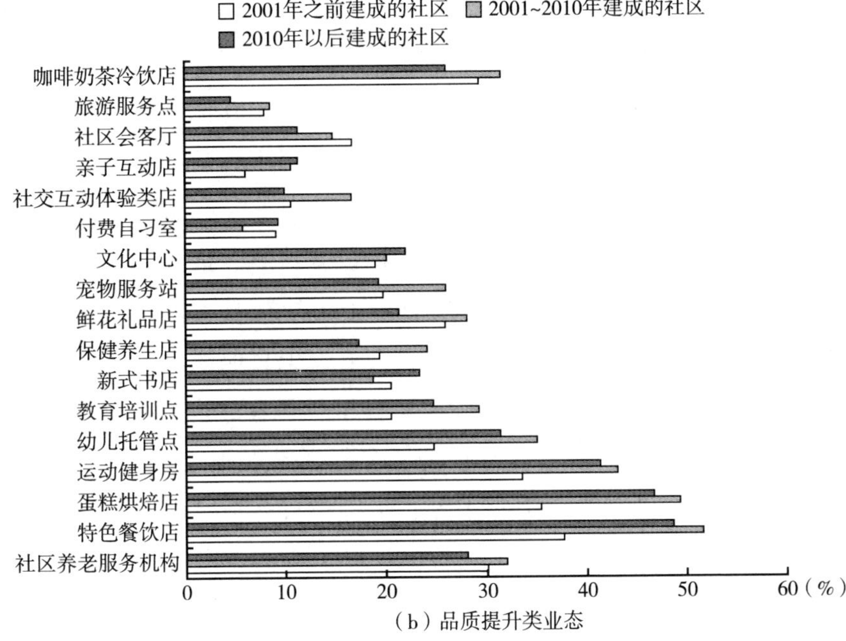

（b）品质提升类业态

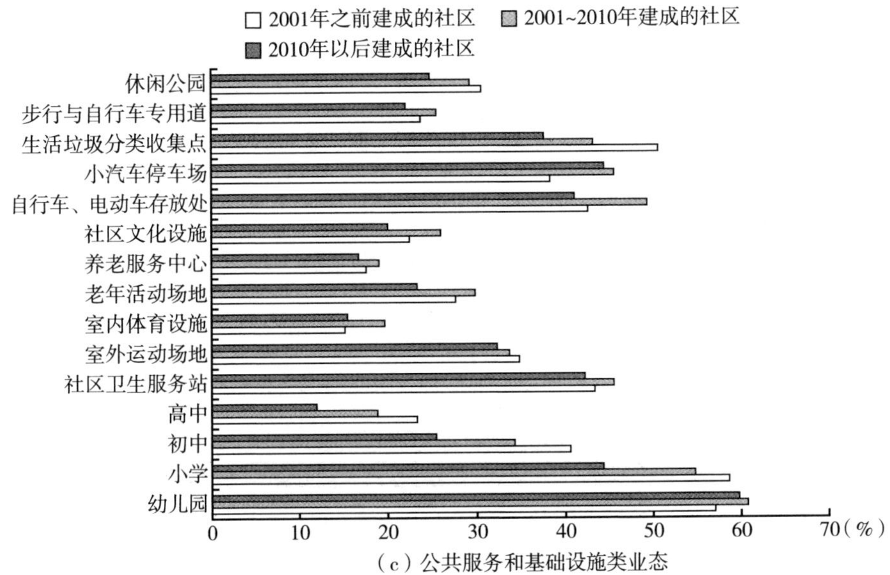

（c）公共服务和基础设施类业态

图 2　各类业态在不同年份建成社区的供给占比现状

资料来源：由问卷调查数据分析得出。

二是三环内和五环外社区的便民业态供给相对不足。三环内和五环外社区的基本保障类业态供给相对不足。早餐店、美容美发店、维修点、药店、再生资源回收点等在三环内社区的供给少于其他区位的社区，邮政快递综合服务点、洗染店、生鲜超市、综合超市、菜市场、便利店等在五环外社区的供给少于其他区位的社区。五环外社区品质提升类业态的供给相对不足，社区养老服务机构、特色餐饮店、蛋糕烘焙店、幼儿托管点、新式书店、文化中心、付费自习室、社交互动体验类店、亲子互动店、社区会客厅等在五环外社区的供给少于其他区位的社区。五环外社区公共服务和基础设施类业态的供给相对不足，幼儿园、小学、高中、社区卫生服务站、室内体育设施、老年活动场地、养老服务中心、社区文化设施、生活垃圾分类收集点、步行与自行车专用道、休闲公园等在五环外社区的供给少于其他区位的社区。各类业态在不同区位社区的供给占比现状见图 3。

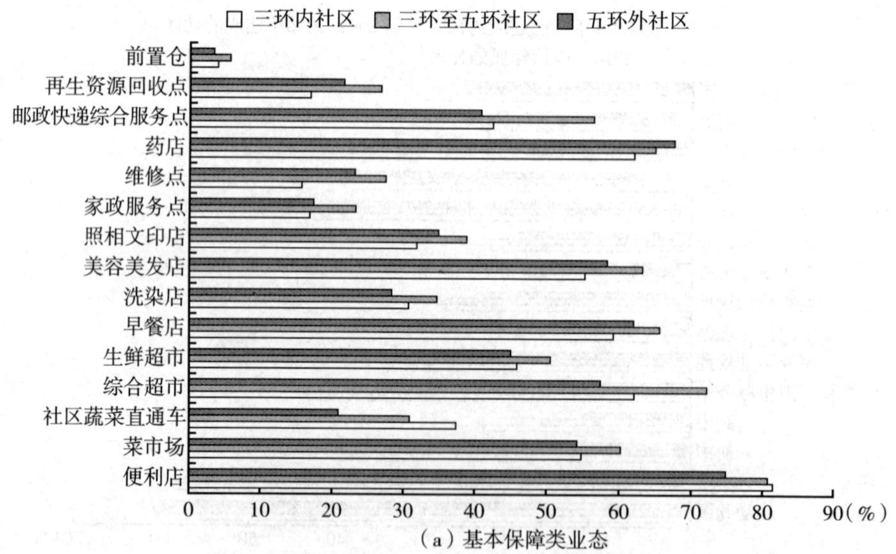

（a）基本保障类业态

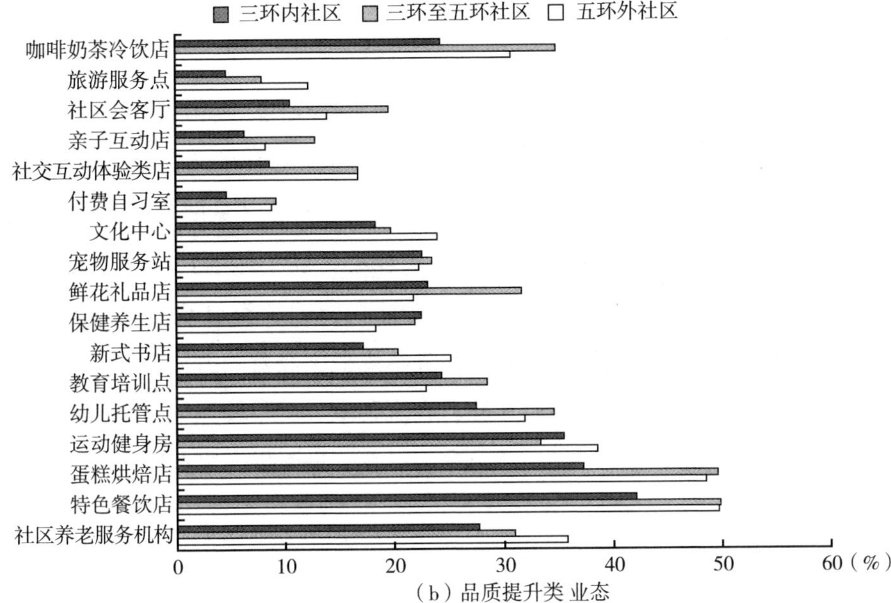

（b）品质提升类 业态

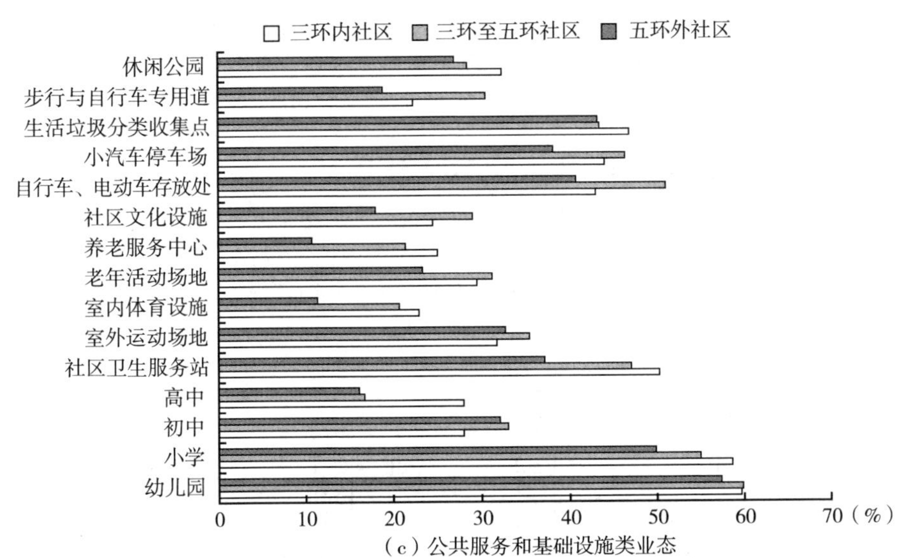

（c）公共服务和基础设施类业态

图 3　各类业态在不同区位社区的供给占比现状

资料来源：由问卷调查数据分析得出。

（三）发展形态有待优化

北京市一刻钟便民生活圈的商业形态以街坊式或街区式为主，占51.01%，组团式或集聚式商业形态仅占32.43%；五环外社区及2006年前建成的社区，组团式或集聚式商业形态占比不足30%（见图4）。街坊式或街区式商业形态多为临街店铺，企业规模较小，以个体经营户、夫妻店居多，因此在管理方面存在一定难度，常常存在商铺种类重叠、内部陈设杂乱、服务业态单一、产品以次充好、服务不规范、经营能力较弱等现象。组团式或集聚式商业形态由于功能互补、客流共享、产权较为单一等原因，能够充分发挥规模效应，吸引专业公司参与运营，进而提高服务质量。

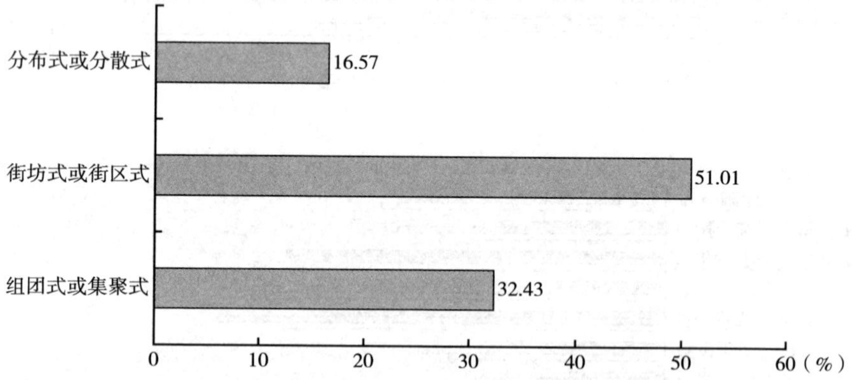

分布式或分散式 16.57
街坊式或街区式 51.01
组团式或集聚式 32.43
0 10 20 30 40 50 60（%）

（a）总体情况

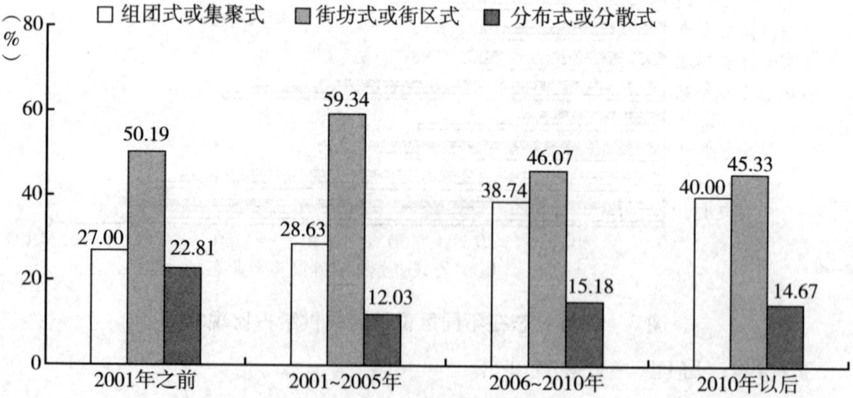

□组团式或集聚式 ■街坊式或街区式 ■分布式或分散式
（%）
80
60
40
20
0
2001年之前：27.00 50.19 22.81
2001~2005年：28.63 59.34 12.03
2006~2010年：38.74 46.07 15.18
2010年以后：40.00 45.33 14.67

（b）不同建设年代

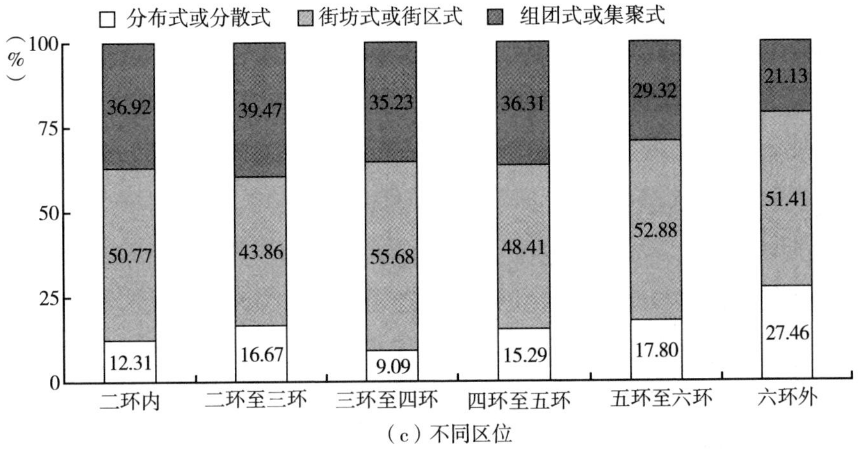

图 4　不同形态便民生活圈占比

资料来源：由问卷调查数据分析得出。

（四）多功能化、智能化、连锁化便民商业有待发展

一是“一店多能”的发展程度较低。目前，北京市社区便民商业主要承载提供早餐和代收代发快递功能，两者占比分别为 34.44% 和 25.68%，维修、代收洗衣、代扣代缴水电气热费、照相扩印、复印传真等功能植入程度较低，占比均不足 20%。二是智能化业态仍有待改进。智能社区商店、智能信报箱、智能生鲜柜、智能早餐柜、智能停车场等的供需结构性矛盾较为突出，新增需求远大于现有供给。三是远郊区便民商业的连锁化程度较低。越往郊区，非连锁便利店的占比越高，五环至六环非连锁便利店的占比为 47.12%，六环外非连锁便利店的占比高达 57.52%。北京市多功能化、智能化、连锁化便民商业发展现状见图 5。

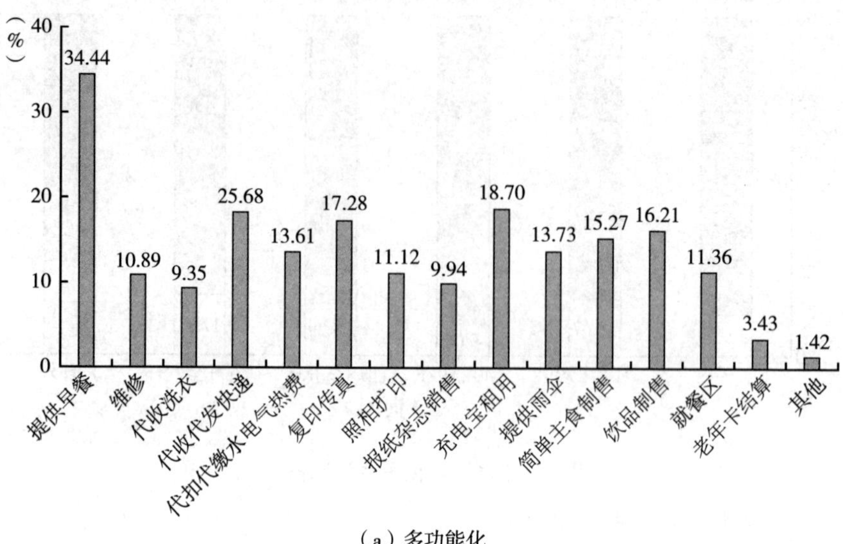
（%）
40
30
20
10
0
34.44
10.89
9.35
25.68
13.61
17.28
11.12
9.94
18.70
13.73
15.27
16.21
11.36
3.43
1.42
提供早餐
维修
代收洗衣
代收代发快递
代扣代缴水电气热费
复印传真
照相扩印
报纸杂志销售
充电宝租用
提供雨伞
简单主食制售
饮品制售
就餐区
老年卡结算
其他

（a）多功能化

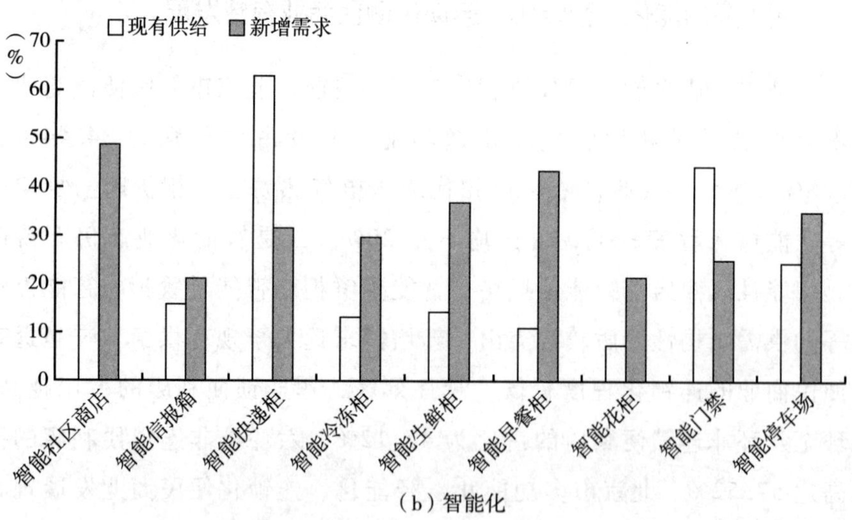
□现有供给 ■新增需求
（%）
70
60
50
40
30
20
10
0
智能社区商店
智能信报箱
智能快递柜
智能冷冻柜
智能生鲜柜
智能早餐柜
智能花柜
智能门禁
智能停车场

（b）智能化

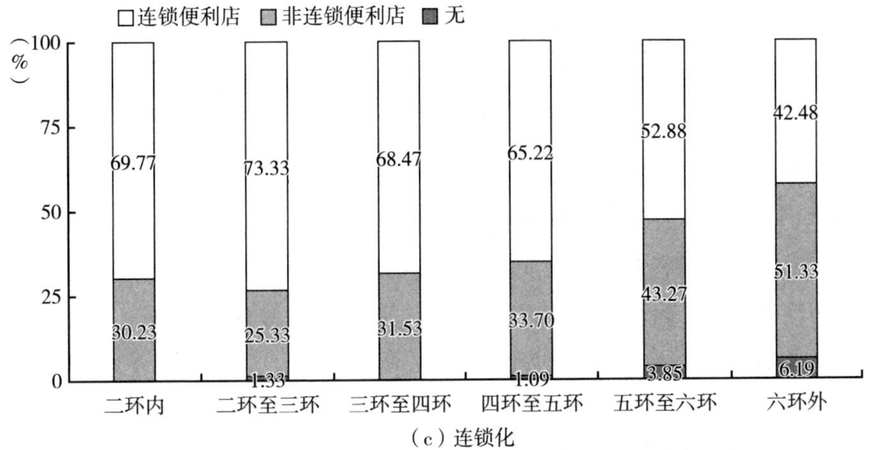

(c) 连锁化

图 5　北京市多功能化、智能化、连锁化便民商业发展现状

资料来源：由问卷调查数据分析得出。

三　北京生活性服务业存在问题的根源

（一）配套政策有待完善

一是中心区便民商业服务人员短缺或者难以留住。由于严重的职住失衡以及高通勤成本，中心区便民商业服务人员缺乏足够的工作积极性。二是便民商业设施用房供给“最后一公里”政策还未完全打通。尽管目前北京市出台了《关于“疏解整治促提升”工作中完善便民商业设施若干问题的指导意见》等文件，但是在具体落地过程中，仍会面临诸如产权、证照办理等难题，主要依靠临时性政策。三是财政支持政策有待优化。目前北京市对生活性服务业的补贴呈下降趋势，且按照生活性服务业是商业属性进行审计，但便民商业具有半公益属性，赢利存在较大的不确定性，需要政府提供支持。四是便民商业的登记注册政策有待健全。例如，目前北京市便利店数量难以得到精准统计，这与其注册行业类别不清有关。

（二）标准规范有待更新

一是目前政府关于社区便民商业和公共服务配套的相关标准规范主要是针对新建住宅和传统业态，对老旧社区和新业态、新模式缺乏相关的标准规范。例如，目前新业态、新模式的引入标准缺乏一定灵活性，制约了新业态、新模式发展。二是现存的相关标准规范缺乏法律效力，较难得到重视和落地，这是导致北京市便民业态发展不充分、不均衡的重要原因之一。

（三）传统便民企业数字化转型有待深入

目前传统便民企业的数字化转型主要集中于对电子价签、智能货架等进行数字化升级改造，在选址、订货、仓储、客户分析、员工绩效考核、商圈分析等方面的数字化转型还较为缺乏。原因有以下三点。一是在政府层面，关于实体店数字化转型的扶持政策较为碎片化，缺乏集成化的统筹孵化扶持政策。二是在市场层面，目前国内缺乏一体化零售业数字化解决方案提供商，现有服务商局限于模块化服务且缺乏对垂直行业的服务，具有数字化技术能力的头部企业赋能行业的动能不足。三是在企业层面，一方面，缺乏足够的试错资金支持；另一方面，考虑到数据安全等问题，传统便民企业缺乏与平台公司进行合作的动力。

（四）社区公共空间使用管理有待规范

目前，北京市利用社区公共空间引入便民商业主要面临以下两点难题。一是物业和业主纠纷频发。例如，在将智能柜引进社区时经常面临业主频繁投诉的现象，主要原因是公共空间使用收费的收入归属问题。引发物业和业主纠纷的其他原因还包括物业专业化程度不高、业委会未能发挥职责、未成立业委会等。二是缺乏收费标准。调研发现，智能柜等便民业态在利用社区公共空间开展业务时，常会面临公共空间收费缺乏标准、乱收费现象较为严重等问题。

四　北京生活性服务业高质量发展的对策建议

（一）高起点谋划便民生活圈建设

一是加快落实导则与规划制定。一刻钟便民生活圈建设是一项系统工程，涉及商务、规自、住建、财政、民政、市场监管等部门，建议将其纳入北京市重点工作，形成由多部门组成的领导小组。建议将城市一刻钟便民生活圈理念纳入国土空间规划体系，由规自委牵头出台北京市"城区一刻钟社区生活圈导则"和"乡村一刻钟生活圈导则"，明确城、乡社区生活圈建设的理念、规范、标准和方法。在导则指引下由商务局牵头制定"北京市一刻钟便民生活圈规划"，将一刻钟便民生活圈规划建设与城市更新规划、老旧社区改造计划、国际消费中心城市建设等相结合，同步研究、共同部署，保证工作谋划有机融合、项目推进相互配合。二是完善相关标准体系。系统构建并完善适用于存量社区和新业态、新模式的一系列具有弹性的标准规范，放松对新业态、新模式的经营面积等方面的标准限制；出台一刻钟便民生活圈构建的强制性地方标准规范以及一刻钟便民生活圈评价标准体系，规自、住建、市场监管等部门从规划、供地、工商等审批环节按照该标准规范从严审批，确保一刻钟便民生活圈与住宅同步规划、同步建设、同步验收；补充完善新建住宅商业空间形态配套标准，鼓励配套集聚式商业空间，为未来组团集聚形态便民商业的发展提供空间基础。

（二）强化相关部门协调配合

一是住建委借鉴上海经验，拿出部分公租房，针对基础服务行业企业以及基础服务行业人群，推出宿舍型或拆套合租型租赁住房试点项目，切实增加"一间房"甚至是"一张床"的租赁供给，同时要确保租金定价从优、通勤班车供给充足、审核通道从宽。二是规自委、房管局、市场监管局分别出台关于支持腾退、闲置用房优先用于便民商业的可落地性政策文件，解决便民企业在用房产权界定、土地性质变更、证照办理等方面的困难，真正打通全市便民商业用房政策的“最后一公里”。三是财政局统筹一刻钟便民生活圈、城市更新、国际消费中心城市建设等具有紧密关联性工程的资金，将其纳入统一资金池，并基于便民生活圈发展目标，分类出台便民企业资金奖励和补贴标准，对便民企业的扶持政策从“以补为主”向“以奖为主，奖补结合”思路转变，根据企业达到标准要求的程度，决定奖励和补贴的幅度，提高财政资金的有效利用率。四是市场监管局规范企业登记注册管理，并在后期做好登记注册行业类别、经营范围等审查工作，为信息统计打好基础。

（三）促进便民生活圈精准发展

一是系统构建便民生活圈智慧服务平台。一方面，精准挖掘需求，精细制定社区需求清单。梳理社区空间资源，社区居民、社区规划师等共同参与蓝图制定，政府部门明确行动计划。另一方面，整合本地商户资源，提供周边商品和服务搜索、信息查询、生活缴费、地理导航等免费服务。二是着力开发完善全市城市体检智慧系统，将便民生活圈智慧服务平台以及用地、用房等平台嵌入城市体检智慧系统，利用云计算、大数据等为每个社区的一刻钟便民生活圈建设提供精准化指导。

（四）积极支持引入专业化运营机构

一是组建一刻钟便民生活圈管理委员会。鼓励由街道、社区、企业、居民代表等组建片区一刻钟便民生活圈管理委员会，作为一刻钟便民生活圈构建的统筹管理主体，并由其选择专业的商业运营机构，对一刻钟便民生活圈商业进行统一规划、统一运营。二是成立北京市专业商业运营公司品牌库。一刻钟便民生活圈构建需与城市更新协同联动，两者均需专业商业运营公司助力品质提升，建议组建完善北京市专业商业运营企业名录，积极培育或引入为社区、商圈等服务的骨干企业。三是采取不同形式的运营模式。对于空间大部分由同一国企或者事业单位所有且连锁化、标准化、数智化发展程度较高的社区，可采取国企与专业运营机构合作成立合资公司的方式，以降低交易成本，提高合作效率。对于空间产权比较分散且连锁化、标准化、数智化发展程度较低的社区，建议由管理委员会牵头，搭建好专业运营公司与分散产权单位间的沟通协调平台，以对一刻钟便民生活圈商业进行统一规划、统一运营、统一提升。

（五）全面助推传统便民企业数智化转型

一是适度开放公共数据。政府可适度向大型传统便民企业开放公共数据，便于传统便民企业在选址和用户分析等方面具有一定的基础数据，节约成本。二是搭建传统便民企业与第三方技术服务商合作平台。政府搭建平台，鼓励大型传统便民企业组建产业联盟，与平台企业和第三方技术服务商合作，为大型传统便民企业提供一套系统、集成、可推广的数字化、智能化转型方案，通过发挥规模经济效应，既能够降低企业转型成本，又能够赋能企业科学合理地选址布局，优化组货营销，提升供应链管理能力，促进模式创新和市场要素配置。三是提供集成化的统筹孵化扶持政策。系统梳理现有传统便民企业数智化转型补贴政策，以数智化转型内容、效果等作为评价标准，形成集成化的统筹孵化扶持政策，引导平台企业或第三方技术服务商充分发挥前沿技术和大数据积累优势，支持传统便民企业进行全链条数智化转型。

（六）规范社区公共空间使用管理

一是形成业委会、物业公司、执法部门等组织之间的良性互动机制。提高全市业委会组建率，进一步强化落实物业公司、业委会职责，加强城管等执法部门进小区行动，监督物业公司、业委会履行职责，同时辅助其解决矛盾纠纷。二是制定社区公共空间使用收费管理办法。若是最基本公共服务，可免费使用社区公共空间；若是具有一定营利性的便民商业，需收取一定费用。建议由能够代表所有利益相关方的业委会、物业公司、街道代表、居委会等共同成立理事会，由理事会决定收费标准，并对定价结果进行公示和解

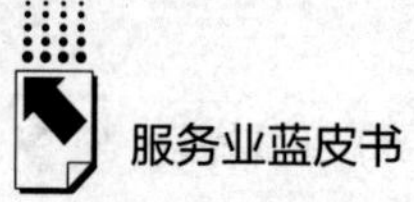

释。此外，理事会需设立公共账户，将收取的费用用于社区居民公共支出，并对支出结果进行及时公示和解释。

参考文献

［1］刘敏：《北京市生活性服务业发展评价体系研究》，硕士学位论文，首都经济贸易大学，2019。

［2］康健：《北京生活性服务业配置现状及发展路径研究》，《时代经贸》2019 年第 28 期。

［3］王少峰：《多措并举提升生活性服务业发展品质》，《前线》2017 年第 8 期。

B.9

北京促进绿色消费的实践探索*

薄　凡**

摘　要：　绿色消费指的是各类消费主体在消费活动全过程贯彻绿色低碳理念的行为，对塑造首都发展新动能、提升市民生活水平、建设国际消费中心等具有重要意义。北京将绿色消费作为国际消费中心建设的重点任务之一，主要领域涵盖节能低碳产品、新能源汽车、绿色建筑、绿色物流体系等。当前北京绿色消费工作存在产品种类单一、激励性政策偏少、宣传针对性弱、绿色生活推广不足等问题。借鉴国内外绿色消费实践经验，北京市未来可从参与主体、产品管理、市场培育、配套支撑等方面完善绿色消费政策体系。

关键词：　绿色消费　绿色发展　北京

建立绿色消费体系是推动消费升级、缓解城市生态压力、确保经济高质量发展的必然要求。自2004年起，北京市已进入由消费驱动经济增长的时代①，倡导绿色消费对塑造首都发展新动能、提升市民生活水平、建设国际消费中心等具有重要意义。北京市政府工作报告将绿色消费作为2024年重

* 本文系国家社科基金青年项目“韧性视域下生态优先和绿色发展的协同路径研究”（20CJY013）的阶段性研究成果。

** 薄凡，经济学博士，北京市高端服务业发展研究基地研究员，中共北京市委党校经济学教研部讲师，研究方向为绿色发展理论与实践、低碳经济。

① 赵宇、张京祥：《消费型城市的增长方式及其影响研究——以北京市为例》，《城市发展研究》2009年第4期。

点任务之一，以此作为激发消费潜力、贯彻绿色北京战略的重要举措，绿色消费从内容、形式和政策体系等方面均有待深入探索。

一　绿色消费内涵解析和政策概览

（一）绿色消费的内涵解析

消费指的是满足需要的行为，是人们在物质资料与劳务的生产和活动中，对物质产品和劳动力的消耗过程，可分为广义消费（包括生产消费和生活消费）和狭义消费（仅指生活消费）。绿色消费旨在减少消费行为对生态环境的负面影响，日益成为全球共识。随着消费者的环境意识明显提高，对绿色产品的认可度也在不断提高，绿色消费创造了新的市场需求，倒逼生产方式转型，生产端和消费端共同发力实现绿色发展。

从规范消费行为的角度界定绿色消费，英国于 1987 年出版的《绿色消费者指南》中对“绿色消费”给出定性标准：一系列应避免的商品消费范围，包括避免使用危害到消费者和他人健康、造成大量资源消耗、过度包装、出自稀有动物或自然资源、含有对动物残酷或不必要的剥夺、对其他国家尤其是发展中国家产生不利影响的商品。2016 年，我国发布《关于促进绿色消费的指导意见》，同样对消费者行为做出规定：以节约资源和保护环境为特征的消费行为，主要表现为崇尚勤俭节约，减少损失浪费，选择高效、环保的产品和服务，降低消费过程中的资源消耗和污染排放。

从产品和服务全生命周期视角来看，绿色消费涵盖绿色产品、物资回收、提高能效、保护环境，基本特征可概括为节约资源减少污染（Reduce）、绿色生活环保选购（Reevaluate）、重复使用多次利用（Reuse）、分类回收循环再生（Recycle）、保护自然万物共存（Rescue）。中国消费者协会 2001 年度主题为绿色消费，在消费内容上，倡导消费者在消费时选择未被污染或有助于公众健康的绿色产品；在消费过程中，注意对垃圾的处理，尽量减少对环境的污染；在消费观念上，引导消费者向崇尚自然、追求健康的方面转变；

在追求生活舒适的同时，注重环保，节约资源、能源，实现可持续消费。

根据2022年国家发改委等印发的《促进绿色消费实施方案》，绿色消费指的是“各类消费主体在消费活动全过程贯彻绿色低碳理念的消费行为”，具体包括食品、衣着、居住、交通、用品和文旅等领域。尽管绿色消费可能由技术进步、价值观念革新等因素自发推动，但在难以满足经济利益最大化的单一目标时会陷入“市场失灵”困境，这就需要发挥政府的调节力量，以制度和政策引导社会公众的绿色消费行为。

（二）我国绿色消费政策概览

中国自“十一五”时期开始大力推动节能减排，支持使用节能家电、新能源汽车等低碳产品，重点建设绿色建筑、绿色交通等领域，转变公众生活方式，绿色消费理念逐步深入人心。“十二五”时期重点建立绿色生活方式和消费模式，《关于加快推动生活方式绿色化的实施意见》《关于促进绿色消费的指导意见》《绿色生活创建行动总体方案》等文件相继出台，将绿色消费阐释为以节约资源和保护环境为特征的消费行为，为绿色消费的宣传教育、市场建设和政策支持做出系统部署。“十三五”时期将绿色消费纳入现代化经济体系，在扩大内需的战略导向下，绿色消费相关体制机制逐步建立。2020年国家发改委和司法部等多个部门联合发布《关于加快建立绿色生产和消费法规政策体系的意见》，从绿色采购、认证标识、税收优惠等方面为全国和地方绿色消费制度建设提供了指导。《关于促进消费扩容提质加快形成强大国内市场的实施意见》强调用科学技术带动绿色消费，推广低碳生活。“十四五”时期，在“双碳”目标导向下，绿色消费部署加快。2021年2月，国务院出台《关于加快建立健全绿色低碳循环发展经济体系的指导意见》，提出构建涵盖国民经济循环的绿色生产、流通、消费体系，鼓励绿色产品消费和绿色生活创建活动，强调绿色、低碳和循环三者的相互协同。2022年《促进绿色消费实施方案》的出台为在全国层面建立绿色消费长效机制提供了指导。“十一五”以来中国主要绿色消费政策文件见表1。

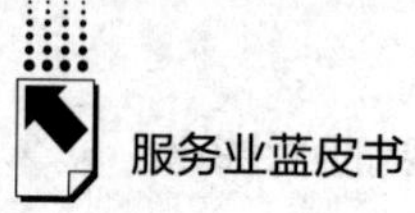

表 1 "十一五"以来中国主要绿色消费政策文件汇总

领域	年份	政策文件	主要内容
顶层设计	2015	中共中央、国务院《关于加快推进生态文明建设的意见》	加强生态文明的宣传教育,倡导勤俭节约、绿色低碳、文明健康的生活方式和消费模式,提高全社会的生态文明意识
	2015	国务院《关于积极发挥新消费引领作用加快培育形成新供给新动力的指导意见》	绿色消费从生态有机食品向空气净化器、净水器、节能节水器具、绿色家电、绿色建材等有利于节约资源、改善环境的商品和服务拓展
	2016	国家发改委等部门《关于促进绿色消费的指导意见》	大力推动消费理念绿色化;规范消费行为,打造绿色消费主体;严格市场准入,增加生产和有效供给;建立健全绿色消费长效机制
	2018	国务院办公厅《完善促进消费体制机制实施方案(2018—2020年)》	发展壮大绿色消费。加大相关标准标识认证制度实施力度,完善政府采购制度;研究建立绿色产品消费积分制度;推动绿色流通发展;创建一批绿色商场
	2019	国家发改委等部门《进一步优化供给推动消费平稳增长促进形成强大国内市场的实施方案(2019年)》	持续优化新能源汽车补贴结构;支持绿色、智能家电销售
	2020	国家发改委、司法部《关于加快建立绿色生产和消费法规政策体系的意见》	促进服务业绿色发展;扩大绿色产品消费;推行绿色生活方式
	2020	国家发改委等部门《关于促进消费扩容提质加快形成强大国内市场的实施意见》	鼓励使用绿色智能产品,以绿色产品供给、绿色公交设施建设、节能环保建筑以及相关技术创新等为重点推进绿色消费
	2021	国务院《关于加快建立健全绿色循环发展经济体系的指导意见》	提高服务业绿色发展水平,健全绿色低碳循环发展的消费体系,促进绿色产品消费,倡导绿色低碳生活方式
	2022	国家发改委等部门《促进绿色消费实施方案》	涉及食品消费绿色化、绿色居住消费、绿色交通、绿色用品消费、文化和旅游领域绿色消费、全社会绿色电力消费、公共机构消费绿色转型等
	2024	中共中央、国务院《关于全面推进美丽中国建设的意见》	倡导简约适度、绿色低碳、文明健康的生活方式和消费模式;发展绿色旅游;鼓励绿色出行;开展爱国卫生运动;提升垃圾分类管理水平;建立"碳普惠"等公众参与机制

续表

领域	年份	政策文件	主要内容
产品认证	2012	国务院办公厅《关于建立统一的绿色产品标准、认证、标识体系的意见》	按照统一目录、统一标准、统一评价、统一标识的方针，将现有环保、节能、节水、循环、低碳、再生、有机等产品整合为绿色产品
	2017	国家标准化管理委员会《绿色产品评价通则》	绿色产品的评价指标包含资源属性、能源属性、环境属性、品质属性
绿色采购	2006	财政部、国家环保总局《环境标志产品政府采购实施意见》	以“环境标志产品政府采购清单”的形式，按类别确定优先采购的范围
	2012	国家发改委、工信部、财政部《节能产品惠民工程政策》	通过财政补贴方式对能效等级 1 级或 2 级以上的十大类高效节能产品进行推广应用
	2014	商务部、环保部、工信部《企业绿色采购指南(试行)》	企业采购应兼顾经济效益与环境效益，打造绿色供应链
	2019	财政部、国家发改委等《关于调整优化节能产品、环境标志产品政府采购执行机制的通知》	依据品目清单和认证证书实施政府优先采购和强制采购
绿色交通	2009	财政部、科技部《关于开展节能与新能源汽车示范推广试点工作的通知》	推动节能与新能源汽车产业化，在北京、上海、重庆等 13 个城市开展试点工作
	2013	交通运输部《加快推进绿色循环绿色交通运输发展指导意见》	引导公众绿色出行；加强绿色循环低碳交通运输技术和产品推广
	2014	国务院办公厅《关于加快新能源汽车推广应用的指导意见》	以纯电驱动为新能源汽车发展的主要战略取向，重点发展纯电动汽车、插电式混合动力汽车和燃料电池汽车
	2020	国务院办公厅《新能源汽车产业发展规划(2021—2035 年)》	推动新能源汽车与能源融合发展，加强新能源汽车与电网能量互动
绿色建筑	2019	住房和城乡建设部《绿色建筑评价标准》	绿色建筑是在全寿命期内，节约资源、保护环境、减少污染，为人们提供健康、适用、高效的使用空间，最大限度地实现人与自然和谐共生的高质量建筑
	2019	住房和城乡建设部、国家市场监管总局《近零能耗建筑技术标准》	区分近零能耗建筑、超低能耗建筑、零能耗建筑等
绿色餐饮	2012	农业部《绿色食品标志管理办法》	涉及绿色食品产地环境、生产技术、产品质量、包装贮运等标准和规范
绿色家电	2022	商务部等《关于促进绿色智能家电消费若干措施的通知》	开展全国家电“以旧换新”活动；推进绿色智能家电下乡；优化绿色智能家电供给

资料来源：根据公开资料整理。

二　北京绿色消费发展概况

（一）北京绿色消费政策

北京市绿色消费从“十一五”时期起至今历经4个时期，结合阶段性任务，部署各有侧重，在内容、范围和力度上表现出演进差异，在全国范围内起到了先行示范作用，部分具体政策见表2。

1.2006~2012年，“绿色北京”行动计划下倡导绿色生活方式

“十一五”期间，北京以绿色奥运为契机，推动绿色北京建设，改善能源消费结构，实现节能减排全国领跑，首都市民的环境意识大幅提高。2006年北京市制定《“十一五”时期固体废弃物处理规划》，提出“推广再生产品，提倡绿色消费”，以推广资源再生产品、政府绿色采购、发展租赁业务、提高产品重复使用次数延长使用寿命、开展绿色消费社区和村镇示范为核心内容，旨在推动资源节约高效利用。2010年北京市政府出台《“绿色北京”行动计划（2010—2012年）》，从绿色生产、绿色消费和生态环境三大体系推动绿色北京建设。《北京市“十二五”时期绿色北京发展建设规划》进一步从综合维度提升首都可持续发展能力，通过推广绿色建筑、建立公共交通网络、构建食品安全体系、推广绿色产品、政府机构率先垂范、设立试点6个方面，培育绿色生活方式和消费模式，特别强调从产品供给、流通到消费全过程着手，从区域、领域和企事业单位不同层面推进，合力构建绿色消费体系。

2.2013~2015年，污染防治攻坚战加快绿色消费进程

从2013年起，北京针对以雾霾为主的空气污染，开启打赢蓝天保卫战征程。大气污染物和二氧化碳排放在很大程度上源自化石能源消耗，具有强关联性，需要从生产和生活端协同控制。《北京市2013—2017年清洁空气行动计划》明确提出编制《市民绿色消费指南》，从绿色饮食、绿色家居、绿色生活、绿色出行、严控生活垃圾污染等方面，规制市民行为，从源头上自觉减污。

表 2 “十一五”以来北京主要绿色消费政策文件汇总

年份	政策文件	主要内容
2010	北京市人民政府办公厅《“绿色北京”行动计划(2010—2012 年)》	以培育绿色商务环境为基础,以提升全民环保意识为切入点,发挥绿色政务率先垂范作用,大力推进绿色产品和服务供给,创建先进文化引领的绿色消费体系
2011	北京市人民政府《北京市“十二五”时期绿色北京发展建设规划》	努力构建绿色消费体系,引领生态文明新风尚,建设生态居所,扩大绿色出行,保障健康饮食,培育节约行为
2011	北京市商务委员会等《北京市高效节能家电产品促销试点工作方案(2011—2013 年)》	2011 年 9 月 1 日至 2012 年 2 月 29 日开展高效节能家电产品促销试点工作,并向购买家电“以旧换新”产品范围中能效标识为一级或二级节能家电产品的单位和个人给予财政补贴
2015	北京市商务委员会《2015 年促进消费增长若干政策措施》	自 2015 年 11 月 27 日在全市实施为期 3 年的节能减排政策
2016	北京市委、市政府《北京市关于全面提升生态文明水平　推进国际一流和谐宜居之都建设的实施意见》	到 2020 年政府绿色采购比例达到 90%以上
2017	北京市政府办公厅等《北京市加快科技创新发展节能环保产业的指导意见》	营造绿色消费政策环境,释放节能环保产品、装备、服务的消费和投资需求,完善绿色技术产品推广机制
2019	北京市商务局等《关于实施节能减排促消费政策的通知》	2019 年 2 月 1 日至 2022 年 1 月 31 日,继续实施新一轮节能减排促消费政策,以促进节能减排商品消费,引导绿色消费理念
2020	北京市发改委、市生态环境局《北京市塑料污染治理行动计划(2020—2025 年)》	餐饮、外卖平台、批发零售、电商快递、住宿会展、农业生产六大行业加大减塑力度
2021	中共北京市委办公厅、北京市人民政府办公厅《北京培育建设国际消费中心城市实施方案(2021—2025 年)》	加快绿色消费城市建设
2022	北京市商务局《实施促进绿色节能消费政策》	面向在京消费者发放绿色节能消费券,鼓励消费者购买使用绿色节能商品
2023	中共北京市委办公厅、北京市人民政府办公厅《关于进一步推动首都高质量发展取得新突破的行动方案(2023—2025 年)》	着力推动消费“上台阶、提质量”,更好地发挥北京在绿色消费等方面的优势

续表

年份	文件	主要内容
2024	北京市商务局《北京培育建设国际消费中心城市2024年工作要点》	优化商品消费新结构，扩大绿色智能消费
2024	北京市发改委等《北京市进一步强化节能实施方案（2024年版）》	以科技和专业服务为依托，以法律法规标准为保障，持续强化建筑、交通等重点领域的节能工作

资料来源：根据公开资料整理。

3.2016~2020年，全面构建绿色低碳循环经济体系

“十三五”时期北京市基于节约能源资源、应对气候变化的总体背景，推出《节能低碳和循环经济全民行动计划》，倡导积极推行绿色生产生活方式和消费模式，以宣传教育等方式提高市民的节约低碳意识，支持企业扩大绿色产品和服务供给，扩大消费市场，通过节能补贴、能效和节能环保标识推广节能低碳产品。

立足首都“四个中心”功能定位，建设国际一流和谐宜居之都，生态也是重要的衡量指标。2016年，北京市政府发布《关于全面提升生态文明水平推进国际一流和谐宜居之都建设的实施意见》，强调推行绿色生活方式和消费模式，提高公众的节约意识、环保意识、生态意识，丰富绿色产品和服务供给，引导消费者减少一次性用品使用，推广绿色低碳出行、绿色办公模式等，在全社会形成崇尚生态文明的社会氛围。

4.2021年至今，在国家消费中心城市布局下提高绿色消费水平

新时期首都建设国际消费中心城市，是推动高质量发展、融入新发展格局、提高居民生活品质的重要举措。《北京培育建设国际消费中心城市实施方案（2021—2025年）》从消费供给和消费需求两端发力，发挥消费的驱动作用。绿色消费市场建设与老字号、新消费等共同作为首都消费特色品牌，推动消费提质升级。绿色消费实践行动从绿色低碳出行、绿色智能家电、新能源汽车等领域向可循环包装、减塑等方面渗透，绿色消费的推进范围越来越广。“京彩·绿色”消费券活动为市民购买绿色低碳产品提供了激励。

（二）北京绿色消费现状

2007 年以来，北京市消费率持续超过投资率，消费对经济增长的贡献超过七成，呈现以下四重特征。一是消费市场规模不断扩大。2015 年北京率先实现商品消费突破 1 万亿元①，2022 年实现市场总消费超过 3 万亿元②。二是消费内容由商品消费转向商品消费和服务消费并重。2021 年北京正式确立国际消费中心城市功能定位，文旅、时尚、美食、数字等消费领域日趋丰富。三是线上线下消费形式多样化。2011~2022 年，北京市网上零售额由 298 亿元增至 5485.6 亿元。③ 四是城乡居民消费能力不断提升，城乡收入差距逐渐缩小。如图 1 所示，2015~2022 年，北京市城镇居民人均消费支出由 36642 元增至 45617 元，农村居民人均消费支出由 15811 元增至 23645 元。

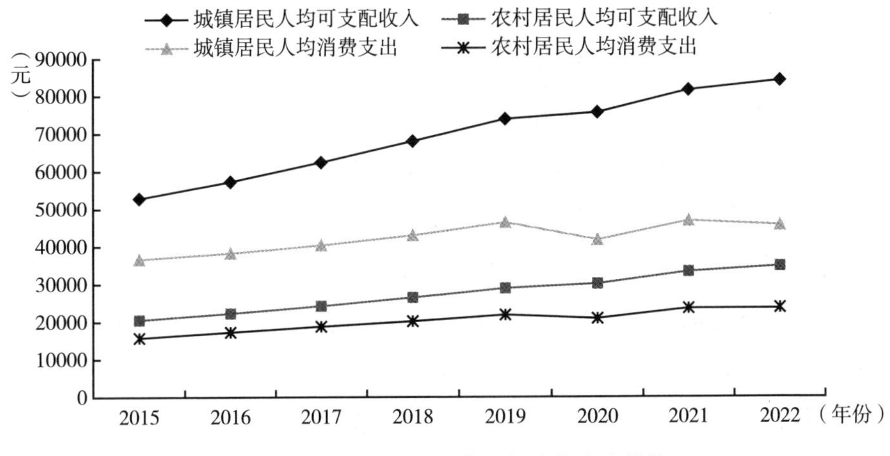

图 1　北京市城乡居民收入与消费支出趋势

资料来源：《北京市国民经济和社会发展统计公报》（2015~2022 年）。

---

① 《北京市多措并举促进消费回升　北京消费季蓄势待发　122 亿元消费券等你来拿》，http：//www.beijing.gov.cn/ywdt/jiedu/zxjd/202006/t20200603_1915816.html，2020 年 6 月 3 日。

② 《北京市场总消费超 3 万亿元　今年力争增长 5.5%左右》，https：//baijiahao.baidu.com/s?id=1757424327655100715&wfr=spider&for=pc，2023 年 2 月 10 日。

③ 《2020 年北京市场总消费额同比下降 6.9%》，https：//baijiahao.baidu.com/s?id=1689386311200155607&wfr=spider&for=pc，2021 年 1 月 20 日。

随着消费日益成为北京经济增长的主要驱动力，绿色消费的接受度和认可度逐渐提高，对推动消费升级、提升居民生活品质和助力绿色高质量发展意义重大。近年来，北京绿色消费举措丰富、内容广泛、形式多样，取得了显著成效。

1. 按照绿色消费内容划分

（1）推广节能低碳产品

北京是中国推广节能产品的先锋。自 2009 年起，北京市发改委、商务委和财政局等部门组织开展“节能产品进超市”活动，各参与企业通过设立节能产品专区等开展节能产品促销活动，对节能产品销售额、举办节能产品专项促销活动次数、进社区宣传活动次数等达到节能考核标准的企业予以相应的资金奖励。

为了促进节能家电消费，北京于 2015 年、2019 年先后实施两轮为期 3 年的补贴政策。根据产品的 EEG 水平，对节能家电等产品给予补贴，补贴率从 8%到 13%不等，最高补贴金额为每件 800 元。2023 年、2024 年进一步推出京彩绿色消费券活动，对绿色智能家居商品实行优惠购。

（2）推广新能源汽车促进绿色出行

在出行设备方面，北京一方面加快老旧机动车淘汰更新，自 2011 年起连续出台实施老旧机动车淘汰更新相关政策，配合国家汽车以旧换新补贴政策；另一方面通过补贴、放开限行等政策积极推广新能源汽车，并开展新能源汽车促销季活动，对新能源汽车的各项优惠政策进行集中宣传和解读。

在出行方式方面，北京建立居民绿色低碳积分体系，在全国首推以碳普惠方式鼓励市民参与绿色出行。2017 年，市发改委联合北京环境交易所等推出“我自愿每周再少开一天车”平台，调动公众自愿降低机动车使用强度，单日形成的碳减排量已达 70 吨左右。[①] 2020 年 9 月 8 日，北京启动“MaaS 出行　绿动全城”行动，市民选择公交、地铁、自行车、步行等绿

① 《北京“我自愿每周再少开一天车”平台上线满一年　碳减排量超 1.4 万吨》，https：//baijiahao. baidu. com/s？ id=1602975944871904169&wfr=spider&for=pc，2018 年 6 月 11 日。

色出行方式时，通过高德地图、百度地图 App 绑定“绿色出行—碳普惠”账号后，可获得绿色出行方式产生的相应碳减排能量，个人账户中的碳减排能量可兑换礼品，还可支持生态环境保护和珍稀动物保护等公益项目。

（3）推广绿色建筑

“十三五”规划要求北京市政府投资的公共建筑和大型公共建筑达到二星级及以上绿色建筑标准，鼓励既有建筑实施绿色改造，2020 年绿色建筑占城镇建筑比例达到 25%以上。在标准方面，北京市在国标基础上，于 1988 年、1997 年、2006 年、2012 年及 2020 年，以 1980 年建筑基础能耗为基准，分别提出新建居住建筑节能 30%、50%、65%、75%及 80%的节能设计标准。2021 年 6 月，北京市发布第三版《绿色建筑评价标准》，根据节能减排、安全耐久、健康舒适、生活便利、环境宜居等指标，对绿色建筑做出总体评价。

2. 按照绿色消费过程划分

（1）生活垃圾分类体系

2011~2022 年，北京市生活垃圾清运量从每年 634 万吨增至 740.57 万吨。为了妥善处理生活垃圾问题，北京市早在 2000 年就被国家确立为 8 个试点之一开启了垃圾分类收集探索，但由于后端治理环节薄弱、政策缺乏强制性，效果甚微。2017 年，国家发改委、住建部发布《生活垃圾分类制度实施方案》，确定包括北京在内的 46 个试点城市，开启了我国垃圾强制分类的时代。自 2020 年 5 月 1 日起，北京正式施行《北京市生活垃圾管理条例》，这是中国第一部生活垃圾管理方面的地方性法规。在政策推动下，北京市初步实现了生活垃圾源头减量的效果，但对后端垃圾的资源化处理仍有待进一步深入。

（2）绿色物流体系

北京农产品年消耗量约为 2200 万吨，入京 70%的农产品都要经由农产品批发市场进入终端。[①] 为了减少公路能耗和碳排放，满足首都民众对农产

① 《绿色北京　产业蝶变》，https：//baijiahao. baidu. com/s？id = 1626731016899380553&wfr = spider&for = pc，2019 年 3 月 1 日。

品的需求，北京着力打造“天网+地网”的绿色物流体系，建设农产品供应链城市集配中心，采用“公转铁”方式运输，解决农产品进京后“最后一公里”问题，货物到站后再由清洁能源车进行绿色联运配送。2019 年，北京铁路局和锦绣大地共同打造了北京市首个绿色物流配送基地——北京货运中心大红门营业部西货场，服务于京津冀物资运输需求，对缓解区域交通压力、减轻环境污染具有重要作用。

（三）北京绿色消费的现实障碍

1. 绿色产品种类和范围还需扩大

绿色产品要求企业从产品设计、材料选择、包装、运输、存储、销售、回收全过程严格控制环境影响，其生产成本以及技术要求均高于普通产品，因此短期内价格较高，大众认知的绿色消费属于高档消费，在产品定价和长期收益上仍需政策支持、宣传指导。北京市目前尚未构建起包含招投标等在内的完整的绿色商业模式，绿色产品性能虚标现象还比较突出，以次充好、以假充真现象频现，影响了消费者的购买信心。公众采取绿色节能行为的意愿较高，但接受程度最高的绿色消费行为发生在家用电器领域，其他领域的绿色消费相对不足，绿色产品种类和范围还需扩大。

2. 绿色引导政策以单一的行政性约束为主

北京市围绕绿色消费的行政性约束措施居多，而综合运用财政、货币等手段的政策工具较为缺乏。生产性消费领域的规制政策较多，而对包括生活性消费在内的整个绿色消费环节的覆盖率较低，尤其是惩罚型措施相对欠缺、力度不足。知识产权保护和市场监管等配套措施还不到位，未能有效激励和引导市场主体。

3. 绿色宣传的针对性较弱、覆盖范围不足

尽管北京市在绿色宣传和引导方面举措较多，如首都绿化委员会、生态文明宣教平台组织的绿色生活宣传推广活动，涉及绿色教育基地建设、公园管理等，但目标人群还不够广泛。对绿色消费、绿色生活的知识科普力度不足，对碳足迹、碳信用、碳交易、绿色产品的成本效益等专业知识的普及仍

有待深入推进。

4. 建筑、交通等领域的绿色生活推广不足

北京市交通、建筑成为主要碳排放来源，生活侧节能减排难度大、成本高，绿色生活方式尚未建立。北京市生活垃圾无害化处理率达到了 99%以上，但日益增加的生活垃圾量仍对末端处理设施造成较大压力，促进生活垃圾减量化和资源化利用是未来北京市生活垃圾处置的重点方向。充电桩布局不够优化，限制了新能源汽车的推广应用。

三　国内外典型城市绿色消费政策与实践经验

（一）国外绿色消费政策与实践经验

1. 绿色消费顶层设计

2019 年 12 月，欧盟公布《欧洲绿色协议》（European Green Deal），提出推动建筑升级改造、开发智能可持续交通系统、促进“农场到餐桌”产业链循环经济发展，通过能源价格、能源税、碳交易、碳税、绿色产品标识等经济政策引导绿色消费。

2. 绿色助推手段

通过引入能源标签、重构信息呈现方式、提供规范性信息反馈等方式，激发家庭遵循绿色、低碳生活方式；提供教育和支持性工具提升居民能源素养，帮助居民自我识别成本最低的节能产品，从而在根本上减弱或消除行为偏差。[①] 自 2006 年起，英国碳信托开展了“碳削减标志计划”（Carbon Reduction Label Scheme），2008 年英国正式发布 PAS 2050 作为碳排放评估活动的标准。新加坡政府实施“能源标签”和“节水标签”计划，以简易

① 邓慧慧、王浩楠：《行为经济学视角下家庭低碳消费研究新进展》，《经济学动态》2020 年第 1 期。

明了的标识使消费者能清晰识别，同时对标准进行动态更新，作为产品准入市场的依据。

3. 绿色社区建设

伦敦开辟了100多块公用绿化种植区域，出租给居民种植蔬菜、瓜果等，被称为“社区公园”。当地政府以提供财政支持、开展培训等方式鼓励市民参与该项目，通过社区公园种植形式，居民不仅实现了果蔬自给自足，还在动手种植的亲环境行为中逐渐提高了环境保护意识，改善了饮食选择和消费习惯。[①] 英国贝丁顿社区被称为世界上首个零碳社区，该社区在2000年建设之初就大量回收周边废旧建材加以改造，节省了建设成本和能源消耗；高密度建筑布局和保温墙体构造减少了建筑物散热，每户住宅设计玻璃暖房以便最大限度地利用太阳能，同时安装了木材等废弃物发电的热电联产系统；社区内办公与住宅建筑混合布局，并设计了运动场馆、园艺地块等多功能公共空间，缩短居民出行距离，满足多样化的日常生活需求。[②]

4. 绿色交通建设

新加坡通过拥车证和电子公路收费系统等措施严格控制私家车总量[③]，购买新车的人必须在注册车辆之前以竞标方式获得拥车证，拥车证配额数量由政府根据车辆总数、报废数量和每年固定增加额度等确定，市中心各条道路入口设有闸门，进入市中心的车辆在不同时段收取相应费用，以数量配置和成本调节起到限流减排的作用。同时，利用低碳技术推动交通运输动力变革，包括以天然气、生物燃料、氢燃料等清洁能源替代传统汽油，推广新能源汽车、无轨电车等电动交通设备，以及利用信息化手段发展智慧物流、智慧交通体系，以提高运输效率、降低交通能耗。日本东京都市圈依靠新干线、地铁和轻轨组成的多层次、高密度轨道交通系统，连接起中心城区和新

---

① Ju, E. K., “Fostering behaviour change to encourage low-carbon food consumption through community gardens”, *International Journal of Urban Sciences*, 2017, 21 (3): 364-384.

② Chance, T., “Towards sustainable residential communities: The Beddington Zero Energy Development (BedZED) and beyond”, *Environment & Urbanization*, 2009, 21 (2): 527-544.

③ 裘连毅、熊思敏：《从新加坡案例看拥挤收费是否能够真正缓解交通拥堵》，《交通与运输》2020年第4期。

城，承载了86%以上的日通勤人数，不仅起到节能减排的作用，还有利于疏解中心城区人口，优化空间布局。①

5. 绿色采购计划

消费者在选取节能家电设备产品时，会综合考虑其基本性能、成本效益、使用便利度和外观设计等因素，政府通常会提供相应的节能补贴，为消费者提供激励。日本在2009~2011年实行了绿色家电“生态积分”返还制度，为购买指定节能家电的消费者返还生态积分，不同种类和能效水平产品的补贴标准不一，消费者可凭积分换购商品或服务。② 日本政府在1996年与企业及消费者团体组建了日本绿色采购网络（GPN），负责编制绿色采购指导原则、采购指导纲要、环境信息手册及推广绿色采购活动等。2000年进一步颁布《绿色采购法》，规定年度绿色采购计划要在所有中央政府所属机构中制定并实施。

（二）国内绿色消费政策与实践经验

1. 绿色宣传教育

四川省广元市依托独有的生态资源，大力推广绿色低碳产品消费。一是依托特色节事活动，加大宣传推广力度，吸引更多游客体验广元自然生态风貌和文旅康养产品。广元业已形成川陕甘宁毗邻地区经联会、嘉陵江流域文化旅游联盟等一批品牌消费平台，以及苍溪梨花节、唐家河紫荆花节、曾家山避暑节、旺苍红色旅游文化节、冰雪温泉节等一批特色节庆活动。二是开展生态产品推介会。积极开启绿色通道，以“广元造”食品饮料好品质打开国内外市场，市长亲自带头推荐，先后在陇南、汉中、天水、昆山、兰州、成都等地召开广元食品饮料产品推介会，为食品饮料生产商、采购商和

① 张婉璐、曾云敏：《东京的低碳城市发展：经验与启示》，《经济发展方式转变与自主创新——第十二届中国科学技术协会年会（第一卷）》，中国科学技术协会学会学术部，2010。

② 施锦芳、李博文：《日本绿色消费方式的发展与启示——基于理念演进、制度构建的分析》，《日本研究》2017年第4期。

消费者搭建起信息交流、产销对接、务实合作的广阔平台。三是推广生态研学教育。2014 年广元唐家河成为国家生态旅游示范区，严格依据规划合理适度开发，突出发展以自然教育为主的科普旅游，建立科普游憩线路和社区传统科普教育线路，并增设公益岗位，为社区百姓提供工作机会。

2. 绿色积分平台

广东的碳普惠平台于 2015 年在广州、中山、东莞、韶关、河源和惠州试点运营。用户通过平台网站、手机 App、微信公众号等渠道登录碳普惠账户，用其低碳行为兑换碳币和相应的优惠。平台不仅面向个人，也对小微企业、居民家庭的减碳行为进行量化并对其赋值。此外，碳普惠平台还将游戏和绿色公益相结合，借助用户量大的游戏平台进行低碳传播。武汉市的碳宝包同样以碳积分引导市民的低碳行为，于 2016 年 6 月上线运营，市民通过使用城市公共自行车、搭乘城市公交、步行等绿色出行方式兑换碳币，碳币可用于兑换电影票、团购券等优惠券。虽然碳宝包于 2018 年停运，但作为国内最早的城市碳积分项目之一，为推动城市低碳生活提供了新思路。

四　完善北京绿色消费政策体系的对策建议

在综合研判北京绿色消费政策目标、政策内容和政策诉求的基础上，对接北京市社会经济发展目标和生态环境保护目标，借鉴国内外先进经验，应从参与主体、产品管理、市场培育、配套支撑 4 个方面完善北京市绿色消费政策体系。

（一）明确绿色消费参与主体定位

在消费主体上，政府作为政策制定方也是消费方，需完善绿色采购制度，企业作为绿色产品供给方应强化绿色生产责任制，公众作为绿色产品消费者应提升绿色消费意识。

在绿色消费多方主体参与环节，应增强企业在低碳产品供给和绿色消费引导方面的作用，企业除了改善生产工艺，推动技术创新，提供更多的绿色消费产品和服务选择之外，还可以利用技术和平台优势，帮助并激励用户做出更可持续的消费决策。比如，建立低碳产品信息可追溯系统，以二维码等形式展示产品的碳标识或碳足迹信息，解决低碳产品消费信息不对称问题。构建基于网络的绿色低碳生活场景，搭建互联网二手回收平台，拓宽绿色消费的形式和渠道，搭建数字化平台，探索碳积分项目，创新绿色消费激励模式，引导公众的低碳行为。

以社区为主体实施低碳化改造项目，塑造低碳环保的社区氛围，让践行绿色低碳的居民带动周边其他居民，并与企业、学校、社会组织等各方广泛合作，形成绿色消费社会规范，助推低碳行为。

（二）严格绿色产品认证，完善绿色消费管理制度体系

健全绿色产品认证标识制度，建立与国际标准相对接、与国家标准相适应的地方环境标准体系，推进绿色物流和废弃物处置标准化管理。

建立健全绿色消费的市场监管体系、技术体系、检测标准、信息共享机制等，规范绿色生产、经营和消费秩序，强化绿色消费保障监督机制。不断探索完善认证管理、宣传倡导、激励等方面的机制，制定鼓励性的政策制度，规范绿色消费市场秩序，加大对滥用认证标志的惩处力度，提升绿色低碳标志的权威性，使绿色低碳产品得到更多人的认同和信任。在低碳产品认证制度中纳入全生命周期管理模式，使低碳原则贯穿原材料采集、产品生产、产品使用、废弃物回收全过程。

（三）培育绿色产品交易市场，规范市场建设，完善交易实施细则

制定绿色消费市场规则，包括制定绿色低碳产品统一分类标准、准入制度，如“能效标签”“碳足迹”等。培育交易市场，积极开展节能减排、碳排放权交易，结合线上、线下营造绿色消费场景和新业态。合理定价，推进资源能源价格改革，发挥市场在绿色产品和服务定价方面的决定性作用，让最终消费品能够真实地反映资源环境成本，抑制全社会过度的超前消费行

为。优化利益分配，构建低碳产品奖励机制和成本分摊机制，避免高价对消费的抑制，提高低碳产品消费的经济有效性。

（四）出台绿色消费资金技术配套措施

充分发挥绿色消费信贷、碳汇交易等绿色金融服务手段的促进作用。建立健全支持低碳发展的财税金融政策，开展绿色信贷业务，提高消费税在税收体系中的比重，对绿色低碳节能产品予以适当补贴和税收减免，最大限度地激发全社会的绿色消费热情。继续推广现有与“绿色出行—碳普惠”类似的绿色积分平台，拓展绿色积分信息采集范围，让居民的绿色消费行为科学累计、可观可感。

针对建筑、交通领域，着力创新产融模式，推动北京地热能、太阳能光伏等应用，加强北京与内蒙古、山西、河北等区域的合作，推动绿色电力进京计划。通过定期减免税收、普通退税、特别退税、特别折旧率等措施，激励新能源汽车推广应用。鼓励绿色建筑消费，对购买绿色住宅的消费者按一定比例给予契税返还奖励，对购买绿色住宅的消费者给予适当的购房贷款利率优惠。

B.10

北京服务业扩大开放的实践探索

赵　笛*

摘　要：　2015年，国务院批复北京开展服务业扩大开放综合试点，后经历了从“试点”到“示范区”的改革升级，开放规模逐渐扩大，开放结构逐渐优化，服务政策和支持平台逐渐完善。对接国际高标准经贸规则，国家服务业扩大开放综合示范区已然形成了一套具有中国特色、首都特色、时代特征和经验示范作用的体制机制，取得了一系列的成就。对标其他试点城市经验和示范区2.0方案，未来北京可以进一步扩大服务业开放范围，深入对接国际高标准经贸规则，完善政府服务和监管体系，并进一步将信息化、数字化、智能化技术融入扩大开放的体制机制建设中来，从而形成能够支持北京新质生产力加速发展的服务业扩大开放体系。

关键词：　服务业扩大开放　北京　国家服务业扩大开放综合示范区

党的二十大报告提出，“构建优质高效服务业新体系”，“推进高水平对外开放，稳步扩大规则、规制、管理、标准等制度型开放”。服务业扩大开放是我国构建国内国际双循环新发展格局、推进高水平对外开放、构建优质高效服务业体系的重要着力点，已然成为全方位对外开放的重要组成部分。2015年以来，北京市开展服务业扩大开放综合试点，并逐步扩展试点范围，2020年由“试点”升级为“示范区”，国家服务业扩大开放综合示范区设立，服务业扩大开放进程持续推进。近10年来，北京市服务业扩大开放取

* 赵笛，经济学博士，中共北京市委党校经济学教研部讲师，研究方向为公共财政管理。

得了较为显著的成就，为全国服务业的开放、创新发展提供了指引，为构建国家新发展格局和实现北京高质量发展提供了动力。2023 年 11 月，国家服务业扩大开放综合示范区设立方案升级，如何进一步深化制度型对外开放，对接国际高标准经贸规则，建立市场自由化和监管规范化齐头并进的服务业扩大开放体系，是进一步促进北京服务业扩大开放、支持北京新质生产力加快发展的重要任务。

一　北京服务业扩大开放的实践进展

（一）2015~2019年：服务业扩大开放综合试点阶段

2015 年 5 月，国务院正式批复《北京市服务业扩大开放综合试点总体方案》，统一在北京市开展服务业扩大开放综合试点，为期 3 年。方案提出了建立健全具有中国特色、首都特色、时代特征的体制机制，以及与国际规则相衔接的服务业扩大开放基本框架的目标。在扩大开放的具体领域方面，优先选择了服务业发展较为成熟、市场潜力较大的 6 个重点领域即科学技术服务、互联网和信息服务、文化教育服务、金融服务、商务和旅游服务、健康医疗服务先行先试。在制度建设方面，提出强化顶层设计，科学规划，深化对外投资管理体制改革，制定服务业扩大开放清单，深化金融保障、高端人才引进等制度改革。经过两年多的探索实践，北京全部完成批复的 141 项任务，各部门和各地方政府都投入服务业扩大开放的工作之中，例如：北京海关、北京出入境检验检疫局等部门先后发布促进服务业扩大开放的具体工作措施；朝阳、顺义两区成为服务业扩大开放综合试点示范区；“开放北京”公共信息服务平台、中小企业出口金融服务平台、电子化登记注册系统、“境外投资直通车”网上备案平台等信息平台、服务平台上线，减少了服务业扩大开放的制度成本和时间成本。

2017 年 6 月，国务院批复《深化改革推进北京市服务业扩大开放综合试点工作方案》，进一步深化了北京服务业扩大开放综合试点期内的改革进程，推出 85 项措施，其中 10 项开放措施和 75 项改革措施。此次深化改革方案通过市场准入限制放宽的方式，进一步提升了 6 个服务业重点领域的对外开放程度，推动在服务业更宽领域、更深层次扩大开放。在对外投资管理体制、服务贸易便利化、金融管理制度、人才激励保障、市场准入管理、监管体系和监管模式等方面深化改革，持续增强服务业开放发展、创新发展动能，提升服务供给的质量和效益。此次深化改革更加注重京津冀协同发展，提出了进一步推动京津冀重点区域重点产业协同开放的改革措施，探索口岸功能衔接、产业链协同发展、资源自由流动、社会信用体系合作共建等，进一步完善了北京市服务业扩大开放综合试点布局。一年半的时间，北京提前完成了上述深化改革任务。

2019 年 1 月，国务院进一步批复《全面推进北京市服务业扩大开放综合试点工作方案》，北京市服务业扩大开放试点开始进入全方位对外开放的关键时期。此次工作方案共提出了 9 个方面 177 项试点任务，持续构筑京津冀协同发展的开放格局，并更加注重对标国际先进规则、提升生活性服务业品质，从而更加多元化、全方位地提高服务业开放水平。2019 年 8 月，在 1 月提出的 177 个试点任务基础上，北京市发布服务业扩大开放综合试点三年行动计划，将以往主要关注的 6 个重点领域扩大到 8 个，更加注重法律、会计、会展、设计、专利、人力资源等专业服务领域，由 10 个市级相关部门牵头，推出 190 项开放创新举措。

（二）2020年至今：国家服务业扩大开放综合示范区建设阶段

2020 年 9 月，习近平总书记在 2020 年中国国际服务贸易交易会上宣布，为更好发挥北京在中国服务业开放中的引领作用，将支持北京打造“国家服务业扩大开放综合示范区”，加大先行先试力度，探索更多可复制可推广经验。随后，国务院批复《深化北京市新一轮服务业扩大开放综合试点建设国家服务业扩大开放综合示范区工作方案》（简称“示范区 1.0 方案”），标志着北京市服务业扩大开放正式由“试点”升级为“示范区”，国家服务业扩大开放综合示范区成为推动北京高质量发展、构建北京新发展格局的“两区”之一。示范区 1.0 方案中提出了到 2025 年和 2030 年的发展目标，统筹发展和安全，对接国际高标准经贸规则，从而提升服务业的经济规模和国际竞争力。示范区以“重点产业+重点园区”建设为主要任务，注重制度创新和要素供给，围绕 9 个领域、17 个区域以及 4 个要素制定一系列细化方案，形成了高水平服务业扩大开放体系。

3 年多的时间里，国家服务业扩大开放综合示范区实施了 120 多项试点任务和近 50 项全国首创性政策，落地了 70 多个全国标志性项目，建设了 90 多个功能型服务性平台，开展了 50 项体制机制创新，为推进更大范围、更宽领域、更深层次的开放做出了良好示范。2020 年 9 月到 2023 年 9 月，示范区累计吸收服务业外资 457.5 亿美元，占全国服务业吸引外资的 11.2%，率先探索了以服务业为主导的产业开放模式，积极服务和融入新发展格局。[①] 此外，在国家服务业扩大开放综合示范区的建设过程中，关于示范区的相关标准设置、评价指标等更加完善，推动建立了更加高质有效的示范区。2023 年 11 月，国务院批复《支持北京深化国家服务业扩大开放综合示范区建设工作方案》。这一方案是在 2020 年出台的示范区 1.0 方案基础上的迭代升级，推出了 170 多项新的试点举措，因此也被称为“示范区 2.0 方案”。

二　北京服务业扩大开放的主要成就

（一）服务业开放规模扩大、开放结构优化

服务业扩大开放试点示范的成就首先体现在服务业开放规模的逐渐扩大，且开放结构更加优化。从服务业实际利用外资情况来看，2018~2022 年，北京服务业累计实际利用外资额达 716.2 亿美元，占 2018~2022 年全市累计实际使用外资总额的 94.7%，服务业实际利用外资占全市实际利用

① 《国务院新闻办就深化国家服务业扩大开放综合示范区建设有关情况举行发布会》，https：//www.gov.cn/lianbo/fabu/202311/content_6917485.htm，2023 年 11 月 25 日。

外资总额的比例整体呈上升趋势（见图 1）。从服务贸易进出口情况来看，2015～2018 年服务贸易进出口总额整体呈增长趋势，平均增长率超过 20%。受新冠疫情影响，2020 年服务贸易进出口总额有所下降，但是 2021～2023 年逐步实现高增长，服务贸易进出口总额从 1302.8 亿美元增长到 1584 亿美元（见图 2）。从服务业新设立外资企业的角度来看，2023 年全市新设外资企业 1729 家，同比增长 22.8%，其中主要集中在科技服务业、商务服务业、批发零售业以及文体娱乐业 4 个服务行业，合计占比近九成。①

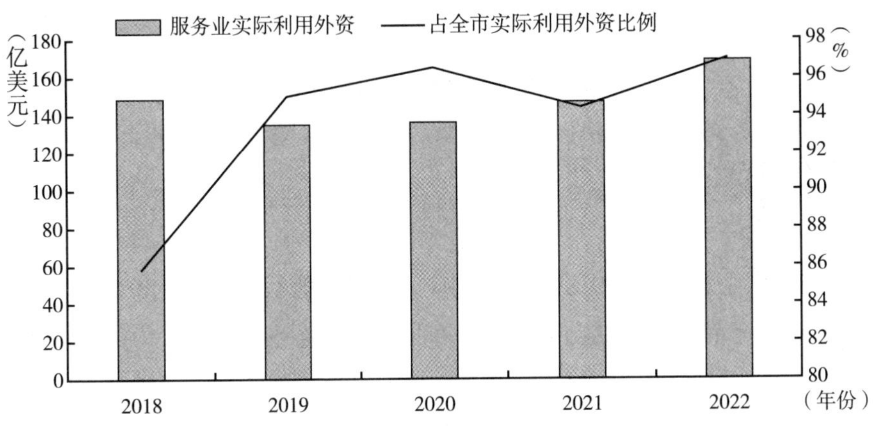

图 1　2018～2022 年服务业实际利用外资总额及占全市实际利用外资比例

资料来源：北京市商务局。

从服务业扩大开放的结构来看，近年来服务业扩大开放结构逐渐优化，科技服务业、信息服务业、商务服务业、金融业等现代服务业已然成为推动北京服务业发展的优势行业。2022 年，服务业扩大开放重点领域实际利用外资 158.6 亿美元，同比增长 20.6%，其中科技、互联网信息、商务和旅游服务领域比重超九成。② 2018～2022 年，科技服务业、信息服务业、商务服务业和金融业 4 个优势行业累计实际利用外资 615.2 亿美元，占 5 年内全市

① 《关于北京市 2023 年国民经济和社会发展计划执行情况与 2024 年国民经济和社会发展计划的报告》。

② 《北京市 2022 年国民经济和社会发展统计公报》。

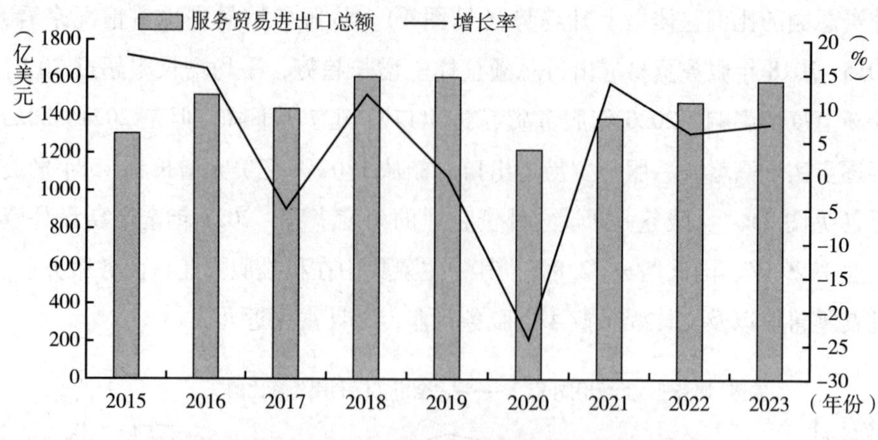

图2　2015~2023年服务贸易进出口总额及增长率

注：2023年服务贸易进出口增长率数据来源于北京市商务局在2024年全市商务工作会议上的报告，进出口总额数据根据增长率推算而得。

资料来源：北京市商务局。

累计实际利用外资总额的比重达81.4%，位居所有行业前4。2018~2022年北京累计实际利用外资总额的行业分布见图3。此外，这4个优势行业累计

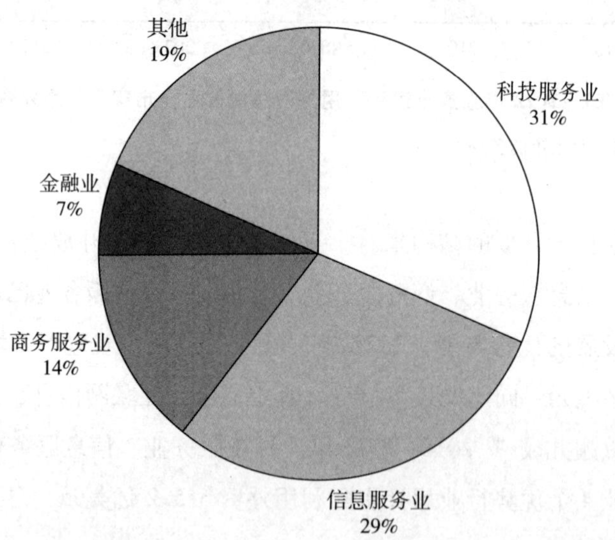

图3　2018~2022年北京累计实际利用外资总额的行业分布

资料来源：北京市商务局。

新设立外资企业 5593 家，占 5 年内全市累计新设立外资企业总数的 71.1%。其中，信息服务业以及金融业以不到一成的企业数量，贡献了近四成的实际利用外资额。2018~2022 年北京累计新设立外资企业的行业分布见图 4。

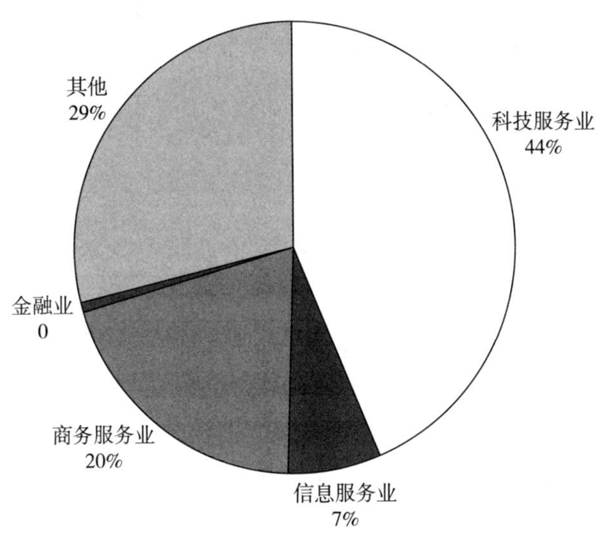

图 4　2018~2022 年北京累计新设立外资企业的行业分布

资料来源：北京市商务局。

（二）政府服务政策和支持平台逐渐完善

自 2015 年《北京市服务业扩大开放综合试点总体方案》出台之后，北京市就一直在探索如何通过服务支持政策和便利化的平台措施，来推动服务业扩大开放进程。第一，“一体化”“直通车”“一站式”“多证合一”“绿色通道”等服务平台和政策的出台，为企业的设立、备案和管理提供了便利化条件。第二，相关信息共享和服务平台的建设，为企业和人才获取相关政策信息与服务，以及办理登记注册、进行远程查询和获取材料等提供了条件。同时，通过标准化服务体系建设和相关讲座、培训的开展，进一步提升了相关人员了解政策、解读政策的能力。第三，服务业扩大开放监督管理机制、标准化体系以及评价体系的建设，统筹了服务业扩大开放的发展与安全，减少了风险，推动了北京一流法治化、标准化营商环境建设，提升了相关企业管理、项目推进和园区建设的规范性和有效性，以成果为导向推动服务业扩大开放。第四，服务业扩大开放试点过程中的人才激励机制为外籍人才出入境、在华永居以及在京就业服务工作等提供了便利，也进一步明确了外籍人员的资质，进一步吸引优秀人才来京创新创业。北京市服务业扩大开放相关支持政策和平台建设示例见表1。

表1　北京市服务业扩大开放相关支持政策和平台建设示例

类型	举例
便利化政策和平台	• 外商投资企业工商备案事项一体化 • “境外投资直通车”网上备案平台 • 中小企业出口金融服务平台 • 一站式进出口公共服务平台 • 外商投资企业设立商务备案与工商登记一口一表受理 • “多证合一、一照一码”改革,全面实施外贸领域“多证合一” • 《关于深入优化京津口岸营商环境进一步促进跨境贸易便利化若干措施的公告》
信息共享和服务平台	• 企业登记档案共享利用机制 • 公共信息服务平台 • 全程电子化登记注册系统 • “两区”政策导航平台 1.0 版
监管机制	• 信用管理系统 • “两区”建设司法服务和保障 • 国家权威金融标准研究平台
人才激励措施	• 外籍人才出入境改革“新十条” • “直通车”国际引才引智模式 • 外籍人才在华永久居留积分评估 • 《北京市外籍人员劳动合同示范文本》 • 《北京市境外职业资格认可目录(3.0 版)》

资料来源：通过北京市服务业扩大开放相关政策文件汇总而得。

政策的相互协调，可以构成服务支持服务业扩大开放的“全链条、全流程”生态体系。例如，北京市丰台区通过数据库建设、市场化机制引入、创新指数评价体系建设等方式，构建了覆盖前、中、后期的科技创新链，聚合科技服务数据、技术与资源，形成覆盖科技创新全链条的科技服务生态。

（三）注重国际交流，对接国际高标准经贸规则

当前，服务领域的国际规则已然成为国际经贸规则的重点领域，而在北京市服务业扩大开放过程中，特别是在2020年国家服务业扩大开放综合示范区建设启动之后，北京更加积极主动地对接国际高标准经贸规则，提升服务业改革效率。

2021年，我国正式申请加入《全面与进步跨太平洋伙伴关系协定》（CPTPP）、《数字经济伙伴关系协定》（DEPA），开启新一轮国际高标准经贸规则对接工作，有利于加快推动服务领域开放向纵深推进。2022年1月《区域全面经济伙伴关系协定》（RCEP）正式生效之后，北京积极运用开放承诺与规则，提升服务业开放水平。北京市印发《把握RCEP机遇助推“两区”高水平发展行动方案》，成立首个“B&R · RCEP创新服务中心”，并上线北京市RCEP知识产权公共服务平台，从而进一步提升知识产权保护水平、促进知识产权转化应用、推动国际合作与交流，以及加强知识产权保护与执法合作。2022年，北京市企业在RCEP成员国新增直接投资4.88亿美元。① 国务院于2023年批复的示范区2.0方案中，更是有40%的政策主动对接国际高标准经贸规则，一共对接了20多个专章的条款。此外，北京在服务业扩大开放过程中更加注重国际交流，发挥中国扩大开放的重要窗口作用，召开多场产业合作发展论坛、企业全球化论坛，并在农业科技服务、健康、数字经济、科技创新等领域召开多场“两区”建设推介活动。

---

① 《2023北京市投资发展报告》。

（四）成为中国服务业扩大开放的典范

2020年9月，习近平总书记提出将北京设立为国家服务业扩大开放综合示范区的目的，就是“更好发挥北京在中国服务业开放中的引领作用”，“探索更多可复制可推广经验”。因此，示范经验的推广一直是北京服务业扩大开放过程中的重要工作之一。自2018年起，试点示范开始陆续向全国推广经验和案例。一方面，在全国范围内，商务部通过印发《国家服务业扩大开放综合试点示范建设最佳实践案例》《关于做好北京市服务业扩大开放综合试点经验复制推广工作的通知》等文件，采用“一地一例”“一业一例”的形式，向全国推广北京市服务业扩大开放的实践经验。2018年，外商投资企业全周期管理机制等4个实践案例由商务部向全国推广；2020年，向全国复制推广金融、科创、民生等领域的6项试点经验；2021年，商务部推广10项北京市国家服务业扩大开放综合示范区建设经验，发布北京市科技服务体系建设、文旅服务提质升级、金融服务创新、公共服务数字化、区域合作模式优化等最佳实践案例；2023年，商务部印发国家服务业扩大开放综合试点示范建设第二批最佳实践案例，面向11个服务业扩大开放综合试点示范省市提炼形成了9个集成化的案例，其中涉及北京市服务业扩大开放综合示范区建设的有7个，涵盖26项改革创新举措。另一方面，在全市范围内，北京市“开放北京”平台多次发布市级改革创新实践案例，包括重点产业提质增效、核心要素优化供给、政府职能加快转变、开放平台不断加强等多个方面，向全市复制推广改革创新案例。

三 其他省市服务业扩大开放经验

继北京市启动服务业扩大开放综合试点之后，全国范围内先后两批10个城市加入试点范围，累计推广8批100多项服务业开放创新成果，基本形成覆盖东南西北中、引领产业发展的开放布局。在这样的实践探索下，中国服务业扩大开放水平逐渐提升，成为2023年服务贸易限制指数（STRI）[①]降幅最大，即服务贸易改革自由化程度最高的国家。各试点城市因地制宜地开展差异化探索创新，取得了新的进展和明显成效。

（一）开放领域各有侧重，注重开放结构优化

各地在服务业扩大开放试点过程中都以顶层设计为基础，聚焦科技、电信、金融、商务等重点领域，发挥各自的区域优势和行业优势，统筹风险和安全，不断提升扩大开放程度。从开放领域来看，各地服务业扩大开放的重点领域分为充分竞争性服务业（包括科技服务、商务服务、物流运输服务、专业服务等领域）、有限竞争性服务业（包括教育服务、金融服务、健康医疗服务等领域）、自然垄断领域竞争性服务业（包括电信服务、电力服务等领域）以及特定领域服务业（包括文化服务、法律服务等领域），分类推进服务业重点领域深化改革扩大开放。

各地在服务业扩大开放的重点领域选择上也各有侧重。例如，上海注重电信服务业，天津注重数字服务业，海南注重旅游服务业。与其他省市相比，天津较为独特地将会展服务作为服务业扩大开放的重点领域，引进若干国际知名品牌展会，培育一批特色展会。海南较为独特地将文体娱乐业作为发展的重点领域，推动体育与旅游深度融合，鼓励外商投资旅游业，支持中外企业在文化领域合资合作。广州在服务业扩大开放重点领域的选择中增加了居民服务领域，发挥广州市作为家政领跑城市的示范引领作用，做大做强“南粤家政”品牌，加强广州市与港澳之间的家政服务培训及家政劳务输出，推动广州市家政服务业高质量发展。而对比不同批次的开放试点城市可以发现，第三批（2022年）新增的服务业扩大开放综合试点城市，在开放

① 服务贸易限制指数（Services Trade Restrictiveness Index）是OECD推出的用于衡量服务贸易壁垒的指数，收集包括信息服务、专业服务、电信、运输、邮政、金融等在内的19个行业的服务贸易限制信息。该指数于2014年推出，每年更新一次，是一个独特的循证工具，提供有关影响所有经合组织成员国以及巴西、中国、印度、印度尼西亚、哈萨克斯坦、马来西亚、秘鲁、新加坡、南非、泰国和越南的服务贸易法规信息。

工作方案中更加注重将现代服务业同先进制造业“两业”融合，在重点开放领域的选择中更加关注专业服务领域、法律服务领域、电力等能源领域以及批发和零售服务领域，服务业扩大开放的范围更大。

此外，优化扩大开放的行业结构是各地服务业扩大开放的共同特征，其中，科技服务、金融服务和教育服务领域是所有服务业扩大开放省市都重点关注的领域。各试点城市注重将重点产业、重点平台和重点园区相结合，深化“放管服”改革，促进贸易投资自由化、便利化，运用大数据、人工智能等新兴技术，助推服务业扩大开放的便利化和安全性发展。

（二）充分发挥自身区域和行业优势

在各省市服务业扩大开放过程中，“发挥比较优势”是服务业扩大开放的基本原则之一，各地基于自身区域优势和行业优势，深化重点领域改革，提升服务业国际竞争力和发展水平。

从区域优势来看，试点省市的拓展布局体现出区域协调发展和区域示范带动的特点。例如，在京津冀地区，选择北京和天津作为京津冀协同发展战略中的服务业扩大开放综合示范区和试点城市，推动京津冀产业链、供应链协同发展，加强口岸建设与联动发展，并在人才等政策上实现互通。在成渝地区，选择重庆和成都作为试点城市，发挥其在西部大开发等发展战略，及成渝地区双城经济圈建设中的优势。在粤港澳大湾区，选择广州作为试点城市，与港澳地区开展专业服务合作。海南在服务业扩大开放综合试点的过程中，也充分发挥了其面向太平洋和印度洋、背靠超大规模国内市场的区位优势。

从行业优势来看，各试点城市注重将服务业同已有特色产业、特色平台相结合，从而形成协同发展的局面。例如，天津在服务业扩大开放的过程中，充分依赖其先进制造和研发转化能力优势，在航运物流服务、科学技术服务、互联网和信息服务、金融服务、新业态服务等重点领域扩大开放。南京则充分发挥其在科技创新、科教人才、交通区位等方面的综合优势，在知识产权全产业链服务体系建设、历史文化资源的保护与产业化运营开发等方面开展探索。

四　北京促进服务业扩大开放的政策建议

示范区 2.0 方案围绕推进服务业重点领域深化改革扩大开放、聚焦新兴业态规则规范、优化贸易投资制度安排、完善公共服务政策环境、强化权益保护机制、健全风险防控体系 6 个方面，推出了 170 多项新的试点举措。在示范区 2.0 方案的指引下，未来持续深化建设国家服务业扩大开放综合示范区，应在更大范围、更多领域拓展服务业扩大开放维度，加强服务业制度创新，加强服务领域规则建设，构建高标准服务业开放制度体系，优化政府服务，提升监管水平，并进一步将大数据等新兴技术同服务业扩大开放的制度和治理相结合。依照示范区 2.0 方案，北京促进服务业扩大开放可以从以下几个方面展开。

（一）助推北京新质生产力加快发展

在 2024 年首都经济社会高质量发展推进大会中，尹力书记强调“发展新质生产力是推动高质量发展的内在要求和重要着力点”，重点领域改革要在科技体制、营商环境、投融资和民生保障等方面不断取得突破，扩大开放要用好“两区”“四平台”，形成与新质生产力相适应的体制机制。发展新质生产力的要点是创新驱动技术革命性突破，创新生产要素配置，实现产业深度转型，而新质生产力的加快发展是一项系统性、整体性、全局性的大工程，需要各部门、多领域协调促进。由此可见，面对新时代高质量发展的新命题，国家服务业扩大开放综合示范区的深化建设要进一步以服务和支持新质生产力加快发展为切入点，进一步优化开放结构，推动科技服务业、金融服务业，特别是科技金融、绿色金融等领域的深度开放，把服务业扩大开放的重点集中到战略新兴产业和价值链的高端环节，提升服务业扩大开放对先进制造业核心竞争力和技术水平的促进作用，从而形成与产业转型、新质生产力发展相匹配的服务业扩大开放体系。

（二）推进更加全面的服务业扩大开放

在深化国家服务业扩大开放综合示范区建设过程中，应首先探索更宽领域、更深层次的服务业扩大开放，在扩大重点开放产业的基础上，进一步探索新兴业态的扩大开放，聚焦数字经济、绿色金融、知识产权等领域，从行业布局上实现全面开放。其次，在不同行业内部，也应实现更加全面的扩大开放。例如，在专业服务领域，探索法律、证券投资咨询、期货交易咨询等业务，促进京港澳专业机构合作。探索会展服务业，积极举办国际组织年会和会展活动。立足首都的区域优势和产业优势，构建京津冀协同发展的高水平对外开放平台，立足北京“四个中心”功能定位，发挥自身比较优势和引领作用，培育新兴业态，塑造国际合作和竞争的新优势。

（三）对接国际高标准经贸规则

当今世界百年未有之大变局加速演进，全球经济格局发生深刻变化，服务业扩大开放面临着来自国际范围内更大的压力和挑战。因此，亟须进一步对接国际高标准经贸规则，并在此基础上积极推动新一轮国际经贸规则的制定。

一方面，加强与国际高标准经贸规则的对接和协同，在数字经济、公共管理服务、贸易投资制度安排等方面，加强国际合作与交流，提供符合国际标准的便利化服务。另一方面，更加主动地参与到国际行业标准的制定过程中，主动推动国际高标准经贸规则的制定。例如，参与制定数字经济领域标准规范，探索人工智能治理标准研究与规则建设。在优化知识产权保护体系的过程中，积极参与并推动国际知识产权规则研究与完善。

（四）以市场需求为导向优化政府服务

进一步明确政府监管与市场自由化之间的关系，以市场需求为导向，优化营商环境，提高服务业扩大开放的便利化程度。首先，进一步完善服务业扩大开放的法规体系，对照《中华人民共和国外商投资法》，完善负面清单管理制度，形成负面清单动态调整机制，做到对服务业领域条目内容和有关表述只减不增。其次，进一步完善服务平台和服务政策。通过“全网通办”“一站式服务体系”等平台建设，减少相关企业、个人参与服务业扩大开放的制度成本。加大政策扶持力度，通过财政、金融、数字化等多方面的手段，进一步满足企业特别是中小企业在资金、技术、信息、人才等方面的需要，改善创新环境，给予企业更大的贸易自由化空间。

进一步完善政府监管体系，统筹发展和安全，加强服务业扩大开放的风险管理。进一步完善覆盖事前、事中、事后全过程的监管体系，完善监管规则，创新监管方式，加强市场监管、质量监管、安全监管、金融监管的全方位协同，做到权责明确、公平公正、公开透明。可以考虑制定北京服务业扩大开放监管评价体系，对标 OECD 等国际组织的标准，对自由化程度、便利化程度、法治化程度等进行全方位考察。优化跨境服务贸易监管模式，对合规企业减少办理次数，对不合规企业进行严格监管。

（五）探索服务业扩大开放新模式

一方面，从开放行业的角度来看，应进一步探索数字服务业的开放共享，进一步提高首都产业数字化创新能力和水平。另一方面，从市场和监管体制建设方面来看，应进一步依托信息化、数字化、智能化手段提升管理效能。例如，利用大数据技术探索数据共享模式，打破行业间、部门间的信息孤岛，实现行业内数据标准化和开放互通；建设服务业大数据平台，并将其同智慧城市平台、政府部门数据平台等互联互通，实现数据共享。但是，在进一步开放共享的过程中，同样需要防范信息化、数字化、智能化所可能带来的信息安全问题，统筹风险和安全。

参考文献

[1] 谢天成、朱晓青：《打造服务业扩大开放的北京样板》，《前线》2021 年第

9 期。

[2] 刘向东：《服务业扩大开放综合试点再扩围的重要意义》，《金融博览》2023 年第 7 期。

[3] 顾学明：《提升服务业开放水平助力加快形成双循环新发展格局》，《旗帜》2020 年第 10 期。

[4] OECD, *OECD Services Trade Restrictiveness Index: Policy Trends up to 2024*, 2024.

[5] 何曼青、张壹岚、曹靓宁：《"十四五"扩大服务业开放进路》，《开放导报》2020 年第 2 期。

[6] 王微、刘涛、刘馨：《全球视野下的中国服务业开放》，《中国经济报告》2023 年第 5 期。

[7] 董蓓：《建设持续深化　贡献日益显现》，《光明日报》2023 年 11 月 25 日，第 3 版。

B.11
北京建设发展技术市场的实践探索

孙玉秀*

摘　要： 随着科学技术的发展，技术作为一种重要的生产要素，市场规模越来越大，在我国现代化市场体系和创新体系中发挥着至关重要的作用。2023年，北京技术市场认定登记的技术合同成交额突破8000亿元，合同总量突破10万项。技术市场政策体系不断完善，技术市场管理服务体系日趋优化，技术交易主体结构稳定，重点区域技术市场创新活力凸显，技术创新的辐射引领作用加强。但是，北京各区技术市场发展失衡，京津冀区域技术市场发展不平衡，技术市场工作机制亟待完善，促进技术市场发展的配套政策有待细化。因此，要在推进北京技术市场发展更好地服务国家战略、构建北京技术市场体系发展新格局、创新北京技术合同认定登记服务机制、完善北京技术市场政策体系等方面加强建设，促进北京技术市场不断向好发展。

关键词： 技术市场　技术交易　高质量发展　北京

加快发展技术市场是国家科技创新战略的重要内容，也是中国式现代化的必然要求，对合理配置科学技术资源、推进科技创新进步具有重大意义。科技部《“十四五”技术要素市场专项规划》明确提出要在“十四五”期间基本建立现代化技术要素市场体系和运行制度，并且基本建成高标准技术要素市场。

* 孙玉秀，经济学博士，中共北京市委党校经济学教研部副教授，北京市高端服务业发展研究基地研究员，研究方向为区域经济、科技创新。

一　北京技术市场的概念

北京技术市场是指在北京地区进行技术交易和服务的市场，是连接技术供给方和需求方的桥梁。技术交易是指供求双方就技术商品与服务的所有权和处置权等方面进行谈判，最终签订合同的系列行为。技术交易对新技术的推广和利用，从而产生技术的增值效益具有重要的促进意义。随着经济社会的进步，技术市场的概念内核发生变化，其交易形式和内容逐渐由简单转向复杂、由低层次向高标准转变，呈现与资本市场、数据市场、知识产权和科技成果交易等各方面交叉融合、深度发展的迹象，逐渐从过去单一提供技术交易的市场转变为提供多样性技术服务的市场。

北京技术市场的交易主体由高校与科研机构事业法人和企业法人构成，此外，参与者还包括政府机构和中介组织。高校与科研机构拥有丰富的科技资源和人才优势，通过与企业合作、技术转让、产学研合作等方式，将科技成果转化为生产力。企业通过引进、消化、吸收和再创新的方式，将科技成果转化为产品和服务，满足市场需求，通过参与技术市场竞争，提高自身技术水平和市场竞争力，推动产业升级和经济发展。政府机构与中介组织为技术市场提供政策支持、资金扶持、信息交流等服务。政府机构通过制定和实施科技创新政策，引导和推动企业进行技术创新和成果转化。中介组织通过搭建平台、组织活动等方式，促进企业间、产学研之间的交流与合作，推动科技成果的转移和转化。

北京技术市场起步于20世纪80年代，伴随着改革开放和科技体制改革的深入，开始出现技术交易和知识产权交易。进入21世纪后，北京技术市场得到了快速发展，市场规模不断扩大，技术交易额持续增长，聚集了大量的技术转移转化、知识产权交易和服务机构，是全国技术交易的核心市场之一。

二　北京技术市场发展现状和特点

（一）技术交易基本情况

2023 年，北京技术市场持续稳定发展，认定登记的技术合同数量和质量均有所提高。从数量来看，认定登记的技术合同项数和成交额达到历史最高水平，分别突破 10 万项和 8000 亿元关卡（见图 1、图 2）。从质量来看，技术成果转化落地成效增强，落地北京的技术合同集中在航空航天和电子信息等高精尖重点领域，落地合同项数达 35361 项，合同成交额达 2333.1 亿元。

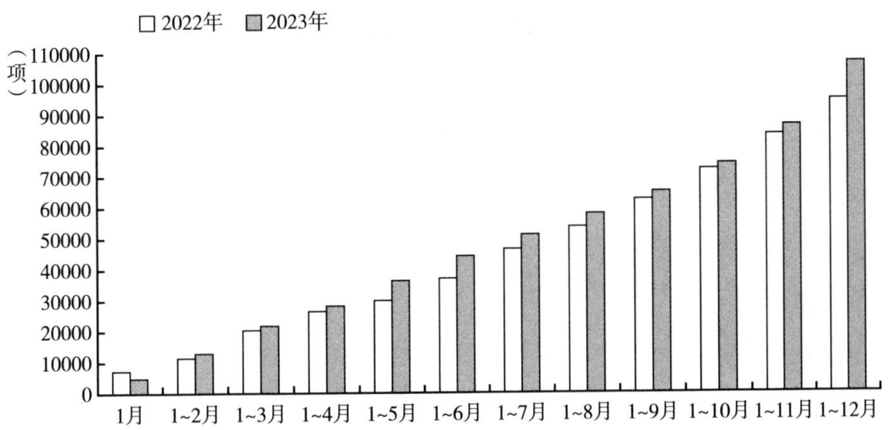

图 1　2023 年 1~12 月北京认定登记的技术合同项数

资料来源：北京市科学技术委员会、中关村科技园区管理委员会。

1. 技术合同项数和成交额

2023 年，北京认定登记的技术合同项数共 106552 项，同比增长了 12.1%。北京技术合同成交额达到 8536.9 亿元，同比增长了 7.4%。

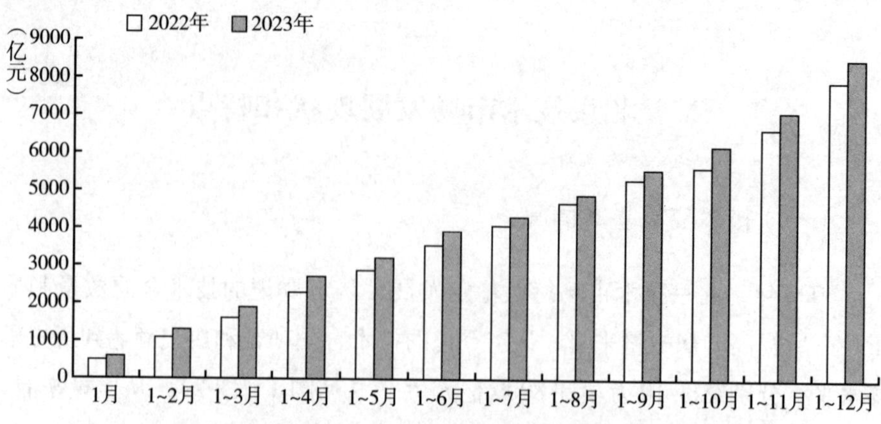

图 2　2023 年 1~12 月北京认定登记的技术合同成交额

资料来源：北京市科学技术委员会、中关村科技园区管理委员会。

2. 技术合同类型和领域构成

2023 年，北京技术开发、技术咨询、技术服务的合同成交额均有不同幅度的增长（见图 3）。技术服务与技术开发依然是技术交易的主要方式，2023 年两者合同成交额共计 8234.6 亿元，占全市技术合同成交额的 96.4%。2023 年，技术服务合同成交额继续稳居 4 类合同首位，为 6054.8

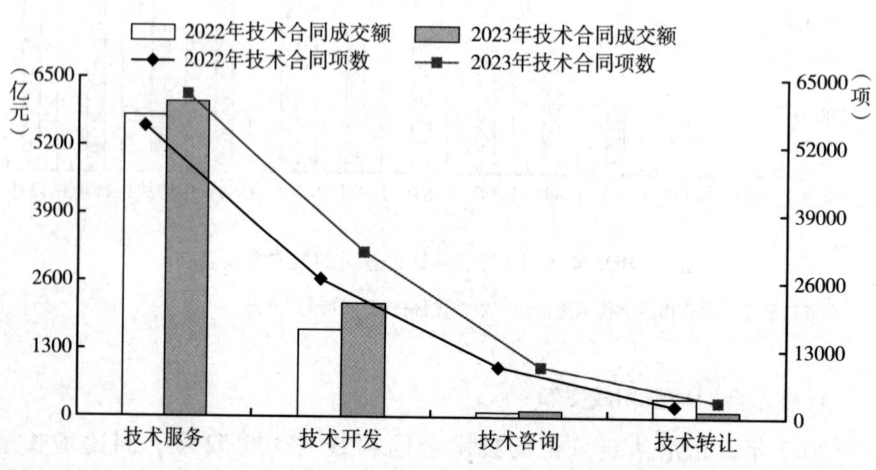

图 3　2023 年 1~12 月北京技术合同类型分布

资料来源：北京市科学技术委员会、中关村科技园区管理委员会。

亿元，占全市技术合同成交额的 70.9%；技术开发合同成交额为 2179.8 亿元，占全市技术合同成交额的 25.5%。北京技术交易集中在电子信息、城市建设与社会发展和现代交通领域（见图 4）。2023 年，电子信息、城市建设与社会发展和现代交通领域的技术合同成交额总共 6144.2 亿元，占全市技术合同成交额的 72%。其中，电子信息领域的技术合同成交额为 2516.0 亿元，占全市技术合同成交额的 29.5%；城市建设与社会发展领域的技术合同成交额为 2272.0 亿元，占全市技术合同成交额的 26.6%；现代交通领域的技术合同成交额为 1356.2 亿元，占全市技术合同成交额的 15.9%。此外，新能源与高效节能、航空航天和核应用技术领域的技术合同成交额增长较快。

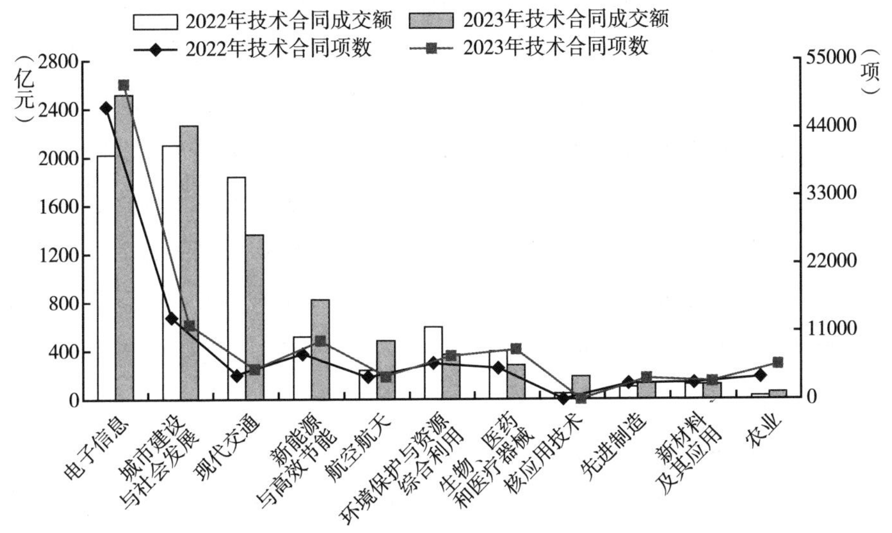

图 4　2023 年 1~12 月北京技术交易领域

资料来源：北京市科学技术委员会、中关村科技园区管理委员会。

（二）发展特点

1. 技术市场政策体系不断完善

北京于 2002 年开始颁布实施《北京市技术市场条例》。该条例共包括六章 42 条，分别从技术市场秩序、技术市场服务、促进与保障和法律责任等方面，为北京地区技术市场发展提供了立法保障。随后，该条例分别于2016年、2019年、2021年进行了3次修订，修订后的《北京市技术市场条例》共六章39条，从取消认定登记收费，到调整职务技术成果奖励条款，再到增加技术许可合同类型，一步一步为技术市场发展营造良好法治环境。为加快发展北京技术市场，北京市科委、中关村管委会于2023年重新修订了《北京市技术合同认定登记管理办法》，进一步明确和规范了技术合同认定登记程序和相关工作。

2. 技术市场管理服务体系日趋优化

2023年，北京技术市场技术成果转化率进一步提高，技术市场管理服务体系日趋优化。目前，北京已经形成了由市区两级科技部门和北京经济技术开发区科技部门组成的技术市场管理服务体系，共有29家技术合同登记机构和33个服务窗口。北京技术合同网上登记系统是北京市技术合同认定登记的重要平台，在进行区块链和人工智能等技术改造之后，已经具有在线打印技术合同登记证明等功能，从而实现了技术合同登记全程网上办理。根据技术合同认定登记流程，申报材料由10项精简为2项，精简率达80%，认定登记的办理时限由22个工作日缩减到10个工作日，压减率达55%，申报材料和时限的减量措施，进一步激发了创新主体登记的内生动力。

3. 技术交易主体结构稳定

2023年，北京开展技术合同认定登记的卖方达7000多家。企业仍为技术交易主体，企业法人输出技术合同成交额占到全市的90%以上。北京医疗卫生机构和科研机构的科技成果供给能力不断加强，技术供给的市场契合度有所提升，输出技术合同成交额同比增长超过40%，其中落地本市的技术合同成交额增长将近一倍。

4. 重点区域技术市场创新活力凸显

重点区域技术市场交易活跃，主平台创新能力不断提升。从技术合同成交额占比来看，2023年中关村科学城、怀柔科学城、未来科学城和北京经济技术开发区共同创造了北京50%的成交额，仅海淀区一区的成交额就占到全市的41.5%，成为北京最活跃的技术市场。

5. 技术创新的辐射引领作用加强

2023年北京对津冀的技术辐射作用加强，从技术合同流向来看，北京流往津冀的技术合同快速增长，成交额达748.7亿元，比2022年的356.9亿元翻了一番多，而且主要集中在现代交通和城市建设与社会发展等领域，为京津冀的科技创新一体化提供了更为有利的条件。

三　北京技术市场发展面临的问题

（一）北京各区技术市场发展失衡

北京地区技术交易规模发展不均衡，集中在部分城区，落后地区市场规模偏小。2023年，北京市输出技术合同成交额前3位的是海淀区、朝阳区和东城区，3个区的输出技术合同成交额共5956.1亿元，占全市总量的69.8%，而其他区仅占全市总量的30.2%。其中，海淀区最为突出，其输出技术合同成交额为3550.4亿元，占全市的41.6%；朝阳区输出技术合同成交额为1404.8亿元，占全市的16.5%；东城区输出技术合同成交额为1000.9亿元，占全市的11.7%。部分地区因自身条件不足，技术市场基础设施建设不完善，服务保障能力不足，市场主体参与性不强，服务机构的专业水准不高，缺乏具备专业知识和服务技能的高素质人才，且有利于技术要素有效流动的确权、定价及交易系统尚未完全建立。

（二）京津冀区域技术市场发展不平衡

京津冀产业尚未真正实现协同发展，北京成果转化所需的产业链不完整，技术市场的生态环境开放度不足。从全国技术合同登记情况来看，京津冀技术市场在全国技术交易中的地位呈现差异化特点。北京实力雄厚，稳居全国第一位，津冀表现偏弱。从区域比较来看，与京津冀区域相比，长三角三省一市技术市场发展相对均衡，且总量超过京津冀地区。2023年京津冀技术合同登记情况显示，北京市、天津市和河北省技术合同登记项数分别为106552项、15107项和22613项，技术合同成交额分别为8536.94亿元、1957.38亿元和1789.92亿元，技术交易额分别为6410.66亿元、811.04亿元和595.8亿元。2023年长三角三省一市技术合同登记情况显示，上海市、江苏省、浙江省、安徽省技术合同登记项数分别为50824项、93684项、76010项和30762项，技术合同成交额分别为4850.21亿元、4607.35亿元、4616.04亿元和3670.05亿元，技术交易额分别为4045.03亿元、2850.74亿元、4339.12亿元和1207.26亿元。从总量来看，2023年京津冀技术合同登记总项数144272项，占长三角三省一市251280项的57.4%；京津冀技术合同成交总额12284.24亿元，占长三角三省一市17743.65亿元的69.2%；技术交易总额7817.5亿元，占长三角三省一市12442.15亿元的62.6%。

（三）技术市场工作机制亟待完善

推动科技进步，实现高水平科技自立自强，务必要求实现技术要素顺畅流通和高效转化，从而对技术要素的市场配置效率提出更高的要求。技术、人才、资金、信息、中介等各类技术创新要素融合不够、流动不够。技术转移体系有待完善，专业化服务能力不强。技术要素定价机制和技术评估机制有待明确和规范。知识产权价值评估难，缺乏实施细则以及量化标准。技术市场价格机制的不完善，直接引发技术资产与技术市场脱节、市场价格信号失灵、技术市场效率低下等问题。

（四）促进技术市场发展的配套政策有待细化

在国家层面缺少技术市场专项法律，相关配套政策措施有待完善和统筹。部分单位对成果转化的政策理解不到位，政策法规难以有效落实。同时，缺少相互协调的政府和相关机构以及专业化的技术市场服务和管理体系。促进科技成果转化的评价激励机制有待实质性突破。目前，仍有很多高校院所在职称评定、绩效评价中对科技成果转化指标考核较少、权重较低。关于科研人员职务科技成果的知识产权确权范围以及技术经理人、经纪人职称评定和人才流动的激励机制有待细化，各类主体推动科技成果转化的主动性、转移转化活力有待进一步激发。

四　推进北京技术市场发展的路径探讨

今后，要在推进北京技术市场发展更好地服务国家战略、构建北京技术市场体系发展新格局、创新北京技术合同认定登记服务机制、完善北京技术市场政策体系等方面加强建设，促进北京技术市场更好发展。

（一）推进北京技术市场发展更好地服务国家战略

首先，京津冀协同发展是重大的国家战略，京津冀开展区域市场一体化建设是国家加快建设全国统一大市场的重大部署。面向京津冀科技创新共同体建设，需要更加重视技术要素在促进区域创新中的核心功能，进一步巩固北京技术向津冀辐射功能，激发技术市场活力，打造以北京为技术要素枢纽、京津冀联动的技术市场协同网络。一是支持建设京津冀互联互通的技术交易市场，连接京津冀各区域或各行业的技术交易市场，打破信息壁垒；二是支持北京地区与津冀地区的创新资源对接，建立京津冀知识产权和技术成果交易信息的联合发布规则，服务好京津冀协同创新，支撑好雄安新区建设；三是支持京津冀各地区技术市场发挥各自资源优势，多渠道推进京津冀技术市场差异化发展，助力京津冀技术资源优化配置，促进技术创新主体的综合运行成本降低，促进跨区域先进技术、前沿知识的合作交流，激发产业动能和产业发展的创新活力。

其次，科技部强调在“十四五”期间基本建成中国技术交易所等几个国家级技术交易机构。因此，需要积极支持中国技术交易所争取建设全国性技术交易服务平台，推动中国技术交易所与上海技术交易所、深圳证券交易所共研共建交易流程规范和交易信息共享机制，完善科技资源共享服务体系，促进京津冀、长三角、粤港澳区域联动，持续增强对高端技术资源的吸引力，在国家创新体系中发挥重要作用。

（二）构建北京技术市场体系发展新格局

一是坚持多元化原则，探索建立技术资产价值评估、协商评价定价、招标投标及拍卖等多措并举的技术交易综合定价体系。优化专利开放许可交易服务模式，建立完善知识产权筛选评价机制，搭建估值工具集成服务平台。提升数字化基础设施对交易业务的支撑能力，形成基于区块链技术的知识产权交易全流程技术体系。二是制定北京技术交易数据标准和质量，提升技术市场监督管理体系的信息化水平。通过监督管理办公系统信息化来进一步提高技术市场抵抗运营风险和交易风险的能力。三是建立完善的北京技术市场诚信履约服务体系，进一步完善技术交易诚信信息发布机制和信用等级评价机制，同时加强对技术交易违约失信行为的确认、档案记录和惩戒等机制建设。

（三）创新北京技术合同认定登记服务机制

一是充分发挥各区资源优势，激活北京市各地区技术市场，优化登记机构布局，不断规范登记机构管理，做好技术交易数据的分析研究，建立技术市场行业规范。二是持续优化认定登记流程，进一步加强技术合同网上登记系统升级改造，精心精细精准服务技术交易主体。各地区的技术合同登记机构应加强调研走访，及时了解和响应技术交易主体的需求，快速有序开展技术合同认定登记工作。三是做好登记服务标准化的研究，持续提升认定登记的便利度、快捷度和满意度。把技术合同认定登记工作作为科技成果转化的重要抓手，切实加强技术合同签订指导工作，加大技术需求挖掘力度，研判技术发展趋势，引导发现优势行业和优势企业，明确可以培育的技术市场发展方向，强化相应的研发投入引导，提升服务成效。四是加大培训力度，在全市各区建立一支业务能力更强、政策水平更高的技术合同认定登记工作队伍，进一步激发全市各区的技术交易活力。

（四）完善北京技术市场政策体系

一是探索技术交易的税收优惠政策与人员激励政策创新。技术市场的建设不仅要解决技术供需双方的交易问题，而且需要技术交易的中间人，如技术经理人、评估师等高素质技术中介人才和专业的技术中介机构，提供经纪和评估等服务，解决技术市场买方和卖方的信息不全和信息不对称等问题，促进技术交易。加快培育北京技术人才和技术中介人才，建立人才档案，构建信用和评价制度，加快培育北京高水准的技术转移转化、技术保险等专业技术中介机构。紧密围绕创新主体的需求，深入一线、深入创新主体开展政策需求调研，提供科技成果从实验室到转化落地的全链条服务，做好政策创新探索，引导政策落地实施，为生物医药、新一代信息技术、新能源、航空航天、集成电路等国家重点领域的关键核心技术的市场化应用赋能，为科技成果转化提供支撑。二是探索促进科技金融与技术市场发展深度融合的政策创新。促进技术要素与资本要素的融合发展，创新科技金融产品，推动科技成果资本化。三是探索促进技术交易与知识产权交易融合发展的政策创新。搭建知识产权质押处置物平台，探索知识产权投融资交易服务。通过搭建数据底座、建立服务标准、聚集服务资源、创新服务产品、提供公益服务，进一步提升知识产权运营和科技成果转化服务能力。

参考文献

［1］北京市科学技术委员会、中关村科技园区管理委员会，https：//kw.beijing.gov.cn/。

［2］科学技术部火炬高技术产业开发中心，http：//www.chinatorch.gov.cn/jssc/index.shtml。

［3］《筑牢坚实法治根基　护航技术市场发展〈北京市技术市场条例〉颁布实施20周年》，《人民日报》2022年12月2日。

［4］周宇英：《三大区域技术要素市场一体化发展比较及其对粤港澳大湾区启示》，《科学管理研究》2023年第3期。

B.12
北京优化营商环境的实践探索与启示

钟勇　尹彤*

摘　要： 从2017年开始，北京已经完成了6轮优化营商环境改革。以"9+N"政策为切入点，北京持续深化商事制度改革，强化营商环境法治保障，着力提高投融资便利度和贸易便利化水平，提升营商环境市场化、国际化水平。一系列改革措施的实施大幅优化了北京营商环境，提升了北京营商环境的国内外排名，营商环境重点领域改革实现了从"量变"到"质变"的飞跃。北京优化营商环境改革采取小步快跑、迭代升级的方式，坚持改革必须由上至下强势推进，不断强化数字赋能，这些经验对于国内其他地区具有重要借鉴意义。

关键词： 营商环境　数字政务　市场化　国际化

一　北京营商环境不断优化提升

（一）北京优化营商环境改革取得实实在在的成效

自2017年9月以来，北京优化营商环境政策经历了从1.0版到6.0版的不断升级。从最初对标世界银行《全球营商环境报告》中的10个评价指标，采取有针对性的措施，到2023年出台《北京市全面优化营商环境助力企业高质量发展实施方案》，营商环境重点领域改革实现从"量变"到"质

---

* 钟勇，经济学博士，中共北京市委党校副教授，北京市高端服务业发展研究基地研究员，研究方向为宏观经济、产业经济和国企改革；尹彤，中共北京市委党校研究生，研究方向为国民经济学。

变”的飞跃，大幅提升企业获得感，助力各类经营主体更好更快发展。随着营商环境的改善，北京市场主体数量显著增加，在历经非首都功能疏解以及新冠疫情之后，市场主体存量从 2017 年末的 210.0413 万户，发展到 2023 年底的 255.6407 万户，创历史新高，增长 21.7%。北京市 2017~2023 年市场主体存量的变化情况如图 1 所示。

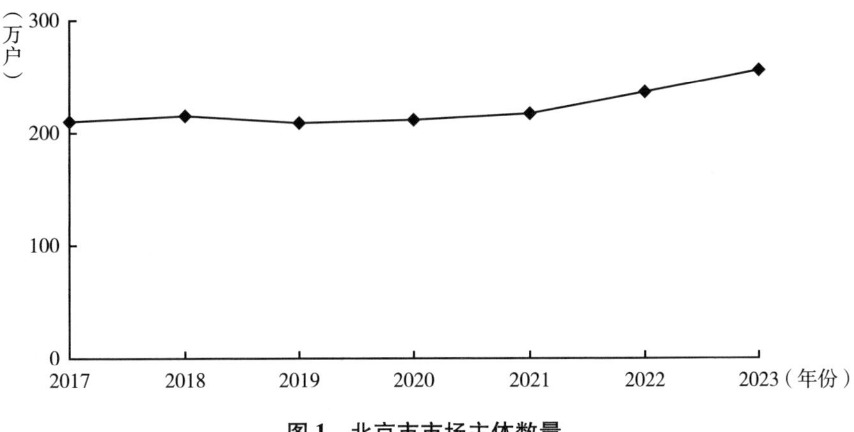

图 1　北京市市场主体数量

资料来源：北京市市场监督管理局发布的 2017~2023 年北京市经营主体发展情况简报，见北京市市场监督管理局网站（https：//scjgj.beijing.gov.cn/zwxx/sjfb/sjjd/）。

根据《2023 年政府工作报告》，2018~2022 年，北京市“营商环境实现从‘跟跑’到‘领跑’的转变，迭代推出五个版本千余项改革举措，累计减事项超 60%、减时限 71%、减材料 74%、减证明 248 项，实现‘证照分离’改革全覆盖，企业开办、不动产登记等多个领域率先实现一天办结，市政接入服务‘零上门、零审批、零收费’，‘双随机’检查覆盖率超过 90%，市区两级 98%以上事项实现网上办理，创新‘服务包’‘服务管家’制度，顶格落实国家减税降费政策，五年累计新增免减退缓税费 5300 亿元，其中 2022 年超 2000 亿元”。[①] 2023 年，北京市“推进‘6+4’一体化综合

① 《2023 年政府工作报告》，https：//www.beijing.gov.cn/zhengce/zhengcefagui/202302/t20230223_2923029.html。

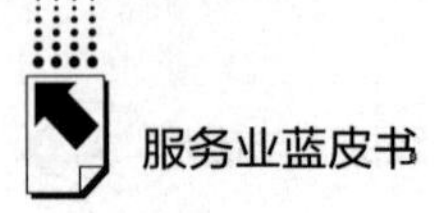

监管改革，拓展市级试点场景至 50 个……推动 46 个部门开展‘一码检查’试点，推进‘双随机、一公开’监管常态化。在 40 个行业推行‘一业一证’改革，推出 62 个‘一件事’集成服务”。[①]

（二）北京营商环境评价成绩优异

从各种营商环境的评估情况来看，北京市的营商环境近几年快速提升，其中世界银行的《全球营商环境报告》最具权威性。在世界银行的《全球营商环境报告》中，中国大陆地区的营商环境全球排名从 2018 年开始大幅提升，从 2017 年的第 78 位上升到 2018 年的第 46 位，2019 年更是提升至第 31 位。[②] 自 2018 年起，连续两年中国被世界银行评选为营商环境改善幅度最大的全球 10 个经济体之一。北京是参评的两个样本城市之一，中国排名的大幅跃升也体现了北京营商环境的大幅改善。世界银行 2020 年报告中有关北京的具体指标更具说服力：开办企业环节从原来的 7 个压缩为 4 个，办理时间从原来的 24 天压缩到 8 天，在开办企业方面的得分为 95.17 分，全球排名第 24；获得电力办理环节从原来的 6 个缩减为 3 个，平均用时由原来的 141 天大幅缩减到 34 天，在获得电力方面的得分为 91.44 分，全球排名第 12；在办理施工许可证方面的得分为 73.44 分，全球排名第 33；在登记财产方面的得分为 88.24 分，全球排名第 21；在获得信贷方面的得分为 79.15 分，全球排名第 46；在保护少数投资者方面的得分为 82.86 分，全球排名第 29；在跨境贸易方面的得分为 88.94 分，全球排名第 20；在纳税方面的得分为 95.00 分，全球排名第 13；在执行合同方面的得分为 89.94 分，全球排名第 18；在办理破产方面的得分为 71.75 分，全球排名第 56。

在国内的营商环境评估报告中，北京的营商环境都处在全国领先水平。在国家发展和改革委员会发布的《中国营商环境报告 2021》中，在涉

① 《北京市 2023 年法治政府建设年度情况报告》，https://www.beijing.gov.cn/gongkai/fzzfjsbg/szf/202403/t20240328_3603714.html。

② 2021 年 9 月 16 日世界银行宣布不再发布其评估各国营商环境的报告，2020 年报告是世界银行发布的最后一期营商环境报告。

及营商环境评价的 18 项指标中北京都被评为“标杆城市”。在粤港澳大湾区研究院和 21 世纪经济研究院共同发布的《2020 年中国大中城市营商环境评价报告》中，北京排名第 3，仅次于深圳和上海。在央视发布的《中国城市营商环境年度报告 2019》中，北京在全国范围内综合排名第 1，2020 年依然保持领先地位。2023 年 12 月 27 日，全国工商联发布了 2023 年万家民营企业评营商环境的主要调查结论，其中北京的营商环境得分在全国 31 个省、自治区、直辖市和新疆生产建设兵团中排名第 1，在依据企业填写的“营商环境最好的省份和城市”的汇总结果中，北京位列最佳口碑省份第 1。

作为优化营商环境的改革先锋和领跑者，北京市的改革经验和做法对其他地区具有借鉴意义。国家对北京的改革成绩充分肯定，2019 年 9 月国务院办公厅在其印发的《关于做好优化营商环境改革举措复制推广借鉴工作的通知》中全面推广京沪两年来优化营商环境的先进做法，要求各地区学习借鉴，其中北京在企业开办、不动产登记、建筑许可办理等 7 个方面的 28 项改革举措在全国复制推广。

二　北京优化营商环境的政策与措施

（一）北京市优化营商环境改革整体情况

2017 年 7 月 17 日，习近平总书记在中央财经领导小组第十六次会议讲话时要求：“北京、上海、广州、深圳等特大城市要率先行动。”① 北京市根据中央要求率先行动，优化营商环境。从 2017 年 9 月出台《关于率先行动改革优化营商环境实施方案》开始，到 2023 年 12 月发布《关于北京市全面优化营商环境打造“北京服务”的意见》，北京一共 7 次集中出台优化营

① 叶仕春：《率先加大改革力度　打造一流营商环境》，http：//www. cfgw. net. cn/2018-06/10/content_ 24730844_0. htm。

商环境的改革政策。[1] 截至2023年底，北京已经完成了6轮优化营商环境改革，共推出1270多项改革举措。目前正在进行第7轮行动。每一轮行动的政策措施都在前一轮效果的基础上递进，推动北京营商环境持续优化。2017~2023年，北京市发布的优化营商环境的政策文件共有33项，如表1所示。

表1　2017~2023年北京市优化营商环境的政策文件

序号	文件名称	发文字号
1	《中共北京市委　北京市人民政府印发〈关于率先行动改革优化营商环境实施方案〉的通知》	京发〔2017〕20号
2	《北京市发展和改革委员会关于印发优化营商环境调整完善北京市固定资产投资项目节能审查意见的通知》	京发改规〔2017〕4号
3	《北京市规划和国土资源管理委员会　北京市发展和改革委员会　北京市住房和城乡建设委员会　市政府审改办　北京市政务服务管理办公室　北京市水务局　北京市园林绿化局　北京市民防局　北京市公安局消防局关于进一步优化营商环境深化建设项目行政审批流程改革的意见》	市规划国土发〔2018〕69号
4	《北京市规划和国土资源管理委员会关于进一步优化营商环境缩短不动产登记办理时限的通知》	市规划国土发〔2018〕73号
5	《北京市商务委员会(北京市人民政府口岸办公室)　天津市人民政府口岸服务办公室　中华人民共和国北京海关　中华人民共和国天津海关　中华人民共和国北京出入境检验检疫局　中华人民共和国天津出入境检验检疫局关于进一步优化营商环境提升京津跨境贸易便利化若干措施的公告》	2018年联合公告第1号
6	《北京市金融工作局　中国人民银行营业管理部　中国银行业监督管理委员会北京监管局关于印发〈关于进一步优化金融信贷营商环境的意见〉的通知》	京金融〔2018〕52号
7	《北京市规划和国土资源管理委员会　北京市住房和城乡建设委员会关于进一步优化营商环境精简行政审批要件的通知》	市规划国土发〔2018〕81号

[1] 《关于北京市全面优化营商环境打造"北京服务"的意见》严格来说还不是具体的改革措施，但是按照以往的惯例，北京市各部门应该会根据《关于北京市全面优化营商环境打造"北京服务"的意见》出台具体的实施方案。

续表

序号	文件名称	发文字号
8	《北京市城市管理委员会　北京市规划和国土资源管理委员会　北京市住房和城乡建设委员会　北京市水务局　北京市园林绿化局　北京市交通委员会路政局　北京市公安局公安交通管理局关于北京市进一步优化电、水、气、热接入营商环境的意见(试行)》	京管发〔2018〕31 号
9	《北京市财政局　北京市国家税务局　北京市地方税务局　北京市人力资源和社会保障局　北京住房公积金管理中心关于印发进一步提升纳税等便利度优化营商环境工作措施的通知》	京财税〔2018〕567 号
10	《北京市工商行政管理局　北京市国家税务局　北京市地方税务局　北京市公安局关于进一步优化营商环境提高企业开办效率的通知》	京工商发〔2018〕9 号
11	《北京市商务委员会(北京市人民政府口岸办公室)　天津市人民政府口岸服务办公室　中华人民共和国北京海关　中华人民共和国天津海关　中华人民共和国北京出入境检验检疫局　中华人民共和国天津出入境检验检疫局关于大力优化营商环境提升京津跨境贸易便利化若干措施的公告》	2018 年联合公告第 2 号
12	《北京市规划和国土资源管理委员会关于落实优化营商环境相关政策进一步完善审批工作的通知》	市规划国土发〔2018〕134 号
13	《北京市住房和城乡建设委员会　北京市规划和国土资源管理委员会关于进一步优化营商环境简化房屋交易流程的通知》	京建发〔2018〕182 号
14	《北京市规划和国土资源管理委员会关于进一步明确优化营商环境政策适用范围的通知》	市规划国土发〔2018〕159 号
15	《北京市城市管理委员会　北京市规划和国土资源管理委员会　北京市住房和城乡建设委员会　北京市园林绿化局　北京市交通委员会路政局　北京市公安局公安交通管理局关于北京市进一步优化电力接入营商环境的意见》	京管发〔2018〕54 号
16	《北京住房公积金管理中心关于落实放管服优化营商环境提升住房公积金归集服务水平的通知》	京房公积金发〔2018〕52 号
17	《中共北京市委　北京市人民政府关于印发〈北京市进一步优化营商环境行动计划(2018 年—2020 年)〉的通知》	无
18	《北京市发展和改革委员会　北京市规划和自然资源委员会　北京市住房和城乡建设委员会　北京市交通委员会　北京市城市管理委员会　北京市经济和信息化局　北京市水务局　北京市园林绿化局关于深化招投标领域“放管服”改革优化营商环境的通知》	京发改〔2019〕691 号
19	《北京市人民政府办公厅关于印发〈北京市新一轮深化“放管服”改革优化营商环境重点任务〉的通知》	京政办发〔2019〕19 号

续表

序号	文件名称	发文字号
20	《北京市商务局(北京市人民政府口岸办公室)　天津市商务局(天津市人民政府口岸服务办公室)　中华人民共和国北京海关　中华人民共和国天津海关关于深入优化京津口岸营商环境进一步促进跨境贸易便利化若干措施的公告》	京津联合公告第6号
21	《北京市地方金融监督管理局　中国人民银行营业管理部　中国银行保险监督管理委员会北京监管局关于印发〈关于加快优化金融信贷营商环境的意见〉的通知》	京金融〔2020〕31号
22	《国家税务总局北京市税务局关于进一步推进破产便利化　优化营商环境的公告》	2020年第4号
23	《北京市市场监督管理局关于印发进一步推进市场主体登记便利化优化营商环境实施办法的通知》	京市监发〔2020〕49号
24	《北京市商务局(北京市人民政府口岸办公室)　天津市商务局(天津市人民政府口岸服务办公室)　中华人民共和国北京海关　中华人民共和国天津海关关于深化京津口岸营商环境改革进一步促进跨境贸易便利化若干措施的公告》	京津联合公告第7号
25	《北京市市场监督管理局关于贯彻落实〈北京市优化营商环境条例〉的实施意见》	京市监发〔2020〕72号
26	《北京市人民政府办公厅关于印发〈北京市进一步优化营商环境更好服务市场主体实施方案〉的通知》	京政办发〔2020〕26号
27	《北京市人民政府关于印发〈北京市"十四五"时期优化营商环境规划〉的通知》	京政发〔2021〕24号
28	《北京市人民政府办公厅关于印发〈北京市培育和激发市场主体活力持续优化营商环境实施方案〉的通知》	京政办发〔2021〕18号
29	《北京市人民政府关于印发〈北京市营商环境创新试点工作实施方案〉的通知》	京政发〔2022〕6号
30	《北京市发展和改革委员会等14部门关于印发北京市进一步优化营商环境推动和保障管理人在破产程序中依法履职若干措施的通知》	京发改规〔2022〕1号
31	《北京市人民政府办公厅关于印发〈北京市全面优化营商环境助力企业高质量发展实施方案〉的通知》	京政办发〔2023〕8号
32	《北京市市场监督管理局关于印发进一步优化营商环境降低市场主体制度性交易成本工作方案的通知》	京市监发〔2023〕15号
33	《中共北京市委　北京市人民政府关于北京市全面优化营商环境打造"北京服务"的意见》	无

资料来源：参见2017~2023年北京市人民政府公报，https://www.beijing.gov.cn/so/zcdh/zfgbHistory。

（二）已经完成的6轮优化营商环境改革情况

目前已经完成的 6 轮优化营商环境改革，其政策通常被官方称为优化营商环境政策 1.0 版至 6.0 版。

1. 北京优化营商环境政策1.0版

2017 年 9 月，北京市相关职能部门在市委市政府的统一部署之下，制定了《关于率先行动改革优化营商环境实施方案》，从投资环境、贸易环境、生产经营环境等 5 个方面提出了优化营商环境的改革措施。2018 年 3 月，根据世界银行评价营商环境的 10 个指标，北京市出台“9+N”政策体系（指 9 项主要政策以及 N 项配套措施）。这些政策集中在开办登记、办理施工许可、获得信贷等重点环节，针对优化营商环境的痛点、难点、堵点问题，借鉴国际领先标准，按照“三精简一透明”（精简环节、精简时间、精简费用和增加透明度）原则，精准施策、重点突破。具体包括：设立企业开办大厅；推广工商登记“全程电子化”；推出税务登记“快捷办理套餐”；推进企业登记“全市通办”；为新开办企业免费发放印章。2018 年 11 月，中共北京市委、北京市人民政府印发《北京市进一步优化营商环境行动计划（2018 年—2020 年）》，明确以“六个统一”的智慧型政务服务体系为技术支撑，着力打造“营商环境四大示范工程”，安排 22 项主要任务，并梳理细化成 298 项任务清单，明确了北京市优化营商环境改革 3 年时间表和施工图。

2. 北京优化营商环境政策2.0版

2019 年 1 月，北京市出台优化营商环境“9+N”政策体系 2.0 版。这一版在 1.0 版的基础上，增加了企业和群众反映集中的诉求和问题，共 156 项措施，并推出《优化营商环境政策 2.0 导航手册》。“9+N”政策体系 2.0 版对 2018 年“9+N”政策体系的各项改革措施进行了进一步深化，在审批服务过程中更快、更好、更省。“9+N”政策体系 2.0 版坚持问题导向，聚焦“简流程、优服务、降成本、强监管”四大方面。在简流程方面，对政务审批和服务事项进行优化梳理，注重审批流程再造。在优服务方面，深化

“一网一门一次”改革：“一网”改革，是指优化升级“一网通办”，推动“网上可办”转向“全程通办”；“一门”改革，是指将2018年推出的综合窗口改革推广至市、区、乡镇（街道）三级政务服务中心；“一次”改革，是指推行“掌上办、自助办、就近办、全城办”，依托“北京通”App，推出100项“掌上办”事项。在降成本方面，采取措施大力降低企业经营成本，如全面落实国家减税降费政策，取消社会投资项目招投标要求，参照低压“三零”服务模式，推出高压客户临电快接“三省”（省力、省时、省钱）服务。在强监管方面，完善事中、事后监管体系，创新监管方式，实施信用数据融合工程，推行“守法便利”原则，同时加强信用记录运用，让失信者寸步难行。

3. 北京优化营商环境政策3.0版

2019年11月，北京市人民政府办公厅印发了《北京市新一轮深化“放管服”改革优化营商环境重点任务》，包括12个方面的204项措施，数量超过前两轮的总和。

除了持续深化以往改革措施之外，这轮改革还推出了一些新的举措。

在深化商事制度改革方面，包括：实现企业法人后续在“e窗通”平台可办理税务、公积金、社保等事项；将企业注销系统合并至“e窗通”平台，企业实现开办和注销“一网通办”；推行企业变更的网上办、承诺办和容缺办；扩大企业登记容缺受理的范围；在丰台区推行企业变更承诺受理，并在海淀区推进区块链技术试点。

在深化工程建设项目审批制度改革方面，包括：推进工程建设项目审批全流程、全覆盖改革；推进“一张蓝图、一个系统、一个窗口”建设；建立以投资项目在线审批监管平台为主体的“统一申报、并联审批、一网通办”审批体系。

在优化市政设施接入服务方面，包括：推动规划和自然资源、住房城乡建设等部门并联审批；扩大用水用气“三零”服务覆盖范围和受益群体，实现小微用气工程“一次不用跑”、其他用气工程“最多跑一次”；实现水、电、气、热、通信掌上办理报装、查询、缴费等业务；将电力报装系统与本市政务服务资源共享平台对接，建立数据和证照共享机制。

在推动不动产登记智能办理方面，包括：全面推进“一网通办”；开展不动产登记电子证照试点；推动不动产登记系统与水、电、气、有线电视等公用服务信息系统对接；建立不动产“掌上”登记中心；推广应用区块链技术，实现户籍人口、营业执照、权籍测绘、司法判决等信息共享应用；开展不动产登记“一证办理”“全城通办”“智能秒批”试点。

在持续提升贸易便利化水平方面，包括：争取国家“两步申报”改革试点；建设“单一窗口”2.0版，推行“多网合一”；推进空港贸易进口提前申报改革措施落实。

在进一步改善融资和税收环境方面，包括：推动小微企业综合金融服务平台建设；设立企业续贷受理中心；设立银行“不动产综合服务点”；更新发布第二批办税事项“最多跑一次”“一次不用跑”“全城通办”清单；推行城镇土地使用税和房产税合并申报。

在加强营商环境法治保障方面，包括：积极推动在国家层面加快修订相关法律，推动本市相关司法实践；推动北京市相关立法工作；推动将全市所有破产案件纳入北京市破产法庭审理；推广法院传票、证据材料等电子送达方式。

在深化招投标领域改革方面，包括：推动招投标全程电子化；制定公路养护工程管理办法，实现全流程采购管理；推进市区两级系统数据共享；推动交通、勘察设计等领域招投标纳入北京市公共资源交易系统；统一北京市公共资源交易服务平台与各分平台公共入口和数字认证服务，实现“一证通办”。

在加强知识产权创造和保护方面，包括：建立本市知识产权领域行政执法、司法审判数据共享机制；推进中小企业知识产权集聚发展示范区建设；推进建立“知识产权管家”制度。

在提升政务服务水平方面，包括：开展政务服务领域智能场景应用试点；全面推进各区各部门政务服务领域电子印章应用；推进京津冀“一网通办”试点工作；大力推行“马上办、就近办、一次办、跨区可办”；推进

“四减一增”改革；完成市、区、街道（乡镇）、社区（村）四级政务服务事项标准化工作；推进同一事项无差别受理、同标准办理；制定各区、各部门3.0版政务服务事项办事指南。

在实施公平审慎的市场监管方面，包括：统筹配置各领域的行政执法职能和执法资源，推动跨部门跨区域联合监管、联合奖惩；完成市场监管部门内部全流程整合，实现市场监管相关部门“双随机、一公开”全覆盖；建立完善14类重点人群信用档案；根据企业信用风险分类指数开展差异化监管和包容审慎监管；制定北京市失信记录信用修复政策；加快制定全市统一的信用信息采集和分类管理标准；将“互联网+监管”系统与“双随机、一公开”系统、“市场监管风险洞察平台”、“信用北京”等对接。

在营造包容普惠的创新环境方面，包括：围绕重点领域，出台一批落实国家“放管服”改革任务的政策；实行境外投资备案改革，探索推行“一表填报、信息共享、并联审批”的管理模式；简化医疗市场准入程序，出台本市诊所备案管理措施，将诊所设立由审批制改为备案制。

4. 北京优化营商环境政策4.0版

2021年1月，北京市政府办公厅印发《北京市进一步优化营商环境更好服务市场主体实施方案》，共包括7个方面共277项任务，要求当年全部完成。这是北京市第4次集中出台一批优化营商环境举措，也被称为北京营商环境4.0版改革。这版改革从全局和整体出发谋划，针对市场主体反映的痛点、难点问题集中发力，围绕“一件事”的全流程共同推进改革。根据国家文件要求，结合北京情况，将涉及营商环境改革地方事权的114项重点任务全面梳理、逐项落实，同时服务“两区”建设，以营商环境国家创新试点城市建设为抓手，推出45项举措。

在营造更加高效的投资环境方面，包括：深化审批制度改革，出台《北京市投资领域审批事项清单》；深化告知承诺改革，进一步明确告知承诺制的事项范围，并将措施复制到自贸区和“三城一区”；优化项目中期审批流程，重点围绕规划用地、施工许可等环节进一步简化审批流程；推行市政接入全领域改革。

在营造更加便利的市场环境方面，包括：针对“准入不准营”问题深化商事制度改革，实现“清单之外无审批”，推进“照后减证”，进一步简化审批手续，在北京经开区开展“一业一证”改革试点，实现“一证准营”；进一步优化部分数字经济领域市场准入环境，实施数字经济重点领域线上线下一次申报、全程网办等改革举措；推动金融信贷营商环境再升级，围绕质押、担保、信贷等方面提出一批改革举措，破解企业融资难、融资贵等问题。

在营造更加开放的外资外贸环境方面，包括：实施“提前申报”、“两步申报”、京津两地高级认证企业免担保等措施，以压缩通关时间；推出线上线下同步公开空港口岸经营服务收费清单，缩短办理出口退税业务平均时间，以压缩通关成本；建立外商投资企业“一站式”服务体系，全面实施外籍人才许可审批事项“一窗受理、同时取证”等措施，以提升企业双向投资兴业便利度。

在营造更加稳定的就业环境方面，包括：放宽部分行业就业条件，如取消道路货物运输驾驶员从业资格考试，实现本市二级及以上医疗机构入职体检结果互认；促进人才流动和灵活就业，如推动城乡统一失业保险制度，将灵活就业、共享用工岗位信息纳入公共就业服务范围。

在营造更为优质的政务环境方面，加大数字政府建设力度，全面推动政府数据共享和信用体系建设，大力推进政务服务标准化建设，强化基层政务服务“窗口”建设。具体措施包括三个方面。一是重点提高政务服务质量，包括：全面推行证明事项和涉企经营许可事项告知承诺制；把各类企业服务和监管业务系统整合为统一的数字政务平台；运用电子印章，在涉税事项等领域率先实现无纸化；实现注销通知书电子送达功能；加快推进高频公证服务事项“一网通办”；推进居民健康档案及报告单结果等信息在不同医院的互通互认；实现各级政务服务大厅和平台的同标准无差别服务，并全面推行首问负责制；完成政务服务实体大厅业务系统与“好差评”系统对接。二是通过进一步减少企业的纳税环节、时间和成本，推动“全程网办”，提升纳税服务水平，包括：将全部税收优惠核准转为备案或申报即享；实行税种合并申报；“一表”同步办理企业网上纳税和退税申报；对符合条件的企业实行发票智能实时审批；实现全部涉税政务服务事项“网上办”；开展增值税专用发票电子化试点。三是扩大“全程网办”范围和深化“一网通办”，包括推行存量房交易税款智能审核，实现不动产登记与水、电、气、有线电视等同步过户，使不动产登记更加便利。

在营造更为规范的监管执法环境方面，建设以信用为基础的监管制度。具体措施包括：推动“双随机、一公开”全覆盖；加强全流程信用监管；针对新业态、新模式采用创新包容审慎监管，重点监管在线诊疗服务、教育移动应用、网约车、在线旅游服务；进一步规范监管执法。

在营造更加公平公正的法治保障环境方面，主要包括以下三方面措施。一是提高审判执行质效。在民商事案件中，通过民事诉讼繁简分流改革、涉外商事多元解决纠纷中心、“云法庭”等措施提升司法效率；在企业破产案件中，通过建立涉众型破产案件提前会商机制、发挥府院联动机制作用、在市区两级政务服务大厅设立破产事项窗口等措施建立完善企业破产制度。二是加强知识产权保护。制定《北京市知识产权保护与促进条例》，建立知识产权失信主体“黑名单”制度，加大对侵犯知识产权的违法犯罪行为的发现和惩处力度。三是提升商事仲裁专业化和国际化水平。允许境外知名仲裁机构登记备案后在特定区域设立业务机构，为境外仲裁机构在用房等方面提供便利，推广“互联网+仲裁”。

5. 北京优化营商环境政策5.0版

2021 年 12 月，北京市人民政府办公厅印发《北京市培育和激发市场主体活力持续优化营商环境实施方案》（以下简称《优化方案》）。北京作为试点城市，为落实《国务院关于开展营商环境创新试点工作的意见》，市政府常务会议审议通过《关于开展北京市营商环境创新试点工作的实施方案》（以下简称《创新方案》），并在 2022 年 1 月 30 日印发。这两个方案提出市场主体保护、知识产权保护、监管执法等 12 个方面的 362 项任务。

《创新方案》与《优化方案》既有区别又相关联。《创新方案》旨在落实国务院营商环境创新试点工作的意见，在北京地区进行政策试验和制度创新，形成一批在全国可复制可推广的“北京经验”，涉及北京与其他试点城市以及与天津、河北的改革联动。《创新方案》主要聚焦企业服务、市场监管、创新创业等方面的创新举措，探索解决市场主体在创新创业和经营发展中遇到的重点、难点问题，共提出落实国家要求的相关举措和北京市原创改革举措 115 项，并设定了 2022 年 6 月底前基本完成所有改革任务的目标。《优化方案》是对前 4 版优化营商环境改革形成的政策体系的进一步深化，旨在全面优化北京营商环境，着力激发市场主体活力，涵盖多个方面的内容。《优化方案》对标对表 2020 年以来国家 37 项涉及营商环境的文件的要求，特别是对 2021 年国务院“放管服”改革重点任务涉及地方事权的 92 项任务全部予以细化落实，同时对标国际一流标准，在商事制度改革、简化社会投资审批流程、完善市场主体退出制度等方面在全国率先提出 62 项高含金量创新举措，提出构建科技型中小企业全生命周期服务体系、加大外籍高端人才引进力度等 53 项涉及开放的改革措施。作为优化北京营商环境的两个方案，二者虽有区别，但目标一致。北京是国家营商环境创新试点城市，国家授权为优化北京营商环境带来重大政策机遇。在实施过程中，两套方案有很多交叉点和协同推进项目，比如简化企业开办和注销程序、加强知识产权保护、优化政务服务等。这些既是创新试点的内容，也是激发市场主体活力的重要手段。两套方案相互配合、彼此支持，形成“创新+活力”的北京优化营商环境政策 5.0 版。

《创新方案》主要包括十方面内容。一是打造更加透明高效的市场准入机制，进一步在证照办理上减环节、减材料、减时间。二是全力破除公共资源交易隐性壁垒，提高招投标、政府采购的透明度和公平性，清除各类不合理限制条件。三是深化工程建设项目审批制度改革，以流程重构和优化为着力点，大力推进审批事项分阶段整合和分类别简化。四是全面提升不动产登记数字化水平，大力推动信息共享集成，提升不动产登记全程网办水平。五是构建数字经济规则体系，推动数据交易和安全有序流动，促进形成开放领先的数字产业生态，以推动数字经济高质量发展。六是进一步强化知识产权运用和保护，健全知识产权市场化定价、融资和交易机制，促进自主创新和成果转化。七是持续提升投资贸易便利化水平，从通关管理制度、纠纷解决机制、运输组织方式三方面推动创新，打造开放、透明、高效的投资贸易环境。八是创新监管理念、机制和方式，推进监管全链条全领域精准化、集约化、规范化，构建事前、事中、事后一体化监管体系。九是加快全球领先的数字政务建设，以数字赋能为牵引，推动政务服务规则重塑、方式变革，实现政务服务跨越升级。十是加快完善市场主体退出制度，着力破解市场主体退出难、退出慢等突出问题。

《优化方案》主要包括十方面内容。一是进一步深化商事制度改革，实现更多市场主体“准入即准营”，在更大范围简化涉企审批，大力推进照后的减证并证。二是大力推进投资建设领域的审批改革，在确保安全的前提下推行承诺制和综合审批改革。三是完善公平竞争制度，加大隐性壁垒清理、反垄断执法等方面的改革力度。四是强化整体理念，优化办事流程，系统整合资源，打造“一件事”集成服务。五是建设一流数字营商环境，以打造智慧政务等为重点，将数字政务提升到更高水平。六是以事中监管为重点，统筹发展与安全，以管促放、寓管于服，实施一体化综合监管。七是进一步完善知识产权保护制度。八是积极推进市场主体退出制度创新，切实解决企业破产和市场主体退出的痛点、难点问题。九是深化民商事案件审判执行制度改革，提升审判执行质效。十是参考国际高标准，推动投资贸易自由化、便利化。

6. 北京优化营商环境政策6.0版

2023 年 4 月，北京市人民政府办公厅印发《北京市全面优化营商环境助力企业高质量发展实施方案》。这次改革围绕党的二十大对建设一流营商环境提出的更高要求，以解决企业的诉求和问题为导向，通过多方收集信息和意见，形成改革方案。该方案聚焦公平竞争等方面，提出了 31 个方面共 237 项改革措施，可以概括为“5311”，即优化 5 大环境，实现“3 个一”关键突破，以数字赋能推动“整体政府”建设，构建统一高效、多元参与的优化营商环境工作体系，推动重点领域改革实现从“量变”到“质变”的飞跃。

优化5大环境是指全面优化、整体提升市场环境、法治环境、投资贸易环境、政务环境以及京津冀营商环境，实现营商环境的市场化、法治化、国际化和便利化。这次改革第一次把京津冀营商环境一体化发展作为重要任务，从商事制度、政务服务、监管执法、跨境贸易以及知识产权5个方面提出27项改革任务。例如：推进电子营业执照三地互认互通，企业在跨区域迁移时税收优惠资质三地共认；新增19项“跨省通办”事项；支持三地海关大幅提高通关效率。

实现“3个一”关键突破旨在进一步增强改革的精准性和有效性，着力推动从审批、监管到服务全链条的整体优化提升。一是全面推行“一业一证”改革。在北京经济技术开发区20个行业开展试点的基础上，在全市40个场景推进相应的改革。二是推出更多“一件事”集成服务，实现多件事“一次办”。在2022年29个场景取得较好效果的基础上，对企业、群众反映比较集中的高频服务场景，实施“一件事”集成服务。三是推动“6+4”一体化综合监管尽快见效。“6+4”一体化综合监管结合“一业一册”“一业一单”等4项基础制度进行。在2022年北京经济技术开发区对“七小”门店试点开展“6+4”一体化综合监管取得良好效果的基础上，通过建设统一数字监管平台，完善“6+4”一体化综合监管体系，全面推行监管执法“一网统管”，切实解决企业反映强烈的多头监管和重复执法等问题。

以数字赋能推动“整体政府”建设，是指加强数字政府建设，用人工智能、大数据、区块链等数字技术推动政府治理流程优化和模式创新，打造智慧便捷、公平普惠、随处可得的数字化服务体系，推动更多服务事项实现“网上办”“掌上办”“全程网办”“跨省通办”，大幅提升企业和群众的办事便利度。

构建统一高效、多元参与的优化营商环境工作体系，把优化营商环境作为市委市政府的“一把手”工程，统筹协调推进，狠抓落地见效。充分发挥市人大、市政协等的作用，调动社会积极性，以市场主体满意度和获得感作为检验标准，切实打通改革和政策落地“最后一公里”。

（三）即将推行的新一轮优化营商环境改革政策

目前《关于北京市全面优化营商环境打造“北京服务”的意见》（以下简称《“北京服务”意见》）的实施方案尚未发布，但《“北京服务”意见》已经指明了未来政策的主要方向，明确了未来政策的主要内容。

《“北京服务”意见》针对党的二十大以来的新形势、新任务、新要求，在前6轮优化营商环境改革取得有目共睹成绩的基础上，以市场化、法治化、国际化、智慧化为导向，总结前6轮优化营商环境改革的经验做法，围绕统筹谋划、完善机制、强化服务等方面提出新目标，形成以打造“北京服务”为核心的文件。《“北京服务”意见》从夯实基础、打造环境和实施行动3个层面对优化北京营商环境提出了17项要求，包括打造国际一流的“北京标准”、人民满意的“北京效率”和首善之区的“北京诚信”3个基础，打造高效协同的京津冀一流营商环境等6个环境，实施人才服务品质创优行动等8项行动。

与以前的改革方案相比，《“北京服务”意见》有以下5个特点。

一是在目标上，更加突出提升企业和群众的获得感。《“北京服务”意见》将提升企业、群众的获得感和满意度作为首要目标，推出一批企业、群众认可的硬招、实招，切实解决企业和群众“办不成事”“办事不愉快”等问题。

二是在内容上，对营商环境定位的层次更高、范围更大、领域更宽。在定位上，《“北京服务”意见》更加强调营商环境对高质量发展的支撑作用。在优化营商环境的范围上，高度重视建设一流营商环境的京津冀协同。在优化营商环境的领域上，强调从重点领域突破向多领域优化提升拓展，高度重视人才、科技创新等领域的改革。

三是在方法上，更加突出改革的系统性、整体性、协同性。《“北京服务”意见》围绕“北京服务”这个核心，提出了“基础—环境—行动”3个层次的全市优化营商环境的总体工作框架。针对以前一些重点领域、关键环节的改革试点未推开，以及一些改革局限于个别环节或部分市场主体，进而导致改革效果与企业、群众的需求之间存在差距的问题，更加强调整体推进营商环境优化提升。同时《“北京服务”意见》更加强调跨部门协同改革创新，从推动企业办事审批服务的改革，向优化产业全链条管理服务拓展，针对新业态和新模式，提出建立市级综合审批机制以及提供“一站式”服务。

四是在手段上，更加突出数字技术在政府治理中的作用，更加强调以数字化改革来推动制度创新和优化政府治理流程。《“北京服务”意见》要求大力推进智慧城市建设，完善城市感知体系，推动城市治理、服务全面升级，推动实现“码上办”“一码通办”；要求以数字技术驱动政府审批和监管、服务流程再造、规则重塑以及方式变革；要求政务服务从网上可办向“全程网办”转变，大力发展“人工智能+政务服务”，提升政务服务智能化水平。

五是在组织保障上，《“北京服务”意见》特别强调要建立从任务形成到改革推进、督导落实以及改革激励的线上、线下融合的闭环推进机制，以增强改革的执行力。

三　北京优化营商环境改革的经验启示

根据北京已经完成的 6 轮优化营商环境改革的经验以及《“北京服务”意见》，我们可以得到以下启示。

（一）改革要采取小步快跑、迭代升级的方式

北京优化营商环境改革充分体现了小步快跑、迭代升级的战略思路。这种模式强调的是循序渐进、持续优化的过程，以实现营商环境的系统性变革和全面提升。改革的每一轮升级，都以前一轮改革的实践经验为基础，通过总结提炼、反思改进，进一步提高对营商环境复杂性的认识，并据此设定更高层次的改革目标。例如，从 1.0 版改革起步，北京聚焦行政审批效率提升和企业开办成本降低，逐渐简化了企业注册流程，缩短了开办时间。随着改

革进程的推进，2.0 版、3.0 版乃至后续的 4.0 版和 6.0 版改革，不仅继承了前一阶段的改革成果，如深入推进“一网通办”“最多跑一次”改革，还在此基础上新增了全面优化工程建设项目审批、构建公平透明的法治环境、深化金融服务改革等更深层次的内容。例如，北京市在优化营商环境 6.0 版改革中，提出了全新的“拿地即开工”模式，对于符合条件的建设项目，实现土地供应后快速开工建设，大幅提高了项目落地速度。政府对优化营商环境的认识也随着改革的深入不断提升。1.0 版改革主要是对标世界银行对营商环境的 10 个评价指标，2.0 版改革拓展到 18 个评价指标。这两版改革都聚焦重点环节，在“减”字上下功夫。3.0 版改革从重点环节拓展到 12 个重点领域，4.0 版改革提出打造“北京效率”“北京服务”“北京标准”“北京诚信”，改革向全领域、全链条拓展。5.0 版改革以国家营商环境创新试点城市建设为牵引，强调“更快”“更好”“更优”。6.0 版改革以提升企业获得感为目的，着力破除一体化综合监管体制机制障碍，以推动重点领域改革实现从“量变”到“质变”的飞跃为总体目标。《“北京服务”意见》更是把优化营商环境提升到“为首都高质量发展提供有力支撑”的高度，并以“北京服务”高度概括优化营商环境的各项措施，把优化营商环境归结到服务型政府和数字政府建设上。这个认识过程的提升不仅是一些概念的运用，更是有着深刻的现实基础，认识的提升对社会进步有巨大的推动作用。

（二）改革必须由上至下强势推进

在短短 6 年多时间里采取 6 轮改革行动，北京对营商环境的优化是在由上至下的强力推动中完成的。这种由上至下的推动，既体现在中央对北京的要求上，也体现在北京推动改革的过程中。北京率先开始优化营商环境改革，就是习近平总书记提出的要求。优化营商环境过程中采取的各种措施，很多都是对国家要求的落实。例如，《优化方案》是对 2020 年以来国家 37 个涉及营商环境的文件要求的细化落实，《创新方案》则是北京对《国务院关于开展营商环境创新试点工作的意见》的落实。在国务院于 2019 年 10 月

23日颁布《优化营商环境条例》之后，北京于2020年3月27日通过《北京市优化营商环境条例》。在推动改革过程中，北京市委、市政府高度重视。每一版的改革方案都是在市委、市政府领导下由多个部门协商研究制定，每一条政策都明确了责任单位和完成时限。随着改革的深化，北京越来越重视推动改革的组织问题，1.0版改革采取的是市级改革优化营商环境联席会议制度，4.0版改革采取的是“主管市领导统筹领导、牵头部门和责任部门共同推进的工作格局”，5.0版改革被作为“市政府‘一把手’工程”，6.0版改革被作为“‘一把手’工程”，6.0版改革则提出建立优化营商环境工作领导小组以及线上、线下深度融合的推进工作闭环机制。这说明随着改革的深入，牵涉面越来越大，系统性越来越强，更加需要上下联动、协同配合，因此也更加需要集中统一领导。

（三）改革需要不断强化数字赋能

北京优化营商环境改革在不同阶段均采取了有针对性的数字赋能措施。在1.0版本和2.0版本阶段，北京着力推进政务服务信息化建设，初步实现了政务服务事项的网上公示和部分事项的在线办理，比如企业注册等。尽管这个时期的具体措施并未完全围绕数字赋能来打造，但已经为后续的数字化改革打下了基础。在3.0版本阶段，随着改革的深入，北京逐步构建和完善“一网通办”政务服务体系，推出综合性的网上政务服务平台，通过线上集成多种政务服务，简化流程，减少了企业与民众的跑动次数。在这一阶段，数字赋能表现为政务服务的在线化、标准化和集成化，强化了跨部门、跨层级的数据共享和业务协同。在4.0版本改革中，北京更加重视数字化技术的应用，例如：推进政务服务事项“全程网办”，实现企业设立、变更、注销等关键环节的数字化办理；利用大数据技术进行信用体系建设，通过“互联网+监管”模式，提高监管效能，降低企业合规成本；构建统一的市场监管信息平台，实现对企业的全链条、全周期、全方位的数字化监管。在5.0版本阶段，北京进一步深化数字化改革，例如：加强政务服务移动端应用开发，推广移动政务服务App，让企业能随时随地办理业务；实现“一件事一次办”，通过数据共享和业务流程再造，解决企业办事难、办事慢的问题；利用区块链、人工智能等前沿技术，在产权登记、知识产权保护等领域探索新的数字化服务模式；推进智慧城市建设和智慧社区服务，优化城市运行管理，为创新创业创造良好条件。在6.0版本改革中，北京将数字赋能提升到了新的高度，例如：全面推进政务服务“一网通办”向“一网好办”转变，通过AI智能客服、无人工干预智能审批等方式提升服务质量和效率；强化数据安全管理和个人信息保护，建立基于区块链的安全可信的数据共享机制；构建数字孪生城市模型，实现城市管理、应急响应、资源配置等方面的智慧决策；推动跨区域、跨部门的政务数据共享与业务协同，促进京津冀乃至更大范围内的营商环境一体化发展。《“北京服务”意见》把数字赋能提到前所未有的高度，提出优化营商环境要以数字政府为抓手，把数字赋能作为工作原则之一，提出用数字技术重塑政务服务模式，构建数字化、智能化的政府运行新形态，8项行动中特别提出“实施数字政务提质增效行动”，在保障措施部分专门提出“加强数字化建设支撑”。数字赋能不但体现在目标上，而且体现在实现目标的过程中，数字赋能程度成为衡量营商环境的标志。

参考文献

[1]《2023年政府工作报告》，https：//www.beijing.gov.cn/zhengce/zhengcefagui/202302/t20230223_2923029.html。

[2]《北京市2023年法治政府建设年度情况报告》，https：//www.beijing.gov.cn/gongkai/fzzfjsbg/szf/202403/t20240328_3603714.html。

[3]《中共北京市委 北京市人民政府印发〈关于率先行动改革优化营商环境实施方案〉的通知》，https：//www.ndrc.gov.cn/xwdt/ztzl/gdqjcbzc/beijing/201801/t20180115_1209266.html。

[4]《北京市人民政府办公厅关于印发〈北京市新一轮深化“放管服”改革优化营商环境重点任务〉的通知》，https：//www.beijing.gov.cn/zhengce/zfwj/zfwj2016/bgtwj/201911/t20191113_499712.html。

[5]《北京市人民政府办公厅关于印发〈北京市进一步优化营商环境更好服务市场主体实施方案〉的通知》，https：//www. beijing. gov. cn/zhengce/zhengcefagui/202101/t20210128_ 2235831. html。

[6]《北京市人民政府办公厅关于印发〈北京市培育和激发市场主体活力持续优化营商环境实施方案〉的通知》，https：//www. beijing. gov. cn/zhengce/zhengcefagui/202112/t20211214_ 2561129. html。

[7]《北京市人民政府关于印发〈北京市营商环境创新试点工作实施方案〉的通知》，https：//www. beijing. gov. cn/zhengce/zfwj/202201/t20220130_ 2604211. html。

[8]《北京市人民政府办公厅关于印发〈北京市全面优化营商环境助力企业高质量发展实施方案〉的通知》，https：//www. beijing. gov. cn/zhengce/zhengcefagui/202304/t20230407_ 2992308. html。

[9]《中共北京市委　北京市人民政府关于北京市全面优化营商环境打造"北京服务"的意见》，https：//www. beijing. gov. cn/zhengce/zhengcefagui/202312/t20231208_ 3493356. html。

[10]"Doing Business 2020"，https：//archive. doingbusiness. org/zh/doingbusiness.

案例篇

B.13 北京中关村东升科技园高质量发展实践探索

白素霞*

摘　要：　中关村东升科技园位于北京市海淀区东升镇，是北京市第一个由乡镇集体经济自主开发建设、自主运营管理，所有权和收益权归东升镇农民集体所有的科技园区。作为中关村科学城的一部分，中关村东升科技园是全国第一个由国务院批复的国家自主创新示范区，第一个以“中关村”冠名，也是全国第一家有独立行政区划的乡镇产业园，被认定为国家级科技企业孵化器，以及北京市创业和科技的多种基地。园区自建设以来，一直坚持产业为本，深耕运营服务，实现了高质量发展。

关键词：　中关村　东升科技园　高质量发展

* 白素霞，管理学博士，中共海淀区委党校综合教学部副教授，研究方向为区域经济、科技创新。

中关村东升科技园地处朝阳、海淀、昌平三区交界处，过去曾是大量工业企业的聚集区，伴随着首都城市产业布局战略的转型升级，东升镇于2007年正式关停淘汰低端乡镇企业，开始把工业大院改建成为科技园，并于2012年成为第一个以“中关村”冠名的乡镇科技园。[①] 经过多年发展，目前园区已经吸引了300多家企业入驻，主要聚焦大信息、大健康、新能源、新材料等热门领域，实现了从“瓦片”到“芯片”、从“工业”到“科技”的转变，已成为深耕高精尖产业的新领地。

一　中关村东升科技园高质量发展的主要做法

（一）在城市化进程中不断深化体制改革

1. 在城市化进程中，东升面临产业发展转型

20世纪50年代，以粮为纲，东升率先建造大棚，成立蔬菜保护基地，走规模化、现代化蔬菜生产之路，切实保障了首都人民的“米袋子”“菜篮子”。党的十一届三中全会召开之后，东升积极响应党的号召，开始转变发展思路，逐步推动“以粮为纲”向“以副养农，全面发展”转型，并大力发展社办工业。20世纪90年代是东升工业企业发展的黄金时期，电焊机厂、铁芯厂、锅炉厂、毛纺织厂、印刷厂等企业及其产品在当时享有很高的市场占有率和品牌知名度。

后来，伴随着城市化进程的加快以及行业竞争的日益激烈，东升乡镇企业发展遇到了不可避免的瓶颈。同时，东升也面临“退二进三”的问题。在土地盘查的时候，大家把目光锁定在了现在东升科技园一带的一连片集体建设用地上。基于这样的发展背景，东升科技园于2001年开始立项，当时只是个工业园区。最初，东升镇的想法是把镇内近百家工业企业都迁移到这

① 孙奇茹：《中关村东升科技园：从“瓦片经济”到前沿创新高地》，《北京日报》2022年6月27日。

个园区中来，将腾出的其他区域土地用于发展第三产业。但由于种种原因，报批的手续花了8年的时间，直到2009年才完成。此时，原来的老乡镇工业企业有些已倒闭、有些已停产，而城乡接合部的工人、农民们纷纷吃起了“瓦片”。他们把房子租给外来人口以增加收入，随着城市外来人口的逐步增多，租房带来的经济效益越来越明显。“吃瓦片”，靠租金生活，要想增收，唯一的办法就是加盖违法建筑。而违建带来的是低端产业聚集、外来人口聚集、环境脏乱差、乡民人心涣散、社会结构混乱，这是所有城乡接合部共同面临的问题。

2. 在市场化进程中，东升紧跟国家、市、区政策谋篇布局

2007年党的十七大明确提出：提高自主创新能力，建设创新型国家。这是国家发展战略的核心，是提高综合国力的关键。要坚持走中国特色自主创新道路，把增强自主创新能力贯彻到现代化建设各个方面。加快转变经济发展方式，推动产业结构优化升级，由主要依靠第二产业带动向依靠第一、第二、第三产业协同带动转变，由主要依靠增加物质资源消耗向主要依靠科技进步、劳动者素质提高、管理创新转变。在那个时候，北京也进入全面实施“人文北京、科技北京、绿色北京”战略、加快建设世界城市的新阶段，并且将全面推进城乡一体化进程作为战略性任务重点推进。

2009年3月13日，国务院批复同意中关村科技园区建设国家自主创新示范区，4月1日北京市政府正式批复将中关村科技园区海淀园作为中关村国家自主创新示范区核心区。海淀区认真落实市委、市政府的部署要求，深化“海淀区就是核心区、核心区就是海淀区”的理念，提出“举全区之力建设中关村国家自主创新示范区核心区”的口号，并将核心区远景目标设定为具有全球影响力的科技创新中心。

基于当时的政策背景，海淀区高投入、高能耗、高污染和低产出的“三高一低”传统乡镇工业企业已不能符合区域发展的定位，以中关村科技园区海淀园为核心的高新技术产业也以燎原之势辐射了整个北京。东升在市委、区委的政策指导下，深入贯彻科学发展观，按照政策加快实施市、区关于全面推进城乡一体化进程、加快经济发展方式转变的战略。于是，东升从

2007 年开始，先后关停一批不适应地区发展和环境要求的乡镇老工业企业，并于 2008 年对该区域进行了重新定位，由原来的“工业大院”调整为“科技园区”，建设符合国家转型发展需要的新型科技园区，以此提升地区产业品质，提高集体经济收益，破解城乡一体化进程中原乡镇经济业态低端和环境无序的局面。

3. 在产权改革中，东升以农民为中心

为了让农民在城市化进程中带着资产进城，东升开始尝试探索，于 2002 年底实施乡、村两级的产权制度改革，并相继成立 10 家股份社。其中，博展股份社作为东升乡直属单位，于 2009 年进行清产核资、预留社保基金、统一确定各种份额及劳龄，并采取先重组后改制的方式，将乡总社部分净资产量化到人。当时划归博展股份社参加资产量化的企业达 23 家，参加量化人员达 5400 多人。资产量化之后，农民拥有对自有份额的支配权，可通过份额流转的方式选择直接补偿现金后退出或者转让给其他社员。统计结果显示，当时农民选择退偿的份额兑现达 20206 万元，转股 6161 万元，受让 5228 万元。就这样，经过一年多的时间，原东升乡政府对最终的股东身份进行确认，选举出股东代表，构成由 1 个法人股东、817 名自然人股东构成的博展股份社。①

通过产权改革，原东升乡直属单位集体资产的所有者和经营者实现了有机分离，组建了一个具有现代企业制度的博展股份社，初步构建起“产权清晰、农民入股、主体多元、充满活力”的新型农村集体经济组织。其中，农民股东作为资产所有者可以直接参与分红，而职业经理人通过职业服务实现个人收益。通过这个有机结合，既实现了市场化运作的专业性，同时又解决了农民作为资产主人的收益问题，为其日后自主经营科技园区奠定了基础。

4. 在园区建设发展中，东升深耕运营服务

2008 年初，东升科技园一期在经过重新定位后正式动工。当时在国内，

---

① 赵方忠:《东升模式的“黄金四角”》,《投资北京》2014 年第 6 期。

园区建设大致分为两种思路：一种是基于地产开发模式进行园区开发，开发完卖掉，快速实现现金流，也就是业内俗称的圈地模式；第二种是自己开发，深耕运营服务。集体土地不能够买卖，所以东升科技园一期选择的是第二种操作思路，即深耕运营。因为土地是集体产权，无法抵押，没有银行的贷款资助，所以在园区建设过程中，他们坚持“自主投资、自主建设、自主经营”的思路，将镇、村集体自筹和领导跑贷款筹集的5.5亿元开发资金用于一期建设和周边环境改造。园区运营采取的模式是，保留集体建设用地产权性质不变，只租不售，同时围绕科技企业需求提供科技服务。

这种发展模式的优点有以下四点。第一，使农民的土地增值收益得到保证。园区由镇集体经济自主投资、自主建设、自主经营的“三自”模式，可以保证农民通过租金及经营收益长期享受资产增值收益。第二，可以提供大量就业岗位，增加劳务收入。园区能够为本地农民提供大量的就业岗位，以增加劳动性收入，拉动农民就业增收。第三，增强控制权，促使园区发展活力得到保证。科技园只租不售的经营方式，便于适时调整、更新入园企业，保证园区企业的发展活力，提高集体资产保值增值的潜力。[①] 第四，实现深耕运营服务，促进园区与企业共同成长。科技园以“中国领先的高科技企业服务商”为愿景，围绕科技企业需求提供科技服务，实现与园区企业的共同发展。

2012年7月，“中关村东升科技园”冠名获得中关村国家自主创新示范区领导小组正式批复，成为全国唯一冠名“中关村”、首个由国务院批复成立管委会的乡镇产业园，获得明确的行政区划和产业定位。由此，东升科技园参与到国家产业分工，进入了“国家队”，重点发展新能源、新材料、电子信息和节能环保等产业，推动乡村产业实现由“瓦片经济”向高端产业的转型。

（二）在市场经济中坚持服务创新

中关村东升科技园以“中国领先的高科技企业服务商”为愿景，以

① 孙颖：《海淀区借势中关村科学城谋划集体产业致富经》，《北京日报》2022年4月20日。

"助推国家战略性新兴产业发展，实现创新企业梦想"为宗旨，坚持"产业为本、金融为器、创新为魂、合作共赢"的经营理念，围绕科技企业需求，不断完善科技企业成长生态系统，打造集孵化、加速、投资为一体的服务模式。

1. 坚持产业为本，集聚前沿科技的新要素

园区立足服务北京国际科技创新中心和"两区"建设，不断提升对国际科技创新资源的吸附力，形成集聚效应。

园区始终紧盯国家重大战略新兴产业，关注高校、科研院所的成果转化，与北京清华工业开发研究院开展长达10余年的深度合作，共同打造创新创业生态，成功孵化项目超过100个，孵化成功率超过90%，累计上市企业9家，独角兽企业8家。为培养更多的优质企业，坚持孵化在前，与国内外院校共建孵化器26家，在高科技产业领域积累了丰富的孵化经验和产业资源。

近年来，持续打造"东升杯"创业大赛，集聚全球创新资源。"东升杯"创业大赛已成功举办10届，共招募吸引创业项目近1万个，其中海外项目2000余个，覆盖37个国家、国内52个城市，全球战略合作机构20个，在国内有孵化机构30个，服务的科技人才超15万人。园区对1000余个项目进行重点跟进孵化，通过筛选已成功落地120余个优质项目，以全链条、陪伴式服务助力创业项目实现市场化，促进创新创业平台服务升级，打造国际化双创聚集地。

2. 坚持服务优先，构建"两低一高"模式的新生态

园区始终坚持以人为本的原则，积极为创新提供价值，探索建立"降低企业创业成本，降低员工生活成本，共同参与分享企业的高速成长"的"两低一高"服务模式。这种模式以打造国际化生态型高科技园区为目标，有利于集聚科技、人才、服务、资本、管理、环境等多种要素，并结合企业全生命周期的痛点、难点和堵点问题，不断完善创新企业的服务生态，为企业提供优质的创新环境，降低企业科技创新成本。同时，以满足人的全旅程需求为出发点，通过整合教育、文化和商业等资源，积极为创业人才提供生活便利性、公共安全性和健康医疗便捷性，打造有参与感、有温度、成长型的创新社区。

3. 坚持智慧便捷，打造数字化赋能的新体系

园区搭建"一站式"平台作为科创服务的主要抓手，从最初的1.0前台服务——"企业提需求"，到2.0管家服务——"主动上门问需求"，再到现在的3.0精准服务——"精准满足企业需求"，打造"中台+前端+管家"的服务体系，将政务服务、企业服务、园区服务整合打包，进行服务前移，通过线上数据分析、线下对接企业需求，快速精准匹配相应服务内容。[①] 针对企业全生命周期的不同需求，提供精细的服务体系，引入国内外包括阿里、华为、IBM、美世等在内的合作伙伴，为企业提供专业化服务。配备专属管家全程陪伴，通过数字化技术生成企业画像，针对企业不同成长阶段，推出定制化、个性化的"服务套餐"，构建全生命周期服务体系。

通过数字化改革，进一步实现科技创新服务与政府服务的统一，促进园区由物理空间平台转化为价值创造平台，打造人、业、场融合的新型城市形态。注重将社区、园区、街区、城区深度融合，集聚丰富和多元化的创业资本和人才，有效促进区域经济转型升级。

二　中关村东升科技园高质量发展取得的主要成就

高质量发展是全面建设社会主义现代化国家的首要任务，必须完整、准确、全面贯彻新发展理念，始终以创新、协调、绿色、开放、共享的内在统一来把握发展、衡量发展、推动发展，高质量发展就是体现新发展理念的发展。

中关村东升科技园始终坚持科技是第一生产力、人才是第一资源、创新是第一动力。对比过去工业大院时代的"瓦片经济"，科技园在转型改建

① 杨学聪：《北京中关村东升科技园完善创新企业服务生态——诚心助企暖心留人》，《经济日报》2023年4月22日。

后，选择深耕“服务经济”[1]，围绕企业和科技人才全生命周期的发展需求，积极为企业提供政策、咨询、金融、政务等服务，为企业员工提供生活、教育等保障，“东升模式”推动了区域高质量发展。

（一）聚焦科技创新前沿产业，推动创新发展

科技是第一生产力，中关村创新是第一动力，中关村东升科技园对标世界领先的科技园区，聚焦大信息、大健康、新能源、新材料等前沿产业，努力建设国际前沿创新高地，打造区域经济高质量发展新的增长极。自 2010 年以来，中关村东升科技园产值逐年递增，2022 年已达 328 亿元（见图 1）。

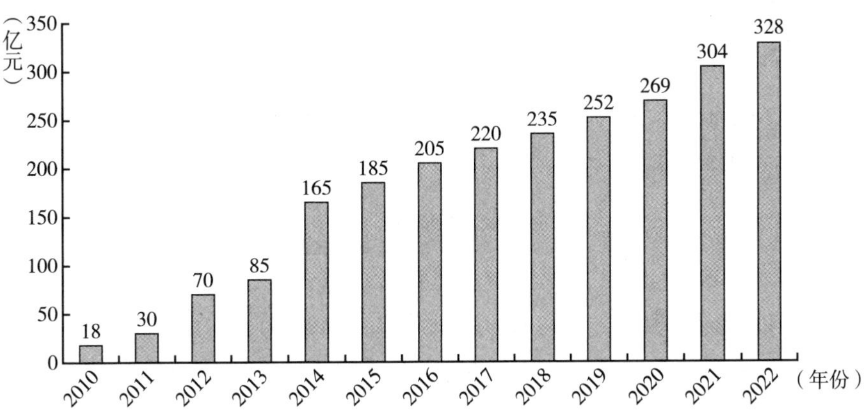

图 1　2010~2022 年中关村东升科技园产值

资料来源：中关村东升科技园。

（二）形成南北联动发展格局，推动协调发展

东升镇经过多年耕耘，打造出以东升科技园一期为园区示范、以中关村智造大街为产业引领的“一园示范、一街引领、高端集聚、创新发展”的

① 孙奇茹：《中关村东升科技园：从“瓦片经济”到前沿创新高地》，《北京日报》2022 年 6 月 27 日。

联动发展格局。建成南北并行的10个各具特色的产业园区，产业空间面积达220万平方米，成为农村集体经济发展高科技产业的标杆。

（三）促进人与自然和谐共生，推动绿色发展

十几年前，中关村东升科技园所在的后屯村还是平房区，这里电线在低空中交错，路上尘土飞扬、坑坑洼洼，一下雨就都是泥塘，到处是一派杂乱无序的景象。如今，园区内亭台林立、小桥流水、栈道环绕。园区中分布着各类运动场地，一条健身步道从脚下延伸，一栋栋砖红色的学院派风格建筑掩映在绿树丛中，园区绿化率超过50%，与西小口公园、东小口森林公园和奥林匹克森林公园一起，形成了一片蓝绿交织的景观地带。①

（四）坚持全球视野，推动开放发展

中关村东升国际科学园作为中关村东升科技园的“升级版”，于2017年正式开园，建筑面积9.8万平方米。园区按照北京市高精尖产业发展空间布局，聚焦生物医药、人工智能、高端智能制造等前沿产业，引进了天智航、格灵深瞳、腾盛博药等100多家创新型企业，构建大中小企业融通发展格局。同时，园区积极响应国际开放性、包容性区域合作倡议，注重搭建和完善国际性交流平台，目前已建成“全球健康药物研发中心”“国际医疗器械创新中心”“国际医用机器人创新中心”“国际创新教育中心”等国际科创平台。

（五）人民群众共享改革发展成果，推动共享发展

共享发展是人人享有、各得其所，是人人参与、人人尽力，不是简单平均主义，不是整齐划一、步调一致。共享发展理念充分体现了马克思主义人民性的基本原理，体现了中国特色社会主义的出发点和归宿。在中关村科技园发展的引领下，2022年东升镇集体经济收入达31.93亿元，纯收入13.47

---

① 吴为、徐美慧、周博华、王方杰：《旧工厂上建起美丽科技园，海淀东升镇的村民当上了股东》，《新京报》2022年10月18日。

亿元，全镇共有 10 个股份社，股份分红 2. 4 亿元，个人股东人均分红 3. 5 万元。

（六）推动以人为核心的新型城镇化

我国土地改革及城镇化推进时间已久，也十分复杂。中关村东升科技园是依托集体土地，通过股权的模式解决了农民的问题。园区经营模式的核心是在科技园发展中以农民为主导，将集体土地用于高科技产业发展，通过产业发展带动农民融入城市，并解决农民占地、失地后被剥夺生活、生产资源的状况，切实为农民提供了长期的保障。农民成了股民，土地产权变成了股权，园区入股的农民已真正成为“有房屋、有资产、有社保、有工作”的新型农民。中关村东升科技园走出了一条农民融入市民、农村融入城市、农业融入科技的新型城镇化发展之路，这个发展模式被全国许多乡镇奉为区域发展的标杆。

三　中关村东升科技园高质量发展的经验与启示

东升在不同历史时期有着不同的使命，中关村东升科技园的形成和发展得益于改革开放的良好时机，得益于海淀区独特的地理条件，得益于周边丰富的科技、教育、文化资源，得益于历届党委的领导以及一代代东升人团结一致、坚持不懈、勇于创新的奋斗精神。

（一）始终坚持党的领导

中国特色社会主义最本质的特征是中国共产党领导，中国特色社会主义制度的最大优势是中国共产党领导。回首中关村东升科技园的形成及发展过程，各级政府给予了大力的支持，同时东升镇历任领导干部始终重视党的坚强领导，并在决策的关键时刻起到了很好的定盘把方向作用。在调研中发现，历届东升领导班子自觉把东升的发展同北京市、海淀区的发展紧密结合，找准了发展方位和使命担当，在落实党和国家的大政方针上找准了工作坐标，抢抓机遇推动东升集体经济发展壮大。例如，在集体经济体制改革之初，面对“瓦片经济”发展所带来的环境脏乱差、乡民人心涣散、社会结构混乱等困局，党委和领导班子就提出了不能靠“吃瓦片”为生，而要发展壮大农村集体经济，促进园区从低端业态向科技服务型经济转型的目标和定位。班子成员认为，如果靠卖地为生，吃的是子孙饭，很快就会蛋尽鸡飞。只有把资产牢牢掌握在集体手里，经营、管理、服务全部自主，才能实现集体和农民利益的最大化。为此，博展股份社筹建以后，就开始积极探索在集体土地上自主投资、自主建设、自主经营的“三自”管理模式。但在建设之初阻力重重，难度很大，而股份社领导班子认准这是一条自我良性发展之路，再难也要走下去。这才一步一步推动东升镇抓住建设中关村国家自主创新示范区核心区的机遇，先后关停一批定位低端、效益不佳、缺乏前景的老工业企业，腾退整合土地资源，利用集体土地规划建设成了生态优美、高端企业和人才聚集的中关村东升科技园。

（二）始终紧跟市场经济发展脉搏

推动集体经济发展，既要强化各级党委和政府的主体责任，也要充分发挥市场在资源配置中的决定性作用。一方面，加强规划引导、政策支持、市场监管、法治保障等工作，不断提高政府引导和助力经济发展的能力；另一方面，坚持园区市场化改革与运营方向，通过不断提升自身服务能力和水平，努力破除城乡要素自由流动、平等交换的体制机制障碍。在发展过程中始终坚持把国家和市区的需要作为东升的需要，顺势而为，及时优化资源配置，坚持产业为本、内容为先，聚焦大信息、大健康、新能源、新材料产业，吸引和培育与园区产业定位相符合、与园区创新生态相衔接、与园区企业高成长前景相匹配的项目。梳理产业链、生态链上下游核心资源和承载空间，支持领军企业，培育潜力企业，推动高端产业发展。

（三）选好建强务实基层领导班子

建立健全党组织领导下的基层班子组织架构。发展集体经济，领导班子是核心。2010年，在集体经济产权制度改革前提下，博展股份社第一届股东代表大会召开，会议选举产生董事会、监事会并完成经营班子成员聘任，实现了重大事项和重大问题由股东代表大会决策的工作机制。在人事安排上，规定每个股份社由8~10名班子成员组成，分别在党总支、董事会、监事会、经营班子和村委会交叉任职，分工负责。同时，通过法定程序让党总支书记兼任董事长，专职副书记进入董事会或监事会，70%党总支委员进入董事会，保证了党对农村集体经济的领导，增强了发展集体经济的凝聚力和向心力。

高度重视领导班子素质提升和后备干部队伍建设。为了提升服务质量，园区所在的东升镇党委采取“土洋结合”的办法，除了本地安置的村民以外，还专门从社会上聘请了专业出身的硕士、博士任管理人员，本乡本土人员和外聘人员呈1∶1的比例，打造了一个专业高端服务团队。同时，注重加大对股份社和科技园后备干部的选拔培养，通过调整补充镇管后备干部和严格把关基层单位后备干部选拔，初步建立了数量充足、素质优良、能担重任的镇级后备干部队伍，基本形成了老、中、青相结合的基层干部梯次队伍，为股份社和科技园的可持续发展提供了有力的人才支撑。

（四）在改革中维护农民利益

长期以来，由于产权不清晰问题的存在，农村集体经济组织容易形成由内部人控制的局面，从而导致集体资产流失，农民利益受损。中关村东升科技园通过建立产权清晰的新型农村集体经济组织，增强了农村集体资产产权权能，让农民带着资产进城并体面地参与到城市化进程中，享受到改革的成果，自身的土地财产权利也得到了切实的尊重和保护。通过“资产变股权，农民当股东”的改革，实现了集体资产由共同共有到按份共有的历史性变革，明晰了集体经济组织内部的产权关系，健全了法人治理结构，维护了农民权益，实现了长远发展。

（五）打造“以人为本”的创新生态

党的二十大报告指出，教育、科技、人才是全面建设社会主义现代化国

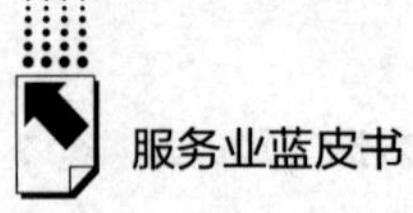

家的基础性、战略性支撑，要把各方面优秀人才聚集到党和人民事业中来。中关村东升科技园特别关注人才这个科技创新最关键的因素，着力打造“以人为本”的创新生态，营造良好的营商环境，帮助企业有效降低成本，帮助员工降低生活成本，不断完善创新企业服务生态，诚心助企暖心留人，用创新生态提升吸附力，增强人才和企业对园区的黏性。例如，园区企业平凯星辰是一家企业级开源分布式数据库厂商，公司 3 位创始人均来自园区企业豌豆荚公司。豌豆荚公司被收购后，3 位高管选择留在园区进行二次创业，经过不到 6 年的孵化，截至 2023 年 6 月，公司的估值已经超过了 100 亿元人民币，在全球拥有超过 1500 家用户，在海外的用户遍及美国、欧洲、日本及东南亚等 20 多个国家和地区。

B.14

北京城市副中心运河商务区高质量发展实践探索

林学达　赵淑芳*

摘　要：　位于北京城市副中心建设核心区的运河商务区属于具有商务服务主导功能的承载区，也是“两区”建设的主阵地，在城市副中心高质量发展中具有重要的战略地位。在“十四五”时期，运河商务区借助京津冀协同发展、北京市“两区”建设、疏解非首都功能的发展机遇和政策利好，取得一定成绩。近年来，运河商务区把握城市副中心建设“窗口期”和“两区”政策叠加机遇，以高标准打造高端金融服务功能区为主线，以提升商务核心功能为牵引，以主导产业集群培育为重点，充分吸引国际各类高端要素资源，充分发挥运河商务区在推进北京城市副中心建设中的重要作用，在探索中破解发展难题并取得一定实践经验。

关键词：　运河商务区　北京城市副中心　高质量发展

一　运河商务区高质量发展的主要背景

运河商务区是北京城市副中心北运河畔的一颗闪耀明珠。在发展定位上，运河商务区一直被视为城市副中心建设的先行区、示范区，也是北京自贸区国际商务服务片区的重要承载地。另外，运河商务区经过几年的产业集

---

* 林学达，哲学博士，中共通州区委党校北京城市副中心基层治理研究中心业务负责人，研究方向为基层治理、运河文化、科技创新；赵淑芳，国际政治学博士，中共通州区委党校副教授，研究方向为国际政治、基层治理。

聚发展，已初步形成现代金融服务产业链，在总的发展趋势上向总部经济发展，逐渐成为金融创新和具有高端商务功能的副中心主要承载区。

（一）运河商务区的地理位置和组成

北京百里长安街东延至六环路，两者交汇处即为北京城市副中心运河商务区的位置。该区总体规划 20.38 平方千米，由 3 个开发区域组成，著名的北运河贯穿该区域，呈五河交汇之美，特色为蓝绿交织、滨水生态、低密度、节能环保、清新明亮，拥有对标世界湾区 CBD 的地利。

第一个是运河商务区启动区，该区域规划面积 3.06 平方千米，建筑规模约 674 万平方米，范围北到源头岛，西至新华南北路，南邻玉带河大街，东以北运河为界。第二个是新城金融服务园区，该区域规划面积为 2.9 平方千米，建筑规模约 253 万平方米，北至潞苑北大街，西到榆景中路，南邻大运河，东至通顺路。第三个是 2025 年随京唐城际车站开通即投入使用的副中心站综合交通枢纽（0101 街区）。该区范围东至东六环西侧路，西南至大运河，西北至潞通大街，规划面积 1.86 平方千米，建筑规模约 452 万平方米。作为北京城市副中心的重点工程，未来将打造为新时代站城融合的综合交通枢纽样板。[①] 运河商务区 20.38 平方千米规划见图 1。

（二）运河商务区的规划政策和未来产业布局

1. 规划政策背景

运河商务区的建设发展具有顶层设计特征，它的发展推动力来自一系列政策规划的叠加效应，可以简称为“4+2+1+1”系列。

（1）4 个规划：分层推动产业布局

《北京城市总体规划（2016 年—2035 年）》对运河商务区的功能有明确的描述和定位，即作为综合功能片区，运河商务区要承载中心城区商务功能

---

① 北京市通州区人民政府办公室：《运河商务区发展三年行动计划（2023 年—2025 年）》，2023。

图1　运河商务区 20.38 平方千米规划

的疏解，以金融创新、互联网产业、高端服务为重点内容，集中承载服务京津冀协同发展的金融功能。2018 年，党中央、国务院正式批复《北京城市副中心控制性详细规划》，其中确定了北京城市副中心的三大主导功能（即商务服务、行政办公和文化旅游），与科技创新共同组成北京城市副中心的“3+1”功能板块。运河商务区是承载商务服务功能的重要城市功能区。

另外，北京市和通州区的第十四个五年规划和远景目标对运河商务区的功能定位和发展目标进行了界定。在《北京市国民经济和社会发展第十四个五年规划和二〇三五年远景目标纲要》指出要大力建设运河商务区，立足国际商务服务建设示范区。引进更多优质总部经济，力争总部机构数量超过 40 家，财富管理机构突破 200 家。《北京城市副中心（通州区）国民经

济和社会发展第十四个五年规划和二〇三五年远景目标纲要》提出，要打造京津冀金融创新、科技创新、高端商务的发展高地。运河商务区围绕自由贸易试验区建设，将重点放在财富管理、绿色金融和金融科技方面，集聚高端要素，优化营商环境。

（2）“2+1+1”：加速推进高质量发展

“2”：两个方案。2020 年，国务院发布两个加速推动运河商务区高质量发展的重要文件。一个是《中国（北京）自由贸易试验区总体方案》，另一个是《国务院关于深化北京市新一轮服务业扩大开放综合试点建设国家服务业扩大开放综合示范区工作方案的批复》。在发展定位上，运河商务区成为中国（北京）自由贸易试验区和国家服务业扩大开放综合示范区的重要载体。

“1”：一个意见。2021 年，《国务院关于支持北京城市副中心高质量发展的意见》出台。该文件明确描述了运河商务区在“两区”建设中的重要地位，以及对于城市副中心高质量发展的战略意义。

“1”：一个通知。2021 年北京市出台《关于推进北京城市副中心高质量发展的实施方案》，要求承接中心城区商务功能疏解，加速推进“两区”建设，全面实现运河商务区高质量发展，并给出“十四五”规划时期运河商务区的定位。

2. 未来3年产业布局（2023~2025年）

基于以上规划政策的贯彻落实，为加速推进“两区”建设，全面实现运河商务区高质量发展，2023 年北京市通州区人民政府办公室发布《运河商务区发展三年行动计划（2023 年—2025 年）》，明确了三年行动中运河商务区的产业功能定位及产业发展布局。

（1）产业功能定位

在一系列上位规划的指导下，作为重要空间载体，运河商务区要承载中心城区的商务功能疏解，作为大运河文化的重要地段，运河商务区还要具有集聚文化功能。运河商务区要聚焦高端商务服务业，将金融服务、总部经济作为重点，形成建设全球财富管理中心、北京绿色金融国际中心、金融科技创新中心重要承载区的产业功能定位。

（2）产业发展布局

到2025年，要在运河商务区范围内形成以启动区为中心，以新城金融服务园区和副中心站交通枢纽为支撑的区域发展格局。一是全面建成启动区，推进总部金融和新兴金融片区建设。巩固财富管理发展基础，打造总部金融、新兴金融片区。二是加速新城金融服务园区的土地开发进程，打造智能金融、数字金融片区。行动计划还强调要夯实金融基础设施，持续扩展智能产业链，赋能财富管理高质量发展。另外，提升园区运营管理水平和加速园区空间整理，提升园区企业入驻率。三是加快推动副中心站综合交通枢纽建设步伐，打造国际金融、活力金融片区。依托副中心站综合交通枢纽，带动商务功能升级，推动站城融合发展。引进一批国际高端金融企业和国际金融组织，集聚国内外顶尖财富管理专业服务机构，做强财富管理高端产业。

二　运河商务区的发展现状、面临问题与机遇挑战

（一）运河商务区的发展现状

1. 总部经济蓄势待发，招商紧密跟踪联系

截至2022年，运河商务区围绕规划定位，在总部经济、财富管理、绿色金融、金融科技领域，引入总部企业23家、高新企业78家。一批高端商务服务企业实现入驻，一批头部绿色企业形成集聚。在项目储备方面，截至2022年，累计接待洽谈各类企业104家次，跟进在谈项目90个，新增意向企业80家。

2. 优质产业发展空间充足，固定资产投资稳步增长

运河商务区规划面积20.38平方千米，其中，启动区总建筑面积约674万平方米，完工率45%，新城金融服务园区总建筑面积约253万平方米，完工率55%，目前可供应产业空间充足。

3. 产业聚集初步形成，财源建设工作持续推进

截至2022年12月，运河商务区已注册企业18544家，注册资本金4370亿元，企业总数占全通州区企业总数的13.3%。2021年税收达到50亿元，2022年完成税收近60亿元。2023年新增注册企业3425家，同比增长22.98%，占全通州区新设企业数量的30.5%。金融产业链条逐渐补齐，已具一定规模，新业态逐渐引入，金融企业数量从2019年的70家增长到2023年的283家，金融业纳税额翻了两番。

4. 营商环境优化提升，“两区”建设取得新成效

召开中小微企业调研座谈交流会，面对面解决企业诉求，推动2023年“改革效果体验官”系列活动顺利开展，做好商业项目服务管家，就企业扶持、注册、政务服务、“商十条”等政策为企业进行详细解读，开辟“绿色通道”，积极协调区市场监管局、区政务服务局等部门，确保重大项目如期开业。另外，运河商务区综合金融服务平台一期完成开发并进入内测阶段，成功策划举办数币体验官活动，推动数币在企业端、百姓端智慧化应用场景的落地。截至2023年，“两区”项目库入库项目1758个，其中内资项目1633个、外资项目125个；推动落地项目1195个。2023年，“两区”项目库新增入库项目数1119个，其中内资项目1098个、外资项目21个；新增落地项目843个。

（二）发展中面临的问题、机遇和挑战

运河商务区目前尚处于开发建设和产业发展并存时期，在快速发展的同时，也面临着一些问题。

1. 主要问题

在规划建设方面，区域建设发展慢，需要提速推进。区域规划实施率和企业入驻率不高，运河商务区总体上尚处于由建设阶段向产业集聚阶段转型的时期。

在产业发展方面，重点优势产业发展仍需不断加速，产业集群化进程尚处于起步阶段，产业数字化程度不足，产业生态化发展与西城金融街、朝阳

CBD 等标杆区域还有较大差距。

在配套服务方面，综合立体的交通枢纽体系正在建设中，内外联动效应尚未形成。区域内商业配套活力不足，短期集聚内生效应不足，影响商户体验的生活服务品质需继续提升。①

在社会治理方面，作为商务服务承载地，治理诉求多元复杂，区域治理要素复杂，亟须创新区域社会治理模式。

在推动制度创新和政策保障方面，需要继续加大探索力度，加快出台一些有针对性、有吸引力的专项支持政策。争取财政专项支持资金，用于解决园区环境整理、特色产业引导、“两区”建设、政策创新、招商引资活动等方面遇到的堵点、难点问题。

2. 机遇与挑战

从机遇看，运河商务区的发展面临三大机遇。一是京津冀协同发展带来的重大历史机遇；二是北京市从顶层设计上，高标准推进“两区”建设带来的政策机遇；三是疏解非首都功能为运河商务区加速产业承接带来的战略机遇。

从面临的挑战看，站在全局和战略高度来看，在准确把握运河商务区功能定位的基础上，如何构建新发展格局、如何发挥运河商务区推动建设 4 个示范区的重要作用已经成为不可回避的挑战。具体而言：一是受外部环境影响，金融业等高端服务产业发展存在不确定因素；二是运河商务区的服务配套和园区服务管理等不够完善，统筹整合的专业运营能力还需要提升，企业吸引力不足、企业落户意愿不够；三是区域政策缺乏差异化、针对性，精准招商、产业链招商效果尚未显现，区域招商引资成果和效率在一定程度上受到影响；四是与发展目标还存在差距，如与打造全国标杆性私募基金企业集聚发展新高地的重大发展目标存在一定差距。

---

① 北京市通州区人民政府办公室：《运河商务区发展三年行动计划（2023 年—2025 年）》，2023。

三　推进运河商务区高质量发展的实践探索与启示

规划建设北京城市副中心一直被认为是千年大计、国家大事。运河商务区是城市副中心的经济发展中枢，也是现代商业活动的重要核心区域，必然具有超强的经济辐射能力；运河商务区还标志着一个城市的现代化程度，是现代北京城市副中心的亮丽名片。总体上看，基于现有的规划定位和发展基础，今后在推进运河商务区高质量发展的过程中，要坚持党的全面领导，按照市委、市政府决策部署，区委、区政府工作要求，立足新发展阶段，将新发展理念全面贯彻在运河商务区建设过程之中。

（一）持续推动运河商务区高质量发展的实践路径

1. 加快拓展优质产业空间，立足功能定位推进主导产业聚集

一是根据土地成熟度，重点推进完成核心区等有条件的成熟地块率先上市，加速解决未出让土地的历史遗留问题，疏通堵点，创造地块上市条件。积极推进建工地块置换工作，配合相关部门推进意向地块上市工作；重点推动已完工项目加快实现企业入驻办公，促进已开工项目尽快竣工投入运营；积极推进新建项目开工。

二是吸引全球顶级财富管理机构落地。面向国家绿色发展示范区，打造北京绿色金融国际中心。全力打造城市副中心 ESG 绿色产业创新引擎，围绕北京城市副中心六大核心产业，推动产、投深度融合发展；吸引优质资本参与绿色产业转型升级，形成“学、产、投”发展闭环，助力城市副中心绿色产业落地聚集。

三是建设金融科技创新中心，在运河商务区重点支持、培育和加快推动银行系金融科技业聚集。依托清华大学五道口金融学院、中国人民大学财政金融学院、北京物资学院期货学院等本地优质科研和教育机构，培育高层次、创新型、国际化金融人才，积极引导高成长型金融技术企业入驻。

2. 构建立体化交通体系和智能化交通管理系统，提升立体交通承载力

一是加快推动城市副中心站综合交通枢纽建设。推进高速铁路、城际铁路、区域快线和城市轨道“四网融合”，建成具有绿色生态、舒适宜人、站城一体、产城融合特征的门户型智慧交通枢纽典范。吸取国内外多路共享进出站组织模式、地上地下一体化规划建设运营经验，以城市副中心站为节点实现城际交通和城市交通无缝换乘。

二是提升区域公共空间连接性、系统性，优化智慧公共交通系统。强化公交站点与城市道路同步规划建设，进一步完善启动区和新建区域公交线网布局。优化完善内部路网结构，提升内部道路通行能力。合理规划公交站点与轨道交通接驳，服务保障新建区域企业及居民的出行需求。加快建成启动区商业临时停车项目。推进地上地下一体化建设，切实提高商务楼宇间的通行便利程度。加快推进地块间的地上连廊、地下通道、中间地带建设，形成地下空间连通系统。有序布局车联网系统，开展车路协同，形成智慧、快捷的地下交通基础设施体系。①

3. 打造运河文化，树立绿色生态典范

一是强化运河历史文化场景建设。在运河商务区建设中要深入挖掘大运河的文化内涵，展现大运河文化的时代魅力，将大运河文化精神与现代商业精神有机融合，形成具有历史厚重感的区域文化商务区。持续推动区级相关建设规划的实施落实。在场景设计上，全过程保护利用好运河历史遗存，在重要场所打造一些标志性的景观打卡地，在丰富运河文化旅游业态产品及消费场景的同时，将大运河历史文化遗产的挖掘保护和展示以及现代商业的区域文化特征相结合。

二是提升商务休闲运动活力。以“三庙一塔”景区为试点，增加现有沿河配套设施的休闲运动功能，满足金融企业的商务交往需求，打造充满商务活力的绿色空间和国际交往中心。配合推动运河沿线文化驿站、休闲营地等

① 北京市通州区人民政府办公室：《运河商务区发展三年行动计划（2023 年—2025 年）》，2023。

文体服务基础设施项目建设，提升城市品位和居民生活品质。

三是发挥五河交汇的区位优势，构建大运河生态文化景观廊道。

4. 建设宜居宜业活力新城

一是完善优质公共服务供给，加快公共服务配套建设，完善重点项目周边公共配套设施。以企业需求为导向，提升医养服务质量，推进教育资源和产业空间匹配，为产业人群子女提供教育服务。

二是丰富文化艺术活动。营造精致、高品位的商务活动空间，鼓励企业举办各种文化艺术活动打破楼宇坚冰，持续举办丰富区域居民生活的文娱消费活动。

三是打造宜商、便利和充满活力的综合商业中心。也就是说，要具备现代化、国际化特征，既要有配套的服务设施，也要有相应活跃的夜间经济。完善综合交通枢纽和立体化交通体系，在服务城市副中心、辐射京津冀过程中形成具有一定区域影响力的商业综合体。根据相关规划政策，立足免税和国际环球主题公园消费，凝聚包括津冀地区游客在内的消费人群。吸引一批知名品牌老字号集聚发展，打造商务区夜经济、特色运河夜消费带、文旅休闲街区、网红打卡地，激发文化旅游消费活力。

5. 打造国际一流营商环境，提升街区楼宇治理能力，树立园区运营管理服务标杆

一是形成以党建为引领、以智能服务为平台、以楼宇工作站和产服公司为支撑的管理服务“运河模式”。组建商务楼宇党群服务中心，设置楼宇“金牌管家”。通过党群服务中心、“白领驿站”，举办党建、人才、商务沙龙等各类主题活动，提升党群服务工作质量。及时了解对接入驻企业动态，回应企业诉求。

二是强化政企沟通，以解决问题为导向，面对面解决企业诉求，实现“政企面对面、服务心贴心”，服务企业“零距离、零等待”，为建设主体提供政策解读、业务咨询、手续代办、统筹调度、审批催办等“一站式”全程服务。

三是创建互动机制，强化5G、物联网、AI、人脸识别等智能技术的应

用，提升园区交通便捷性和安全管理精准性。强化道路、人流、交通等公共数据收集，打造园区数字化管理业务场景。

四是建设创新突破的绿色园区。织补楼宇空间绿地，形成多层次、由点及面的园区“双碳”体系。

6. 强化组织协调，提升政策制度集成创新能力

一是强化运河商务区管委会的统筹协调作用。加强区级部门对运河商务区的赋能，探索争取有关审批权下放，申请将事关区域建设发展的相关职能延伸到运河商务区。加强运河商务区管委会和属地街道的多方协作，加大统筹力度，在产业导入、环境营造等方面形成合力。加快研究高端人才优惠政策，积极争取市级海外高层次人才个税政策在通州区落地实施，服务惠及在通州组团内工作的高层次人才和紧缺人才。

二是推动政策制度创新。加快出台一批有针对性、有吸引力的专项支持政策。优化市区两级财政资金安排，加大对区域内入驻金融机构的融资贷款扶持力度。支持企业从事研发活动、参与城市副中心应用场景建设，遴选具有带动作用及示范性的科技研发、成果转化项目给予支持。试点推动商业地产 REITs 项目，探索“法定数字货币示范区”建设和城市副中心 ESG 绿色产业创新引擎建设。争取资金支持，推进在区级层面预留运河商务区年度财政保障资金，用于专项支持园区环境整理、特色产业引导等。

三是实施区域合作创新机制。推动“环球影城×大运河”国际消费体验区建设，立足差异化高端商务服务供给理念，依托西城金融街、朝阳 CBD、丰台丽泽商务区会商机制和战略合作协议，积极引进对接中心城区优质外溢资源，促进重点项目承接落地。推动京津冀协同发展，用好北三县战略腹地，在更大范围延伸布局创新链、产业链、供应链，构建基于城市副中心及其拓展区的产业先导、政策解读、服务定制、利益共享全产业链共享发展体系。加强与北三县的招商合作，探索建立与京津冀重点园区的联动合作机制，开展联动创新，从产业合作、园区共建、人才交流等多层次探索建立更加紧密的合作关系。统筹好国际组织、跨国公司等国际化资源，面向全球打造开放、包容、有影响力的商务区形象。

（二）经验启示

1. 坚持党的全面领导，强化组织协调

坚持党的全面领导，强化运河商务区管委会的统筹协调作用，加强部门协同、上下联动，形成工作合力，层层传导、层层推动，切实推进各项工作任务落实落细。在推动制度创新、加强政策保障和争取市区资金支持上积极主动，以重大项目落地为切入口，推动各项工作高效开展，确保各项措施落到位。

2. 立足高质量发展定位

在发展中，牢牢把握城市副中心建设“窗口期”和“两区”政策叠加推动高质量发展的机遇。以高标准打造高端金融服务功能区为主线，以提升商务核心功能为牵引，以主导产业集群培育为重点，着力吸引国际高端要素，实现集聚发展。对标国际一流标准，谋划推进高水平建设、高品质国际商务氛围营造，打造新型中央商务区典范。

3. 突出区域发展综合特色

发挥“两区”政策叠加优势和历史文化底蕴深厚等独特优势，将运河商务区打造成为“两区”建设与城市副中心高质量发展的示范样本和重要引擎。围绕运河特色，突出水城共融、蓝绿交织、文化传承的城市特色，强化国际商务服务特色，扩大运河商务区的辐射影响力，形成区域特色鲜明的京津冀高端商务发展新高地。

4. 坚持协同发展、创新推进

深化“五子”联动，持续推进“两区”系列政策落地，对标国际先进规则，推进财富管理、绿色金融、金融科技等重点领域对外开放和先试先行，打造首都改革开放新高地。加强与朝阳 CBD、西城金融街等主要金融商务区的协同互补，探索推进与北三县互通共享、协同发展，聚焦服务京津冀协同发展的金融创新、科技创新、高端商务功能，深化京津冀区域联动，充分发挥重点功能区的示范作用，打造京津冀金融创新发展高地。

5. 坚持系统治理、持续优化

坚持党建引领，以区域化党建推动运河商务区治理。在硬件方面，加快完善交通基础设施、公共服务配套设施，持续优化营商环境，营造浓厚的高端商务氛围。创新运河商务区治理机制，与新华街道一道解决企业和居民的多元诉求。经过分类梳理，形成运河商务区在长期发展中面临的历史遗留问题、堵点问题、提升治理问题的清单，通过完善共建共治共享机制破解区域治理难题。

参考文献

[1]《国务院关于支持北京城市副中心高质量发展的意见》，https：//www.gov.cn/zhengce/zhengceku/2021-11/26/content_5653479.htm。

[2] 蒋朝晖：《中国大城市中央商务区（CBD）建设之辨》，《国外城市规划》2005年第4期。

[3] 罗福源、罗寿枚：《国内CBD研究回顾与展望》，《城市问题》2004年第6期。

[4] 郭琳：《综合开发——当前我国中央商务区构建方式探讨》，《江西建材》2019年第3期。

[5] 娄中波、张李明：《车行地下交通空间总体布局模式初探》，《华东公路》2018年第4期。

[6] 陈劼：《地下车库联络道交通组织与内部出入口布置研究》，《交通与运输》（学术版）2018年第1期。

B.15 北京东城区文化与金融合作创新发展的实践探索

史继文　陈彬彬*

摘　要： 作为国家文化与金融合作示范区，北京东城区在推动文化金融合作创新发展方面先行先试，率先推出文化金融专营机构认定标准，积极构建信用评级、风险分担、投资扶持和产品定价实施体系，鼓励引导辖区内企业创新产品和服务，开发出“文化英才贷”“影剧定制贷”等特色产品，从智力支持、平台打造、品牌提升、场景营造等方面积极打造融合发展生态。从实践效果看，在产业创收、企业成长、平台搭建、园区建设等方面取得了显著成效。然而，在制度创新、产品打造等方面还存在不同程度的短板，亟须进一步补足。未来东城区文化金融合作创新发展，应立足区内实际，加强高位统筹，在政策供给、产品创新、平台支撑、人才培育等方面持续发力，从而全面提升产业融合发展质量。

关键词： 文化金融　东城模式　体系建设　北京

东城区位于北京中轴线以东，是首都“四个文化”魅力集中所在地之一，也是全国文化中心的核心承载区，拥有丰富的历史文化底蕴和众多金融机构，在文化金融合作创新发展方面拥有先天优势。在文化资源方面，东城区不仅拥有3处世界文化遗产（故宫、天坛、大运河故道玉河段）、53处国

* 史继文，中共北京市东城区委党校政法教研室助理讲师，研究方向为经济理论与实践；陈彬彬，中共北京市东城区委党校管理教研室副教授，研究方向为首都文化、老城保护。

家级文保单位，还有47家特色文化产业园和79家演出团体，文化产业人均地均产出连续多年稳居北京市第一。[①] 在金融领域，近几年金融业增加值占东城区GDP和财税贡献的近三成，在全市的占比也名列前茅，作为东城区的第一大支柱产业，金融业的支柱效应非常显著。整体来看，东城区具备文化金融合作创新发展的坚实基础。

2023年12月，经过财政部、文化和旅游部与中国人民银行的联合批复，北京市东城区荣获全国首批"国家文化与金融合作示范区"称号。首批示范区仅有两家，另一家为浙江省宁波市。[②] 自2017年申报，到2019年获得首批示范区创建资格，再到2023年荣获全国首批"国家文化与金融合作示范区"称号，东城区始终坚持稳中求进、久久为功，从政策支撑、体系建设、产品和服务创新、生态培育等方面全力推进，持续构建"四个体系"，努力探索文化金融合作创新发展的"东城模式"。

一　东城区文化金融合作创新发展的主要做法

（一）政策支撑

作为首批"国家文化与金融合作示范区"创建地区，东城区立足自身文化产业发展及文化金融合作基础，在深化文化金融合作方面制定并推出了一系列创新性政策。

一是积极争取中央部委和北京市的区域性先行先试政策。东城区抓住北京市"两区"建设契机，推动北京市出台《关于加快推进国家文化与金融合作示范区发展的若干措施》。[③] 此外，东城区以区内文化金融企业发展状

① 《北京东城：文化产业旅游产业深度融合　激发高质量发展新活力》，https：//www.bjdch.gov.cn/ywdt/bmdt/202312/t20231226_ 3510472.html。

② 王丽妤：《国家文化与金融合作示范区的创建实践与案例》，《北京文化创意》2020年第6期。

③ 北京市东城区文化发展促进中心：《创建国家文化与金融合作示范区　助力文化企业复工达产》，《清华金融评论》2020年第10期。

况为基础，制定并发布《东城区创建国家文化与金融合作示范区行动计划（2020 年—2021 年）》《东城区文化产业高质量发展行动计划（2024—2026 年）》，明确阶段性行动目标，并绘制产业发展路线图。围绕文化和金融产业发展的新趋势、新特征、新要求，努力推动文化与金融合作资源汇聚、资源活化、机制创新、渠道拓宽和行业提质。东城区通过政策的先行先试不断摸索路径，为其他地区建立示范区提供政策经验。

二是首创文化金融专营机构认定标准。由于文化企业的轻资产性和特殊性，推动文化金融合作创新发展并不容易。普通金融机构因为管理、考核等要求，在与文化企业进行合作时积极性并不高，动力也不足。为了解决这些问题，东城区推动认定全国首批文化金融专营机构，并率先为产业发展建立标准。东城区政府推动原北京银保监局、北京市市场监管局批复中国银行、中国工商银行和北京银行的 3 家属地支行率先挂牌更名为国家文化与金融合作示范区支行。并且，推动中国人民银行北京市分行、北京市委宣传部、北京市文旅局等多个部门联合出台《国家文化与金融合作示范区文创专营组织机构认定与评估方案》，在制度层面对示范区专营、特色支行的认定标准进行界定和明确。在此基础上，正式授牌中国农业银行、北京农商银行、华夏银行、杭州银行、南京银行等 8 家银行的属地支行为第一批创建国家文化与金融合作示范区文化金融专营机构。① 这些专营机构在文化金融产品及服务创新方面更具优势与动力，现已成为破解文化企业融资难题的重要法宝。

三是帮助文化企业加速登陆资本市场。出台《东城区关于鼓励企业上市挂牌融资的若干措施》，与深交所、上交所、新三板等主要资本市场建立合作机制，现已推动区内企业锋尚文化、全时天地在深交所成功上市，并推荐区内 72 家文化企业进入北京文化企业上市培育基地，努力加快区内文化企业上市进程。截至 2023 年末，东城区文化上市企业达到 11 家，占全区上

① 北京市东城区文化发展促进中心：《创建国家文化与金融合作示范区　助力文化企业复工达产》，《清华金融评论》2020 年第 10 期。

市企业的1/3。[①]

四是创新拓展文化产业承载空间，持续强化要素市场。积极挖掘老旧厂房存量资源，摸清底数，编制并出台《东城区文化产业园区高质量发展导则》，不断优化城市空间结构并提升品质。推动一些产业园在园区内建立金融服务站，如大磨坊文创园、德必天坛文化产业园和东雍文创园等，为园区内中小文化企业提供融资、小额资金担保等服务。此外，鼓励德必天坛、东方嘉诚等文化产业园设立产业投资基金，积极培育孵化园区内初创企业，不断健全文化金融服务体系。

（二）体系建设

1. 文化企业信用评价体系

文化企业大多为轻资产企业，因此很难采用传统的固定资产抵押质押方式来进行贷款。对于一般文化企业来说，主要依靠信用贷款方式进行融资，但是根据银行反馈，文化企业的信用基础普遍偏弱。为了解决文化企业的信用基础问题，东城区与知名的信用评级机构合作，探索建立文化企业信用评价体系。一是首创文化企业投融资“白名单”机制。东城区与相关部门合作推出“白名单”机制，根据文化企业的经营规模、成长速度、发展潜力等信息，精准开展企业画像，评价并选取部分优质文化企业进入“白名单”，将其推送至银行等金融机构。二是着力提升信用评价结果和“白名单”机制的重要性和实用性，积极推动双挂钩机制。充分发挥文化企业信用评价结果的作用，将其同政府推出的扶持政策和银行信贷挂钩，并且在此基础上不断建立和完善守信激励机制及失信惩戒机制[②]，通过制度设计为文化企业增信助贷，努力形成“以信用促融资、以发展强信用”的良性循环。三是鼓励银行机构通过加强银担深度合作、投贷联动、探索知识产权和版权质押等方式，加大对“白名单”企业的支持。四是建设国家文化与金融合

---

① 北京市东城区文化发展促进中心内部资料，2023。

② 北京市东城区文化发展促进中心：《创建国家文化与金融合作示范区　助力文化企业复工达产》，《清华金融评论》2020年第10期。

作示范区大数据库，并推动其与融资服务平台的数据整合，利用科学技术助力文化金融产业的高效融合。

2. 文化信贷风险分担体系

针对文化企业实体抵押物少、无形资产质押难、贷款难等问题，东城区创建并完善了文化信贷风险分担体系，形成市区两级风险补偿联动机制。一是设立中小微企业风险补偿专项资金。专项资金的总规模为3000万元，其中1/3用于优先支持文化类企业的融资需求。截至2023年末，纳入风险补偿资金支持名单的企业有50家，涉及信贷余额2.17亿元，其中文化企业风险补偿资金占比为78%。[①] 二是研发并培育文化产业链保险。基于产业实际进行完片担保等抗风险类产品研发，努力对整个产业链的风险实现全面有效覆盖。[②] 三是针对海外风险，鼓励企业通过办理出口信用保险、购买外汇衍生品等方式降低业务风险，与中国出口信用保险公司、中国银行北京分行等金融机构进行深度合作，为东城区文化企业探索制定差异化服务方案，提升文化企业风险管理能力。四是支持文化金融专营机构建设，对专营机构实行差异化监管。

3. 文化产业投资扶持引导体系

文化企业和投资机构在融资方面存在信息不对称问题，为了解决这种不对称，更精准地助力文化企业成长，东城区构建了文化产业投资扶持引导体系。一是实施优质文化企业专项扶持政策“文菁计划”，形成文化企业全周期的扶持政策体系，设置投贷奖励、高成长奖励和领军企业奖励等配套奖励措施及各种项目补助。设立文菁产业基金，基金的总规模高达10亿元，重点鼓励和培育文化新业态，尤其是聚焦文化科技融合特征突出的文化新业态投资项目，如“百年征程”多媒体与传统舞台演出结合应用平台、电影《革命者》、电视剧《胡同》、景泰蓝创意产品设计研发以及东雍文创园、大磨坊文创园等文化产业园区的优质项目等。二是与新三板、深交所、上交所

① 北京市东城区文化发展促进中心内部资料，2023。

② 北京市东城区文化发展促进中心：《创建国家文化与金融合作示范区　助力文化企业复工达产》，《清华金融评论》2020年第10期。

等主要资本市场建立合作机制，积极助力文化企业登陆资本市场。设立上市培育服务基地，并与资本市场共建文化企业研究院，利用金融市场的支持放大作用助力文化市场主体建设。三是充分利用北京文化发展基金进行提升和发展。通过建立子基金等多种途径，支持示范区的文化产业项目实施和落地。并且，积极吸引社会资本的参与，鼓励条件相对成熟的各类资本创建文化产业基金，努力吸引和培育各类文化产业基金在东城区落地并应用到实际中去①，让更多社会资本能够参与到国家文化与金融合作示范区的建设和发展中去。

4. 文化资产定价流转体系

为解决无形资产的定价和交易流转问题，东城区致力于打造国家文化与金融合作示范区服务中心。通过构建“政策+市场化平台+服务+生态圈”的模式，大力支持文创板公司探索文化资产定价流转体系。一是积极推进文化产业的上市培育，促进文化金融数据的整合。加强对大数据和科技金融等技术的应用，更精准地助力文化企业的债权、股权融资，并通过实施“投贷奖”“房租通”等政策对企业进行风险补偿，从而帮助文化企业更好更快地进入资本市场。二是鼓励文创板开展信用评价和知识产权价值信用贷款试点项目，并拓宽业务范围，开展文化经纪、文化证券、版权代理、评估鉴定、艺术品金融和融资担保等一系列业务，不断完善文化无形资产的登记机制、评估机制和流转机制。三是进一步升级产品服务体系，推动差异化定价。打造更加贴近现实、符合文创企业需要、支持文旅企业发展的产品矩阵，做深、做透、做细文化企业客群，围绕企业画像进行差异化模型定价和服务，不断丰富线上线下文化金融产品和价格体系。

（三）产品和服务创新

东城区汇集着全国首批文化金融专营机构，在解决文化企业融资难题方

① 北京市东城区文化发展促进中心：《创建国家文化与金融合作示范区　助力文化企业复工达产》，《清华金融评论》2020 年第 10 期。

面更具专业优势。为了探索更优质的解决路径，东城区一直致力于推动文化金融产品与服务创新，鼓励金融企业针对不同领域的文化产业开发不同的产品，并创新服务模式和管理模式。

1. 文化金融产品创新

文化产业拥有众多细分领域，如广播电影电视、广告会展、文化艺术服务等。东城区当前创新文化金融产品主要是从细分领域入手，围绕文旅、文创、影视等进行产品设计和开发，以期增强产品的精准性和实用性。目前，东城区已联合区内的 8 家文化金融专营机构创新推出文化金融产品 39 个。其中，最具亮点的是北京银行国家文化与金融合作示范区雍和文创支行。它打造了全方位的文化金融产品矩阵，不仅推出“创意贷”“文创普惠贷”“文旅 e 贷”“影剧定制贷”等特色产品，形成“电影+版权质押”贷款，还打造了“文菁贷”“文化英才贷”等多个无抵押、免担保的文化金融产品。产品既具有特色又易于申请，深受用户的喜欢。当然，其他机构也表现不凡。例如，中国银行针对非遗传承人缺乏资金难以维持等问题创新提出“非遗贷”，为非遗文化传承提供了经济支持，让很多非遗工作者在传承发扬非遗文化的同时不再受困，非常具有意义。部分特色产品详情如下。

（1）文化英才贷

“文化英才贷”是围绕文化英才对文化企业发放的用于日常经营的流动型资金贷款。银行通过评估文化企业的基础资质、经营管理、财务状况、信用情况等指标，结合企业在文化创意领域所拥有的文化英才资源，以及文化英才资源在知识产权、行业影响、品牌感知、市场号召等方面对企业发展的促动潜力，综合评测企业质量、发展前景、借款需求与还款能力并进行贷款发放。“文化英才贷”授信期限最长为 2 年，产品金额上限为 1000 万元。① 产品流动性较强，可贷金额较高，比较适合拥有文化英才数量较多的文化企业。

（2）影剧定制贷

“影剧定制贷”是银行面向影剧制作公司开发的用于补充公司制作费用

① 北京银行内部资料，2023。

的流动资金贷款，主要受众群体为与诸多大型影视剧出品和播放平台签署协议的影剧制作公司。双方签署的协议包括但不限于《承制协议》《联合制作与出品合作协议书》《影视作品专有许可使用合作协议》等。该贷款可以用于影剧开机、特效制作、后期剪辑等所有交片前的流程。产品金额上限为1000万元，担保方式为用款合同的合同收益权质押和实际控制人或法定代表人个人连带责任担保。与平台签署合同后即可进行贷款审批，平台第一笔款项到账后可实现放款，整个结算期的倒数第二笔平台款到账后归还贷款。“影剧定制贷”放款利率低，无须引入担保公司，审批流程快，且基于项目给予单个授信，因此单一制作公司可基于多个项目申请多笔贷款。

（3）文旅e贷

“文旅e贷”是北京银行创新文化和旅游市场信用融资服务，面向文化和旅游行业小微企业提供的专属线上贷款产品。该产品通过引入文旅行业风险和信用数据，结合工商、司法、税务、征信等数据的挖掘和分析，采用智能化风控模型，为信用状况良好、风险等级较低的文化和旅游市场小微企业主体提供线上贷款服务。该产品金额上限为300万元，授信期限最长为12个月，虽然金额较低，但无须抵押和担保，并且线上申请后自动审批办理，对小微企业来说非常便捷。

2. 文化金融服务创新

东城区不仅鼓励企业积极开展文化金融产品创新，还持续推动文化金融服务创新。现在区内最具特色的服务模式是北京银行国家文化与金融合作示范区雍和文创支行创新形成的“四专四单”服务模式。为了使文化金融服务更加专业高效，雍和文创支行在审批权限、业务流程、风险管控、考核监管等方面都进行了特殊定制。其中，“四专”指专营组织架构、专项指标考核、专属业务范围和专职人员配置。① 雍和文创支行由总分行进行垂直管理，单独对其进行户数、金额指标考核，且业务团队由行业内经验丰富的资深客户经理组成。在业务范围方面，支行100%的信贷业务要投放于文化企

① 北京银行内部资料，2023。

业。“四单”指单独绩效考核、单独权限设立、单独审批通道、单独额度匹配。[①] 区别于其他支行，总分行根据雍和文创支行的文化金融贷款户数和余额制定单独绩效考核办法。贷款审批采用信贷工厂模式，1000 万元及以下业务由支行自主审批，需要分行审批的，采用分行绿色审批通道，且在放款额度上享受优先支持政策，总分行会第一时间保证该支行客户的贷款额度。扁平化管理的实施和专属创新政策的匹配让文化金融专营机构在金融服务和金融创新方面更具优势和动力。

（四）生态培育

1. 智力支持

东城区特别注重引进和梯次培育文化金融复合人才，并采取了诸多举措。一是成立北京东城文化发展研究院，研究文化金融合作路径，为文化金融合作发展注入理论动力。二是加大“银巷”人才引进力度，着重推动艺术品交易、文化金融、文化版权、游戏动漫等重点领域的人才引进工作。三是举办“文化+”创意大赛，收集各类“金点子”，并针对创意的新颖性、实用性、落地性等进行充分考量，层层角逐，用竞争与合作相结合的形式激发出文化金融人才的创意活力。四是通过定期举办文化金融高端人才研修班提升驻区文化企业和金融机构中高层管理者的水平。

2. 平台打造

东城区建立了示范区文化金融服务中心，通过“政府指导+市场运作+专业运营”的方式搭建起了公共服务平台。一是打造线上文化金融服务窗口，发起并成立东城区文化产业投融资联盟，积极构建政策信息、企业孵化、债权融资、股权融资、文化金融人才培育和文化金融产品研发服务平台。二是支持北京文创板公司探索文化资产定价流转体系，并联合北京股权交易中心打造北京文化企业股权转让平台。截至 2023 年底，已征集意向挂

① 北京银行内部资料，2023。

牌文化企业 45 家，完成签约辅导近 20 家。[①]

3. 品牌提升

为了提升文化金融产业的知名度，东城区积极举办峰会、论坛，打造活动社群，引进社会资本，助力文化企业发展，实现了较好的品牌提升效果。一是与国内知名院校清华大学五道口金融学院合作，连续 6 年举办“中国文化金融峰会”，通过发布《中国文化产业投融资报告》、确立研讨主题等形式邀请行业内知名专家学者围绕文化金融前沿话题进行探讨，持续扩大东城区的文化金融影响力。二是联合一些文化金融领域基础较好的城市，如宁波、广州、南京、杭州及西安等，将高规格的文化金融活动落地东城区，吸引优质文化金融人才、机构、企业集聚，搭建常态化活动社群，让政府、文化企业、专家和金融机构能进行常态化交流互动和资源展示。三是充分利用东城区作为国家文化与金融合作示范区和国家公共文化服务体系示范区的“双区叠加”有利条件，鼓励金融机构参与到东城区的文化遗产保护和实体书店建设等领域中来，探寻社会资本介入文化发展的新途径，充分激活文化资源的活力，为发展提供源源不断的动力。

4. 场景营造

创新“文旅+金融”发展模式，营造更加丰富的应用场景。一是借助“百年王府井”这一文化金地标来提升金融产品的知名度，如 2021 年在王府井商圈落地了北京首个数字人民币消费试点，通过向消费者发放数字人民币红包对数字人民币这一新型金融产品进行推广。二是文化企业与金融机构开展共创计划，如“故宫以东”共创计划，文化企业与金融机构围绕“故宫以东”品牌建设、项目孵化、消费场景打造等展开“金融共创”。三是利用信贷资金支持“文化金三角”建设，如利用银行信贷资金支持北京·禄米仓新视听文化产业园区提升改造和锋尚文化北京冬奥会开幕式项目建设，并通过银团贷款方式提供数十亿元信贷资金助力隆福寺重点项目建设，营造文化金融共赢的良好态势。

---

① 北京市东城区文化发展促进中心内部资料，2023。

二 东城区文化金融合作创新发展的主要成效

东城区基于自身文化资源和金融产业优势，不断开拓进取，探索实践，积极推动文化金融合作创新发展，取得了一系列显著成效。据统计，截至2023年底，东城区文化及相关产业法人单位达到528家，全年实现收入1352.9亿元，总量持续位列北京市第3，人均地均产出位列北京市第1。①

（一）一批高质量文化领军企业快速成长

光线传媒、锋尚文化、中文在线等行业领军企业的发展突飞猛进，嘉德拍卖、保利拍卖在艺术品交易领域已经形成了“北京价格”。驻区企业中国出版集团、保利文化、对外文化集团、歌华集团、北京工美获评第十五届“全国文化企业30强”（含提名），入选企业数量持续位居全市第1。17家园区获北京市级文化产业园区（含示范园区）称号，获评数量连续3年位居全市第2。上市文化企业数量达到11家，占全区上市企业的1/3。②

（二）一批高水平文化项目获金融助力

示范区文化金融专营机构之一的工商银行王府井支行牵头组建银团，围绕“文化金三角”为隆福寺文化产业园区建设提供有力信贷支持。北京银行国家文化与金融合作示范区雍和文创支行通过“影视文园贷”“影剧定制贷”等创新产品有力支持《你好，李焕英》《热烈》《大侦探赵赶鹅》《上甘岭》等优秀影视、舞台剧作品，为歌华文化提供授信，支持北京冬奥会开幕式项目。工商银行东城支行首次以单一影片票房收入为还款来源支持《中国医生》等主流题材影视作品。

① 北京市东城区文化发展促进中心内部资料，2024。

② 《东城17家园区入选2023年度北京市级文化产业园区，入选数连续位居全市前列》，https：//www.bjdch.gov.cn/ywdt/dcyw/202402/t20240226_3570176.html。

（三）一批高效能服务平台有序运转

东城区依托北京文创板建设的文化产业综合服务平台，积极汇聚文化企业、金融企业和中介服务公司，对接融资达到数百亿元。成立国家文化与金融合作示范区服务中心，构建“政策+市场化平台+服务”的综合模式，为文化企业提供政策信息服务、债权融资服务、股权融资服务等，帮助文化企业实现债权融资、股权融资和财政支持资金的有效衔接。

（四）一批高品质文化产业园区逐渐涌现

东城区对老旧厂房持续进行疏解腾退，并把腾退出的空间用来建设文化产业园区，这对于促进文化产业集聚、构建文化产业生态有极大助力。因此，涌现出了隆福寺文创园、南阳共享际、大磨坊文创园和嘉诚胡同创意工场等一批文化产业园区知名品牌，园区内 3 处文化消费新场景挂牌东城区首批“演艺新空间”，逐步探索出一条老旧厂房转型利用的有效途径，形成了“胡同创意工厂”发展模式。

三　东城区文化金融合作创新发展的主要经验和启示

作为文化与金融合作创新发展的先行地和示范区，北京市东城区给其他城市提供了一些可供参考的路径和经验，但是由于当前尚处于发展初期，在制度创新、产品打造等方面还存在诸多不足，因此还需继续完善。通过对已有工作和成果的深入思考，总结出了一些可供借鉴的经验和启示。

（一）结合区域特色，推动习近平文化思想在东城落地

在将思想理论转化为实际行动的过程中，最重要的便是结合自身实际情况，因地制宜地进行发展。东城区能成为全国首批国家文化与金融合作示范区，一方面是由于东城区能够积极顺应国家和首都发展大势，准确把握时代背景和发展机遇，坚持以习近平文化思想为指导；另一方面是由于东城区能

够充分挖掘区内文化资源，立足区域特色，坚持“崇文争先”，并充分发挥金融产业的支柱效应，最终才能推动习近平文化思想在东城落地。在实际落地过程中，东城区持续把“文化+”作为重要引擎。一方面，抓住文化企业融资难、融资慢的难点痛点进行路径探索；另一方面，利用东城深厚的文化底蕴为金融产业的发展助力。例如，利用“故宫以东”“文化金三角”等知名 IP 为金融企业进行宣传赋能，并联名进行产品开发和营销，既以金融赋能文化，又以文化促进金融，双向发力，不断推进两大产业互联、互融、互促，最终实现“1+1>2”的效果。

（二）强化高位统筹，深化协同联动

统筹协调、多方配合才能保障文化金融合作创新的良好发展。东城区在打造示范区的过程中，一是充分发挥相关领导小组的统筹协调作用，不仅与文化和旅游部、中国人民银行、财政部、国家金融监督管理总局北京监管局等中央和市级单位建立沟通协调机制，而且与辖区内各金融机构、文化企业及相关部门保持密切联动，及时通报工作进展情况，协商解决相关事项。二是不断完善调查研究、议事决策、推进落实、协调督办、考核评价等工作机制，努力统筹相关政策的制定、资金的分配、项目的实施落地等工作。三是建立文化与金融合作的产业链、价值链、生态链，汇聚多方合力，推动资源对接，发挥示范效应。在领导小组科学的高位统筹调度、多部门的密切配合协同联动之下，东城区提前完成了示范区建设的各项任务与目标，将示范区打造成为全国文化与金融合作创新发展的示范高地与展示窗口。

（三）强化政策供给，加大文化企业扶持力度

推动文化金融创新合作发展离不开政策的支持与指引，东城区用政策引导扶持企业进行发展创新效果显著。一是强化政策供给，并做好政策解读和配套措施制定。定期调研收集两类企业的问题与需求，以此作为政策的修改或制定基础，制定的政策尽可能细化，对政策及时进行更新与完善，对政策的宣传尽可能到位，让企业看得见、弄得懂、行得通，从而最大限度地调动

相关企业的积极性，扩大对企业的扶持效果。二是在政策制定时，要注意在重点领域给予重点支持，利用政策对企业的投资方向或者发展方向进行适度引导。东城区积极发挥区级产业政策的引导作用，对在示范区新设或新引进的各类文化金融机构给予奖励，对符合重点发展业态的文化金融产品和服务创新也给予奖励，奖励重点明显，注重精准发力，不搞大水漫灌，让企业能更好地把握政策的方向性，从而促进重点领域和重点产业的发展。三是优化政策兑现流程，加快政策兑现速度，打通政策兑现快捷通道。对于每一项已发布的奖励性或扶持性政策都按条件及时兑现，不搞假把式和虚架子，让资金直达企业，帮助企业尽早减负、尽快成长，通过政府的各项优惠支持增强企业获得感。

（四）强化产品创新，拓宽文化企业融资渠道

文化与金融合作创新发展的重点在于产品和服务创新，在示范区建设过程中，东城区基于文化产业与金融产业的资源优势和发展优势，联合多家专营机构进行产品研发和服务创新，并通过多种途径拓宽文化企业的投融资渠道，效果良好。从东城区已有的产品和服务来看，一是要打破常规，建立专营机构。东城区考虑到文化企业的特殊性和金融机构的复杂性，从实际情况出发，联合北京银行等建立了专营文创银行机构，并鼓励总分行对这些文创类网点进行单独考核，无论对文化企业来说，还是对银行网点自身来说，这都大大减轻了信贷压力。二是细化产品分类，拓宽应用场景。东城区一些金融机构推出了“文菁贷”“文化英才贷”等无担保信贷产品，并创设“京文融”专项再贷款和“京文通”专项再贴现产品，还根据市场所需推出了新颖小众且实用性高的产品。从实践效果来看，这些细分类产品比传统信贷产品更受大众欢迎。

（五）强化平台支撑，搭建文化金融融合生态

从东城区经验来看，文化和金融产业要实现融合创新发展，必须打通“堵点”，建立合作平台，畅通沟通渠道，培育发展生态圈。一是利用信息

化建设持续促进文化金融资源对接合作，推进搭建政策信息、债权融资等服务平台。二是搭建政府、文化企业和金融机构为一体的沟通平台，增加金融机构和文化企业沟通了解的机会，促进双方直接对接有效需求。为了畅通沟通渠道，当前东城区每年开展银企对接活动近百场，能够线上汇聚文化企业 1 万多家、投资机构和金融机构接近 1000 家，对企业和机构的投融资需求和发展需求进行了有效的解决。三是通过举办高端、影响力较大的文化与金融合作推介会或论坛，搭建包含政府、行业专家、文化企业和金融机构四位一体的融合生态圈，让多方力量在融合生态圈中进行充分的对话和研讨，汇集智慧力量，激发智慧活力，持续推动文化金融融合生态的良好发展。

（六）强化人才培育，打造文化金融研究智库

智力支撑是推动文化金融合作创新发展的不竭动力。《“十四五”文化产业发展规划》已将文化金融作为人才培养重点领域，亟待建立文化金融培养培训体系。东城区非常重视人才的引进工作、培育工作和智库建设工作，尤其是文化、金融、科技等重点领域。在建设过程中，一是要加大对国内外文化金融人才的引进、培育和使用力度。在文化金融合作创新发展过程中，急需双专业双领域的复合型专家和人才，但金融和文化二者之间存在较大的专业壁垒和行业壁垒，当前市场上的金融人才和文化人才多为单一类型的，若想要大量高端复合型人才，需要进行专门的复合培养。二是要注重对现有文化企业家的金融培育和对现有金融企业家的文化培育。现有文化企业家和金融企业家拥有非常丰富的文化工作和金融工作经验，但彼此之间较为陌生，且由于金融工作的复杂性，文化企业家相对更为弱势，因此尤其要重视对文化企业家的金融培育。在培育过程中，除了常规的财务管理，还要重点培训融资、投资、资本运作等多方面能力，从而帮助文化企业家进行文化金融资源转化和文化资本运营。三是要打造具有全国影响力的文化金融研究智库，吸引国内外高端文化金融人才和专家学者加入，积极引导其参与文化金融创新政策咨询并撰写咨询报告。此外，不断完善调研、成果产出等机

制，主动吸收新颖的、有价值的建设性意见，并给予奖励，为文化金融合作创新发展提供长久有效的智力支撑。

参考文献

[1]《北京东城：文化产业旅游产业深度融合　激发高质量发展新活力》，https：//www. bjdch. gov. cn/ywdt/bmdt/202312/t20231226_ 3510472. html。

[2] 王丽妤：《国家文化与金融合作示范区的创建实践与案例》，《北京文化创意》2020 年第 6 期。

[3] 北京市东城区文化发展促进中心：《创建国家文化与金融合作示范区　助力文化企业复工达产》，《清华金融评论》2020 年第 10 期。

[4]《东城 17 家园区入选 2023 年度北京市级文化产业园区，入选数连续位居全市前列》，https：//www. bjdch. gov. cn/ywdt/dcyw/202402/t20240226_ 3570176. html。

B.16

北京丽泽金融商务区高质量发展实践探索

王 芳*

摘 要： 丽泽金融商务区作为北京"两区"建设的主阵地，紧抓服务业扩大开放机遇，培育金融发展新动能，打造全球新兴金融高地，经过多年发展，取得了成色足、势头猛、服务强的生动发展态势。丽泽金融商务区在发展过程中积累了3条宝贵经验：坚持战略引领，将一张蓝图绘到底；坚持问题导向，持续优化营商环境；坚持系统观念，聚众能共谋发展。

关键词： 丽泽金融商务区 金融高地 "两区"建设

丽泽金融商务区，作为北京"两区"建设的主阵地、新一轮城南高质量发展行动的重点功能区和首都金融产业的关键增量空间，地处北京西二、三环路之间，以丽泽路为主线，东起菜户营，西至丽泽桥，南起丰草河，北至红莲南里，规划面积8.09平方千米，核心区用地2.81平方千米，影响辐射范围总建筑规模为1200万平方米左右，是目前三环内独一无二的成体量的集中建设区，也是三环内投资兴业的一块热土。

自2010年开始规划建设以来，丽泽金融商务区紧紧围绕金融、科技两大主导产业，锚定数字金融、普惠金融、产业金融、绿色金融等方向细分产业赛道，已成为北京新兴金融产业的集聚区、首都金融改革试验区、金融科

* 王芳，法学博士，中共北京市丰台区委党校教研处讲师，研究方向为党史党建、丽泽金融商务区教学开发。

技创新示范区主阵地和北京法定数字货币试验区。按照《“十四五”时期丽泽金融商务区发展建设规划》，未来丽泽金融商务区将“建设成为具有全球影响力的新兴金融商务区、支撑首都现代服务业发展的重要功能区和现代化大都市高品质建设的典范区域”①，助力北京发挥对全球金融产业的辐射作用。“两区”建设为丽泽金融商务区迎来了重大的历史机遇。丽泽金融商务区作为国家服务业扩大开放综合示范区的金融科技创新示范区主阵地，将借助“新开放”的契机，积极参与“两区”金融领域开放创新建设，助力开创首都金融发展新格局，为北京金融业高质量发展提供有力支撑。

党的十八大以来，在市委市政府、区委区政府的坚强领导下，丽泽金融商务区坚持主动适应新常态，深入贯彻落实首都“四个中心”战略定位，准确把握非首都功能疏解和京津冀一体化发展战略，不断解放思想、锐意进取，经济指标增长后劲十足，项目建设快速推进，市政设施全面跟进，产业要素加速集聚，各项工作取得显著成就。同时，由于资金、征地拆迁、政策等方面遇到的实际困难以及外部环境带来的竞争压力，丽泽金融商务区的建设还面临着一些待解问题，如丽泽金融商务区的建设速度与期望值之间存在一定差距，与金融街一体化尚未找到较好的契合点，对金融资源的竞争日趋激烈，重点建设项目难度较大，等等。习近平总书记指出：“进入新发展阶段，国内外环境的深刻变化既带来一系列新机遇，也带来一系列新挑战，是危机并存、危中有机、危可转机。”② 丽泽金融商务区积极应对困难挑战，化“危”为“机”，紧抓服务业扩大开放机遇，培育金融发展新动能，打造全球新兴金融高地，赋能北京“两区”建设。

一　北京丽泽金融商务区高质量发展的主要做法

（一）以规划为根本，加快重点项目开发建设

随着《丽泽金融商务区规划综合实施方案（2020 年—2030 年）》获得批

① 《“十四五”时期丽泽金融商务区发展建设规划》，http：//www.bjft.gov.cn/ftq/zfwj/202205/d2a8898aebe8480bbf6e61a210ab6388.shtml。

② 习近平：《正确认识和把握中长期经济社会发展重大问题》，《求是》2021 年第 2 期。

复，《“十四五”时期丽泽金融商务区发展建设规划》编制完成，以及《北京丽泽金融商务区高质量发展建设三年行动方案（2022—2024）》正式公布，丽泽金融商务区的规划越来越完善，目标越来越明确，路线越来越清晰，为丽泽金融商务区的高标准建设提供了根本指引。

一是推进重点楼宇建设。在审计署、丽泽 SOHO、平安金融中心、湖南投资大厦等重大楼宇先后建成投用的基础上，丽泽金融商务区持续以重大项目带动，加快丽泽城市航站楼、数字金融科技示范园、丽泽国际金融城、新福建大厦等 9 个重点项目建设。南区最后一块经营性用地已围挡起来开挖基坑，标志着丽泽数字金融科技示范园项目正式开工。示范园建筑规模约 49.7 万平方米，由地上 9 栋单体建筑和地下 4 层组成，预计 2027 年竣工。与其他区域的商务楼宇相比，除了有商业综合体与写字楼外，示范园还将建设人才公寓两栋，朝着“职住平衡”目标不断迈进，努力构建“24 小时国际商务生活时区”。北区地下基础设施及综合开发配套项目正在办理前期手续，D01 项目实现供地。通用时代中心项目竣工入住，国家金融信息大厦已经进入内装与机电安装的冲刺阶段，预计 2024 年竣工并投入使用。丽泽国际金融城项目启动建设，建设总规模约 160 万平方米，将吸引和集聚跨国金融机构、高端商务公司的总部等国际化企业，打造地上地下、各层各地块互联互通，交通、商业、公共空间、市政、休闲等城市功能复合聚集的全球活力中心。

二是加快交通路网建设。继续加速推进“一站五轨”立体路网建设。地铁 16 号线全线贯通，丽泽城市航站楼综合交通枢纽一体化项目主体开工，加速北区 14 条道路（1 条城市干路、6 条次干路、7 条支路，共 10.4 千米）和地下环廊建设，丽泽路预计 2024 年底实现通车。推动地铁 11 号线、丽金线开工建设，实现新机场线北延建成通车。同时，坚持地上地下空间一体化开发，集约高效利用空间资源，大力推进地下空间互联互通，加快交通环廊建设，加速实现丽泽南北区之间、项目之间以及与周边城市主干路网之间的快速通达。推进地下立体交通网快速成型，促进市政、交通、商业、公共空间等城市功能的复合集聚，相互衔接，打造站城融合典范。

三是持续厚植“绿色”底色。多个重点项目有力推进，绿色空间持续不断增加。作为园林式金融商务区，丽泽金融商务区规划绿地面积达2808亩，其中区域内将建设长34千米的生态慢行步道。滨水文化公园、城市运动休闲公园二期实现进场施工，目前城市运动休闲公园二期已投入使用，滨水文化公园（二期）园林景观部分建设完成并对外开放，水系建设计划2025年完成，累计已建成绿地面积1500多亩。作为北京市绿色生态示范区，丽泽金融商务区以安全保障、智能生态、绿色环保为总目标，制定低碳生态指标体系，保障商务区的新建筑为100%的绿色建筑，同时还采用集中供热、供冷等方式，解决丽泽金融商务区核心部分的能源供应需求，从源头上实现节能。本着“以人为本、公共交通优先”的原则，打通慢行交通系统、公交、地铁等多层级绿色交通网，构建绿色低碳能源体系，践行高质量绿色低碳发展之路。截至2023年，二星级及以上星级建筑面积占比达到80%，如丽泽平安金融中心获得了LEED金级认证、绿色建筑二星级设计标识，为入驻企业和人们提供了健康舒适、生态环保的一流办公环境，进一步提升了丽泽金融商务区的区域环境品质和招商吸引力，丽泽金融商务区的宜居宜业水平不断提升。

（二）以产业为核心，构建新兴金融产业体系

自2021年丰台区在数字金融论坛上发布“丽泽数字金融示范区建设行动计划”以来，丽泽金融商务区便将新兴金融作为发展的重要内容和关键抓手。《北京丽泽金融商务区高质量发展建设三年行动方案（2022—2024）》更是明确了未来三年的“1335总体战略”，围绕“四新”产业体系和“6552”细分赛道，以产业为核心，积极构建以金融为主、以科技和高端商务为支撑的新型金融产业体系。

一是持续提升数字金融产业优势，在银河证券等龙头企业的带动下，积极培育智能资产管理等特色数字金融业态，推进数字金融创新科技成果优先在丽泽落地转化，同时发挥央行数研所、国家数字金融技术检测中心的作用，编制数字人民币检测规范体系和技术指引，大力提升丽泽在数字金融领域的话语权和影响力。引导建信金科等头部企业在丽泽建立数字金融创新基

地，鼓励银登中心等大型龙头企业开放资源，以数据服务和技术应用赋能中小型数字金融企业发展。

二是大力发展国际金融产业。借助“两区”建设政策机遇和丽泽城市航站楼临空优势，加快推动国际金融城落地。积极承办或策划举办国际性金融会议、论坛和非正式交流活动，将丽泽打造成为数据、技术、资金、人才等资源要素国内国际双向互动的核心枢纽。发挥 Thunes 等国际金融企业的桥梁纽带作用，吸引具有全球影响力的外资金融机构、国际金融组织和专业协会等入驻丽泽。锚定发展方向，加快引进欧洲、中东、拉美等地区具有代表性的外资金融机构，加强与境外金融功能区的联系交流，建设国际化金融产业发展新高地。

三是做大做强普惠金融。坚持金融惠民导向，发挥中车产业投资、中教畅想等股权投资基金的作用，精准对接专精特新、科技型中小企业的融资需求，做实建行“E 政通”等小额贷款业务和配套金融服务，对重点产业集群、大型龙头企业产业链、商圈等小微企业聚集群体提供定制化、滴灌式金融服务。支持有实力的城市商业银行在丽泽设立分支机构。聚力乡村振兴，依托中国农业再保险股份有限公司、现代种业发展基金有限公司、中国农业发展银行北京市分行等涉农龙头金融机构入驻丽泽的优势，围绕推动乡村振兴和“三农”建设，创新普惠金融产品，多渠道、多元化提升“三农”金融服务水平。

四是大力发展供应链金融。将央企、国企作为供应链金融业务的重要参与力量，支持行业头部企业在丽泽搭建供应链金融服务平台、设立供应链子公司，依托强大的产业背景、业务场景和资金协同能力开展供应链金融服务。发挥中核商业保理有限公司、中铁供应链科技集团、诚通贵金属有限公司、华电环球（北京）贸易发展有限公司、华电海外投资有限公司等入驻企业的优势，鼓励其基于产业场景在数字仓单、订单融资、交货融资、普惠融资等方面探索发力，为区域企业提供供应链金融服务。发挥中企云链等企业作用，借助数字化技术不断提高金融服务与企业需求的匹配度，支持供应链产业链稳定循环和优化升级，打造区域发展“共赢链”。

五是持续强化科技创新。发挥科技创新对金融业发展的重要支撑作用，成立丽泽数字金融产业联盟，并与北京金融科技产业联盟深度合作，积极开展标准制定、产业研究、联合技术攻关、人才培养、成果推广等工作。大力引进新兴科创服务企业，运用人工智能、云计算、大数据、物联网、5G 等技术，为金融机构提供数字化服务和创新应用。聚焦龙头企业数字科技业务，吸引中国物流集团数字科技公司等各类优质子公司落户丽泽，形成产业集聚。发挥国家密码管理局商用密码检测中心、中宇万通、同盾科技等头部企业的集聚优势，加速商用密码产业布局，确保金融安全。

六是积极布局高端商务。聚焦审计会计、信用评级、管理咨询和人力资源等领域，大力拓展第三方服务，依托东方金诚等信用评级机构，信永中和、中兴华等知名会计师事务所构建专业机构集聚的“服务岛”。创新打造国际法务区，促进优质法律服务机构、涉法务资源集聚丽泽，形成高水平、国际化的法律服务产业群和法务创新实践平台。建成厦航嘉年华、喜来登等 9 家高端酒店，加速形成高品质酒店集群，为高端商务谈判、接待提供优质场所，组织承接小规模、高规格专业会展，举办金融商务领域高端论坛，建设功能性、多元化的“城市会客厅”。

（三）以政策为契机，全面融入“五子联动”

借助“两区”建设政策机遇，用好“丰九条”“高新八条”“丰泽计划”等政策，全力把丽泽金融商务区打造成为首都高质量发展新增长极。

一是围绕国际科技创新中心建设，鼓励支持金融机构开展科技攻关，设立科技成果转化平台，开展创新试点，拓展应用场景。基于区块链和隐私保护技术，央行数研所开展专项技术攻关，银河证券构建行业风险数据共享平台。深耕人工智能领域，同盾科技开发了基于隐私计算的共享智能平台“智邦”和基于人工智能的决策智能平台“智策”两大平台。[①] 聚焦国产化技术方案，中华联合保险成功开发独立团险核心系统。[②] 农信银资金清算中

① 晏澜菲：《优化环境　丽泽让数字金融成京南一抹亮色》，《国际商报》2023 年 11 月 2 日。
② 晏澜菲：《优化环境　丽泽让数字金融成京南一抹亮色》，《国际商报》2023 年 11 月 2 日。

心研发农村中小金融机构“一点接入”的农村支付清算系统，以科技助力普惠金融。

二是围绕“两区”建设，发挥国家服务业扩大开放综合示范区建设的示范引领效应，打造全市服务业扩大开放新高地。全球跨境支付公司Thunes、伦交所路孚特、亚马逊（中国）投资有限公司等优质外资企业入驻，金融领域开放水平不断提高。积极参与本外币一体化资金池试点，通用财务公司成为北京市首批试点单位。发挥华电环球、上商控股等龙头企业的带动作用，大力推动“北京市离岸贸易创新发展集聚区”建设。[①] 引入中国储运集团、通用咨询、中化商务等商务服务企业，以及亚太嘉盈税务师事务所、大地泰华会计师事务所等一批优质专业服务机构，为金融、科技产业发展提供有力支撑。

三是围绕全球数字经济标杆城市建设，积极构建以数字人民币为主载体的数字金融“新蓝海”，大力推进北京法定数字货币试验区和数字金融科技示范园建设。国家数字金融技术检测中心、建信金科、金证金科等多家数字金融企业先后入驻，首先在中国落地数字人民币保单、数字人民币场外理财等数个数币应用场景，同时丽泽控股集团积极参与丽泽数字金融科技示范园等重大项目建设，全力推动丽泽成为数字金融产业发展新高地。

四是围绕供给侧结构性改革创造新需求，满足多元化消费需求。扩大高品质商业设施供给，先后开放运营丽泽天街、平安幸福汇、晋商联合大厦等9大商业设施，近50家北京首店扎堆进驻，商业面积达约50万平方米，努力构建以大体量购物中心为核心、小体量配套商业为补充的商业体系。推进配套设施建设，将新建9所学校，包括5所幼儿园和4所中学，还将布局2所高端国际医疗机构、2个购物综合体，以及9家高端酒店、图书馆、博物馆等设施。大力推进丽泽城市航站楼建设，以TOD站城一体化理念打造复合型立体城市活力中心。

五是围绕推动京津冀协同发展，发挥北京丰台站、北京西站、北京南站

① 晏澜菲：《优化环境　丽泽让数字金融成京南一抹亮色》，《国际商报》2023年11月2日。

和丽泽城市航站楼“三站一楼”，以及京雄 R1 地铁线的直连直通作用，大力吸引央企金融板块选择落户丽泽，以丽泽为原点，在首都核心区、城市副中心与雄安新区之间，形成产业交互的重要节点，全力打造京津冀协同发展的桥头堡。

二　北京丽泽金融商务区高质量发展的主要成效

（一）成色足：产业空间加速释放，龙头企业加速聚集

1. 产业空间加速释放

北区南水北调项目完成供地。南区经营性用地全部完成出让，开创金润、京能天泰项目完工，累计释放产业空间 207 万平方米，出租率达到 84%。南区路网基本形成，地铁 16 号线丽泽商务区站建设完成，金泽路、西营街等道路相继实现开放通行，进一步打通丽泽核心区内部道路交通微循环。

2. 龙头企业加速聚集

截至 2023 年底，丽泽金融商务区的优质企业已经突破 1100 余家，包括银河证券、易付达、壳牌智汇科技、中信证券资管、中国农业再保险、央行数字货币研究所、长城资产、中华联合保险等重点金融机构，华电资本、中铁资本、国启资产管理、中核碳资产、中国物流集团资产管理等央企重点金融板块，中国融资担保业协会、中国保险行业协会等重点协会组织，以及金证金科、恒宝东方、建信金科、楚天龙等多家优质数字金融类企业或该领域的头部企业，丽泽初步形成了“金融+科技”的产业生态链、供应链，金融机构类型不断丰富，大力促进了现代金融商务新业态聚集，以“金融+科技”为主导的新兴金融产业集群成色十足。

（二）势头猛：金融产业加速发展，税收贡献持续增长

1. 金融产业加速发展

截至 2023 年底，在入驻丽泽的 1100 余家企业中，金融、科技、商务服

务类企业占比在90%以上。飞天云动成为港股“元宇宙第一股”。在丽泽金融商务区数字金融快速发展的赛道上，数字人民币可谓亮点纷呈。中国人民银行数字货币研究所、国家数字金融技术检测中心在丽泽落户，中国（北京）数字金融论坛连续3年（2021~2023年）在丽泽成功举办，丽泽南区D片区积极推进“数字金融科技示范园”建设，丽泽成为北京法定数字货币试验区，成立“数字金融创新发展联盟”，首批20余家重要金融机构和企业加入，发布“丽泽数币一卡通”，营造了交易活跃的数字人民币生态体系。同时发布数字人民币智能合约等研发成果，释放了一系列数字金融领域发展信号，数字金融企业应用场景如雨后春笋般涌现，当前数字人民币应用场景全区已超6000个，涵盖政务服务等诸多领域。数字人民币已成为丰台产业聚集的核心竞争力，进一步优化产业结构，提升集聚效益。

2. 税收贡献持续增长

2023年，丽泽以2.81平方千米的核心区面积创造了425.80亿元的规模以上企业营业收入，成为区域经济发展新的增长极。2023年，丽泽金融商务区实现全口径税收56.7亿元，同比增长15.5%，区级税收18.86亿元，同比增长20%。在“两区”建设发展中，2023年累计完成“两区”项目有效入库34个，新增注册资本达244.66亿元，超出既定目标249%。完成“1511”产业发展提质工程任务。2023年，在全市20家“两区”重点全区（组团）发展提升专项行动评价中，丽泽名列首位，在金融类园区分类中排名第1，全年实现留区税收21亿元，同比增长14.1%。

（三）服务强：营商环境加速改善，产城融合水平提升

1. 营商环境加速改善

一是政策红利持续生效。围绕企业个性化需求，丽泽金融商务区在市区两级基本政策的前提下，充分发挥“丰九条”“高新八条”“丰泽计划”等政策的作用，推行惠企政策“免申即享”，争取实现“一企一策”精准“滴灌”，对入驻企业从税收、人才、住房等多方面给予补贴扶持，形成了完善的政策体系，助力企业做大做强。二是政务服务举措多样。在企业诉求快速

响应机制、区领导联系服务企业制度等基础上，丽泽商务区管委会建立“双楼长”工作模式、企业“接诉即办”工作机制，成立政务服务分中心和企业家联合会，将管家式服务理念贯彻落实，打造共建共治企业家“朋友圈”，为企业提供“一站式”精细服务。三是法治环境逐步完善。丽泽金融商务区成立丽泽法务协调委员会，在区各部门帮助下统筹区内法务资源，积极构建包括司法裁定、纠纷调解、仲裁、行业自律、平台自治、社会监督等营商环境治理新兴力量在内的分层递进、衔接流畅的多元治理新模式，为企业提供特色化、专业化和个性化的法律服务，打造专业化的法务综合服务平台。四是基础设施持续改善。作为市国际消费体验区之一，丽泽商务区已有40余家北京首店，聚集丽泽天街、锐中心等9大商业设施、2个购物综合体，实现数字人民币消费支付区内基本全覆盖，还有各级各类学校相继建成并投入使用，滨水文化公园、城市运动休闲公园以及核心区（南区）绿地景观公园等相继建成并对外开放，为入驻丽泽金融商务区的优质企业在人才引进、资金奖励等各方面提供优质服务。

2. 产城融合水平提升

产城融合的应有之义在于，产业、城市与人三者之间良性互动。在推动产业发展的同时，商务区注重提升城市品质，提升消费体验，吸引人口集聚。2022年，丽泽商圈的零售额突破33.9亿元大关，客流量的总数高达5484万人次，成为首都四大国际消费体验区之一。商务区以完善公共设施、升级环境容貌、推动城市建设改造为重点，加快推进产城一体化、站城一体化，推动文化、教育、旅游、医疗、体育等各类资源要素统筹配置，着力打造一个活力城区、人本城区、绿色城区、紧凑城区，树立现代化大都市高品质建设的典范。

三　北京丽泽金融商务区高质量发展的经验启示

（一）坚持战略引领，将一张蓝图绘到底

古人云，“政贵有恒，治须有常”。习近平总书记指出：“要把战略的原

则性和策略的灵活性有机结合起来，灵活机动、随机应变、临机决断，在因地制宜、因势而动、顺势而为中把握战略主动。"① 战略是从大局、长远、大势上做出决策判断，而策略服务于战略，具体落实并推动战略目标的实现。一张好的蓝图，管长远管全局。丽泽金融商务区今天所展现出的成色足、势头猛、服务强的生动发展图景，离不开"将一张蓝图绘到底"。近20年来，无论形势、任务怎么变，丽泽都始终围绕践行"金融"的发展方向奋勇前进，以一张蓝图绘到底的战略定力谋划未来的整体发展，这是丽泽金融商务区取得今天成果的具有决定性意义的经验所在。

早在2008年北京市政府出台的《关于促进首都金融业发展的意见》中，就将丽泽列为"一主一副三新四后台"② 规划中的"三新"之一，即三个新兴金融功能区之一，且被明确为新兴金融机构聚集区、现代化的首都发展新空间。这首次明确了丽泽在首都金融业发展中的战略定位。在此后的十几年间，"金融"这一底色一直未发生根本改变。随着商务区建设进程的不断推进，其规划定位越来越清晰、明确、完善。《北京城市总体规划（2016年—2035年）》将丽泽定位为新兴金融产业集聚区、首都金融改革试验区；2020年被纳入北京市新一轮服务业扩大开放综合试点；《丽泽金融商务区规划综合实施方案（2020年—2030年）》规划了丽泽金融商务区的发展路线图。伴随《"十四五"时期丽泽金融商务区发展建设规划》《北京丽泽金融商务区高质量发展建设三年行动方案（2022—2024）》等规划文件的相继生成，丽泽金融商务区围绕"金融"的核心定位，努力建设成为"具有全球影响力的新兴金融商务区、支撑首都现代服务业发展的重要功能区和现代化大都市高品质建设的典范区域"，加速打造丽泽金融高地，赋能北京"两区"建设。同时，丽泽金融商务区坚持与时俱进，不断创新，在时代发展中不断探索适合自己的发展之路，和已有金融功能区组成功能互补、协同发展、合作共赢的格局，积极参与"两区"

① 习近平：《推进中国式现代化需要处理好若干重大关系》，《求是》2023年第19期。

② 一主即金融街；一副即CBD；三新即中关村西区、东二环交通商务区和丽泽商务区；四后台即金盏、稻香湖、通州新城和德胜园。

建设，为北京金融业高质量发展提供有力支撑，持续将“金融”这一张蓝图绘精彩。

（二）坚持问题导向，持续优化营商环境

问题就是时代的声音、时代的口号，是它表现自己精神状态的最实际的呼声。作为新兴金融商务区的丽泽金融商务区和已有的其他商务区相比有什么特点？优势在哪里？这是丽泽金融商务区发展必须弄清楚的基本问题。坚持将问题导向贯穿工作始终，以问题为着力点，在补短板、强弱项上下功夫，才能更有力地推动丽泽的发展。丽泽金融商务区今天所展现出的成色足、势头猛、服务强的生动发展图景，离不开丽泽多元的营商环境。近 20 年来，丽泽金融商务区一直积极优化营商环境，创新发展服务支撑体系，为企业和人才发展提供高品质的服务，这是丽泽金融商务区取得今天成果的具有代表性意义的经验所在。

营商环境就像土壤，好的土壤才能长出好庄稼。良好的营商环境，是一个商务区软实力的集中体现，更是其提高竞争力的重要着力点。近年来，丽泽金融商务区推出一系列改革举措，通过打造各具特色的营商服务品牌，创新发展服务支撑体系，积极打造高效便捷、公平有序的投资环境，持续激发市场经营主体的创造力，将营商环境的“软优势”转化为经济发展的“硬实力”。在丰台区营商环境改革从 1.0 版升级到 6.0 版的基础上，丽泽金融商务区结合自身实际，依托“两区”政策、“两个计划”、“丰九条”、“高新八条”和“丰泽计划”等，坚持要素优化，不断深化服务理念、优化服务流程、完善服务环境，按照“政府授权+市场机制+专业运作+跨界共治+区域协同”架构，建立丽泽管委会、丽泽发展理事会、丽泽控股集团、丽泽论坛、区域协同联盟“五位一体”发展服务模式，成立丽泽商务区政务服务分中心、企业家联合会等，通过打造绿色生态金融商务区，完善公共基础设施建设，营造商务区优质小环境，实现区域 5G 信号覆盖，推动优质教育资源落地，注重精细化服务企业，为商务区企业和人才在各方面提供配套服务保障，全面激发业界参与规划建设、促进产业发展、优化营商环境的积

极性、创造性和主动性，以优良的多元环境吸引广大优质企业和高端人才在丽泽扎根发展。

（三）坚持系统观念，聚众能共谋发展

丽泽金融商务区的发展不仅是一个长期工程，更是一个系统工程。丽泽金融商务区坚持用系统的思维和方法谋划工作，汇聚多方势能共促发展，这是丽泽金融商务区取得今天成果的具有方法论意义的经验所在。

丽泽金融商务区的发展不仅是经济发展，还涉及文化、生态、社会等方方面面。近些年来，从繁忙的建筑工地到众多高楼拔地而起，再到“北京金融产业集聚区”“全球新兴金融高地”的初现，丽泽金融商务区正在完成华丽蝶变。丽泽华丽蝶变的背后，离不开市区两级政府部门的支持配合与通力合作。从 2008 年北京市政府出台《关于促进首都金融业发展的意见》，到 2021 年《丽泽金融商务区规划综合实施方案（2020 年—2030 年）》通过审核，再到 2023 年《北京丽泽金融商务区高质量发展建设三年行动方案（2022—2024）》正式发布，从顶层设计到具体实施路线再到未来三年规划，政府部门谋划丽泽的整体规划和长期发展，丽泽金融商务区发展的一张完整蓝图逐渐呈现出来。丽泽华丽蝶变的背后，离不开金融服务和市民生活的有机融合。丽泽在实现金融产业结构升级的同时，充分发挥金融服务等其他功能，推进生产、生活、娱乐休闲一体化，推进站城一体化，提升区域治理水平，打造宜居宜业的魅力新城。丽泽华丽蝶变的背后，离不开悠久历史文化与现代金融业的有效衔接。丽泽充分挖掘利用金中都遗址公园等文化资源，塑造独具特色的“中都溯源”文化景观，打造“丽泽人文汇”文化空间，以文化软实力提升丽泽商务区的综合竞争力。丽泽华丽蝶变的背后，离不开党建引领和业务工作的深度融合。丽泽商务区工委始终坚持“抓党建促发展”理念，聚焦企业需求，探索构建“组织链、阵地链、人才链、服务链、产业链”的党建工作模式，把党的政治和组织优势切实转化为激活经济发展的制胜优势，在倍增发展赛道上拼出“丽泽速度、丽泽效率、丽泽质量”。

参考文献

[1]《北京城市总体规划（2016 年—2035 年）》，https：//www. beijing. gov. cn/gongkai/guihua/wngh/cqgh/201907/t20190701_ 100008. html。

[2]《北京市丰台区国民经济和社会发展第十四个五年规划和二〇三五年远景目标纲要》，http：//www. bjft. gov. cn/ftq/bmwj/202106/e6c84ba3bde5465d87b3be73bae396dc/files/79a7aff32dd74c19a7448fdda531f790. pdf。

[3]《北京市丰台区人民政府关于印发〈“十四五”时期丽泽金融商务区发展建设规划〉的通知》，http：//www. bjft. gov. cn/ftq/zfwj/202205/d2a8898aebe8480bbf6e61a210ab6388. shtml。

[4]《关于印发〈北京丽泽金融商务区高质量发展建设三年行动方案（2022—2024）〉的通知》，http：//www. bjft. gov. cn/ftq/bmwj/202303/8d16fba406594c558c133b30f5177763. shtml。

[5]《习近平经济思想学习纲要》，人民出版社、学习出版社，2022。

Abstract

Accelerating the construction of a modern economic system with the characteristics of the capital is an inevitable choice to implement the strategic positioning of the capital city and promote the development of the capital in the new era. Beijing has proposed to accelerate the construction of "two districts" during the 14th Five Year Plan period, promote the digitalization, specialization, marketization, high-end, and internationalization of the service industry, and basically build a modern service industry system with the capital function as the leading factor and international competitiveness by 2025. In order to meet the needs of the development of Beijing's service industry and better serve the economic and social development of Beijing, the Beijing High-end Service Industry Development Research Base was officially established in 2016. It is the first think tank in China that specializes in researching the high-end service industry. In order to better study and track the development of Beijing's high-end service industry, the research base has continuously published multiple "Research Reports on the Development of Beijing's High-end Service Industry" in recent years, which reflect the latest trends and theoretical achievements in the development of Beijing's high-end service industry.

The Development Report on Beijing's High-end Service Industry (2024) is based on the key work of Beijing's 14th Five Year Plan, coordinated development of Beijing Tianjin Hebei, construction of "four centers", and linkage of "five sub areas". Under the background of adhering to high-quality and reduced development, the report uses the China Statistical Yearbook, Beijing Statistical Yearbook, Longxin big data, and sampling questionnaire survey data to conduct a comprehensive and systematic analysis of Beijing's high-end service industry using a combination of quantitative and qualitative analysis methods. The book is divided into four parts: general report, sub report, special topic, and case study. The overall report comprehensively analyzes the current development status of Beijing's high-end service industry, grasps new trends and new trends; The sub report focuses on the research topic, conducting more in-depth and detailed research on the five major fields of finance, information services, technology services, business services, and cultural, sports, and entertainment, aiming to comprehensively and accurately reveal the typical characteristics of the development of Beijing's high-end service industry; The special topic focuses on the hot and difficult issues in the development of Beijing's high-end service industry in recent years, and provides a portrait of Beijing's high-end service industry from multiple perspectives; The case study focuses on the regional dynamics of high-end service industry development in Beijing, delving into typical practices and experiences of regional high-end service industry development, aiming to reveal the latest practices and progress of Beijing's high-end service industry development.

This book provides a comprehensive overview of the current development status of Beijing's high-end service industry. From the perspective of industry scale, the total amount and proportion have achieved a "double increase"; From the perspective of industry employment, the employment function is prominent, and the proportion of employment remains high; From the perspective of industry profits, the "mushroom shaped" feature is significant, with a financial and business profit share of up to 70%; From the perspective of spatial distribution, there is a clear regional agglomeration, and the high-end service industry is mainly concentrated in areas such as Haidian, Xicheng, Chaoyang, and Dongcheng. From the perspective of development characteristics, the high-end service industry in Beijing has significant features of innovative development, open development, digital development, integrated development, and collaborative development. As an important component of Beijing's national economic development, the high-end service industry has played an important role in promoting economic growth, attracting employment, driving investment, and promoting consumption. However, the development of Beijing's high-end service industry also faces some hidden concerns, such as the slowdown in the growth rate of certain fields such as finance, business services, culture, sports, and entertainment, and the lack of marketization, specialization, and branding development in technological innovation and industrial development. The information service industry has a significant gap with international advanced levels in innovation investment and empowering the real economy, and its technology follows the characteristics significantly. This indicates that there is a significant gap between the current development of the high-end service industry and the requirements of new quality productivity development, as well as the future industrial development requirements of Beijing. In the future, efforts should be increased to innovate and further improve the development level of Beijing's high-end service industry.

Keywords: High-end Service Industry; Innovation Driven; High-quality Development; Beijing

Contents

I General Report

Abstract: On the basis of defining the connotation and characteristics of the high-end service industry, this report comprehensively sorts out the current development status of Beijing's high-end service industry: from the perspective of industry scale, the total amount and proportion have achieved a "double increase"; From the perspective of industry employment, the employment function is prominent, and the proportion of employment remains high; From the perspective of industry profits, the "mushroom shaped" feature is significant, with a financial and business profit share of up to 70%; From the perspective of spatial distribution, there is a clear regional agglomeration, and the high-end service industry is mainly distributed in areas such as Haidian, Xicheng, Chaoyang, and Dongcheng. From the perspective of development characteristics, the high-end service industry in Beijing has significant features of innovative development, open development, digital development, integrated development, and collaborative development. As an important component of Beijing's national economic development, the high-end service industry has played an important role in promoting economic growth, attracting employment, driving investment, and promoting consumption. However, there are also certain hidden concerns about the development of Beijing's high-end service industry, such as a slowdown in the growth rate of certain fields such as finance, business services, culture, sports, and entertainment. There is a "two skin" of technological innovation and industrial development, with insufficient marketization, specialization, and branding development. The information service industry has a significant gap with international advanced levels in innovation investment and empowering the real economy, with significant technological follow-up characteristics. There is a significant gap between the development of high-end service industry and the requirements of new quality productivity development, as well as the future industrial development requirements of Beijing. The future development of Beijing's high-end service industry should firmly adhere to innovation driven, open development, integrated development, and coordinated development, continuously improve the level of digital development of the service industry, and comprehensively enhance the quality of industrial development.

Keywords: High-end Service Industry; Innovative Development; Integrated Development; Open Development; Digital Development

Ⅱ Sub-reports

Abstract: In 2023, the high-quality development of Beijing 's information service industry has achieved remarkable results. The advantageous conditions have promoted new breakthroughs in the information service industry, including a solid foundation for innovation, concentration of human resources, and strong research and development innovation capabilities. The momentum of industrial development continues to increase, and the foundation for the cultivation of new productivity continues to consolidate. The policy framework continues to be built, and the platform construction is further strengthened. The main force of the industry is diversified and the innovation vitality is deeply stimulated. The permeability of industrial radiation has become increasingly prominent, enabling economic and social development in an all-round way. Beijing-Tianjin-Hebei collaboratively cultivates industrial ecology and clusters of key industries. At the same time, there are still problems in the development of Beijing information service industry. Key areas of technology still need to break through. The transformation of innovation achievements is difficult. The overall system and platform construction support is insufficient. To further promote the high-quality development of information service industry, Beijing should start from several aspects. Continue to tackle strategic technologies and accelerate the layout of information infrastructure. Deepen and expand application scenarios and cultivate new driving forces for integrated innovation and growth. Improve the construction of standard system and enhance the level of industrial ecological development. Grasp the construction opportunities of the ' two zones ' and promote the integration of the information field into the global innovation network.

Keywords: Information Service Industry; Digital Economy; High-quality Development; New Quality Productivity; Beijing

Abstract: Beijing upholds the principle of "financial inclusion, returning to the origin", and excels in the "five major areas" of finance encompassing science and technology, green, inclusive, aging, and digital. In terms of science and technology finance, it is dedicated to leveraging scientific and technological advancements to drive financial progress, innovate scientific and technological financial products, facilitate the fusion of science and technology with finance, as well as establish a robust product system and service guarantee mechanism. With regards to green finance, numerous financial policies supporting sustainable development have been introduced and implemented through diverse financial instruments. Inclusive finance initiatives such as "Credit easy Loan", "Innovation Credit and financing", along with "the Train for Financing Rescue " have been established to effectively assist small-medium enterprises in resolving their financing problems. As for pension finance, it aims to adequately address people's old-age care needs through commercial pension pilot projects, government-insurance cooperation projects, as well as long-term care insurance pilot projects. Digital finance has seen rapid growth with the establishment of new digital finance scenarios alongside the implementation of a digital RMB pilot program. However, Beijing's financial industry development also encounters issues including mismatch between supply and demand for financial support towards innovative enterprises; supervision challenges related to emerging financial products; absence of industry standards and norms; scarcity of some financial products; shortage in comprehensive talents. In the future, Beijing should fully leverage its advantages in science, finance, and technology integration while optimizing intellectual property resources based on Beijing's strategic positioning; further enhance policy mechanisms; innovate products and services; and enable finance to better propel real economy development.

Keywords: Tech Finance; Green Finance; Inclusive Finance; Ageing Finance; Digital Finance;

B.4 Report on the Development of Beijing's Science and Technology Service Industry (2024) *He Yan* / 116

Abstract: Science and technology service are one of the key high-end, precision, and advanced technology industries being developed in Beijing, serving as a crucial support for the city's international innovation center and the building of world-leading science parks. Science and technology services are one of the key high-end, precision, and advanced technology industries being prioritized in Beijing, providing crucial support for the building of Beijing's international innovation center and world-leading science parks. Currently, the development of

Beijing's science and technology service is showing a positive trend. This is mainly reflected in the clearer delineation of the scope of science and technology service, continuous strengthening of policies, the increasing supportive role of science and technology service in the economy, and multiple indicators leading the nation. Additionally, high-end, precision, and advanced technology service exhibit unique development characteristics. However, there are still issues such as insufficient market scale of enterprises, inadequate marketization in some industries, low international business expansion, lack of professional specialization in technology service, insufficient policy support, and intensified regional competition and challenges. To address these issues, Beijing's science and technology service need to enhance policy support, cultivate market entities, improve service specialization, promote marketization, and expand international openness, thereby continuously advancing the high-quality development of Beijing's science and technology service.

Keywords: Science and Technology Service Industry; High-end Precision and Advanced Technology Services; High-quality Development; Beijing

Abstract: Business service industry is one of the pillar industries of modern service industry in Beijing. Under the promotion of Beijing's comprehensive upgrading of the construction level of "two districts" and further building the brand of "Beijing Service", since 2022, the business service industry has shown significant characteristics such as continuous recovery of industrial scale, leading operating efficiency, obvious differentiation of industry development, prominent cluster development of key regions, and enhanced economic effect of headquarters. At the same time, it has also formed four new trends of integration, digitalization, clustering and internationalization of the whole industrial chain of industrial management mode. In combination with the new characteristics and trends of the development of Beijing's business service industry, it is necessary to coordinate and promote the all-round improvement of the scale and quality, brand efficiency, innovation ability, industrial ecology and international competitiveness of the industrial development, build a high-end business service system consistent with the functional positioning of the capital in the new era, and promote the high-quality development of the capital's business service economy.

Keywords: Business Service Industry; High-quality Development; Beijing

Abstract: As a pillar industry of Beijing's economy and a happiness industry that enhances people's sense of gain, the cultural, sports and entertainment industry has become an important engine for promoting high-quality development in Beijing, playing an important supporting role in building a "high-precision" economic structure and promoting the construction of a national cultural center. From 2022 to 2023, Guided by Xi Jinping Thought on Socialism with Chinese Characteristics for a New Era, Beijing insists on seeking progress while maintaining stability, adhering to integrity and innovation, promotes the construction of a national cultural center with first-class standards, and firmly implements the strategy of strengthening the country through culture. The culture, sports and entertainment industry has moved forward under pressure, responded to changes and sought innovation, achieving overall stable development and resilience of the industry. New business formats, new models, and new results are constantly emerging, and the leading and exemplary role of the National Cultural Center has become increasingly evident. The profound changes in the current domestic and international situation, such as sudden public events and the impact of anti globalization, will bring uncertainty to the development of the cultural, sports and entertainment industry. The demand of the people for a better spiritual and cultural life is even higher, and the contradiction of imbalanced and insufficient development of the sports and entertainment industry still exists. The need to achieve high-quality development of Beijing's cultural, sports and entertainment industry is more urgent. In the future, Beijing will focus on promoting high-quality development, continuously promoting the prosperous development of its cultural, sports and entertainment industry, accelerating the construction of a modern industrial system for cultural, sports and entertainment industry, advancing the modernization of its governance system and capacity, and making positive contributions to the construction of a national cultural center and a world-renowned cultural city.

Keywords: Culture Industry; Sport Industry; High-quality Development; Beijing

Ⅲ Special Topics Section

Abstract: The green transformation of productive services is a crucial step in Beijing's overall green transition in production methods. Productive services represent the strategic high ground of current industrial development and are an essential support for building a modern industrial system. Additionally, productive services are a key link in the green transition of development methods and an important part of advancing the construction of a beautiful China. Beijing has specific advantages in the green transformation of its productive services. Firstly, the city's industrial structure is mature, providing a solid foundation for a green transition. Secondly, Beijing's Headquarters Economy is highly developed, with robust technical resources. However, there are significant challenges as well. These include the need to further leverage the clustering effect of industries, the necessity to enhance green awareness among enterprises and the general public, and the requirement to better integrate green technologies into production processes. The first suggestion proposed in this study is to coordinate the demand side and supply side, and build a green full industry chain; Secondly, driven by technological innovation, comprehensively improving the quality of the service industry; The third is to vigorously develop the environmental protection industry and assist in the green and low-carbon transformation of the industry.

Keywords: Productive Service Industry; Green Transformation; Energy Consumption; Environmental Protection Industry; Beijing

B.8 Practice and Exploration of High-quality Development of Beijing's Life Service Industry

Liu Lihong / 184

Abstract: Building a convenient living circle is an important direction for the development of life service industry, and it is also an important starting point for Beijing to build an international consumption center city in recent years. This paper takes the quarter hour convenient people's life circle as the research object, analyzes the policy evolution, the current characteristics and the future development path of Beijing's lifestyle service industry. It is found that the policy of Beijing's life service industry has gone through the standardization development based on the formulation of standards, the chain development stage of promoting the convenience of people's commerce, the development stage of facilitation, the development stage of space guarantee and standardization, the chain development, the facilitation, the brand development and the characteristic development stage, and the development stage of new forms and models of life service industry and the quality improvement stage of intelligent and digital development. Through questionnaire distribution and statistical analysis, it is found that the quarter hour convenient people's living circle in Beijing still faces problems such as inadequate and unbalanced development, development form needs to be optimized, and development multi-function, digital intelligence and chain needs to be improved. This is closely related to the weakening of financial support, the difficulty in landing and updating standards and norms in a timely manner, the contradiction in the use of space, and the uncoordinated interests of digital transformation subjects. Based on this, this paper proposes that in the future, efforts should be made to accelerate the implementation of guidelines and planning, improve the relevant standard system, strengthen the coordination of various departments, build a smart service platform for the convenience of people's life circle, actively support the introduction of professional operation institutions, comprehensively promote the intelligent transformation of traditional convenience enterprises, and standardize the use and management of community public space.

Keywords: Life Service Industry; Quarter Hour Convenient People's Life Circle; Digital Intelligence Transformation

Abstract: Green consumption refers to the behavior of various consumer entities in the whole process of consumption activities to implement the concept of green and low-carbon, which is of great significance to shaping new driving forces for the development of the capital, improving the living standards of citizens, and building an international consumption center. Beijing regards green consumption as one of the key tasks in the construction of an international consumption center, with the main fields covering energy-saving and low-carbon products, new energy vehicles, green buildings, and green logistics systems. At present, there are some problems in Beijing's green consumption work, such as single product category, few incentive policies, weak publicity and insufficient promotion of green life. Drawing on the practical experience of green consumption at home and abroad, Beijing can improve the green consumption policy system in the future from the aspects of participants, product management, market cultivation, and supporting ability.

Keywords: Green Consumption; Green Development; Beijing

B.10 Practical Exploration of Opening Up the Services Sector in Beijing

Zhao Di / 221

Abstract: In 2015, the State Council approved Beijing to launch the integrated pilot program for further opening services sector. After that, it upgraded from "pilot" to "demonstration zone", with the scale of opening-up gradually expanded, the structure of opening-up gradually optimized, the service policies and support platforms gradually improved, and integrating with international high-standard economic and trade rules. The Integrated National Demonstration Zone for Opening up the Services Sector has formed a set of systems and mechanisms with Chinese characteristics, capital characteristics, characteristics of the times and experience demonstration, which have achieved a series of achievements. Benchmarking the experience of other pilot cities and version 2.0 for opening up the service sector, Beijing can further expand the scope of opening up the service sector in the future, deeply integrate with international high-standard economic and trade rules, improve government service and supervision systems, and further integrate information technology, digitalization and intelligent technology into the construction of systems and mechanisms for opening-up, so as to form an opening up system that can support the accelerated development of new quality productive forces in Beijing.

Keywords: Opening Up the Services Sector; Beijing; The Integrated National Demonstration Zone for Opening up the Services Sector

B.11 Practical Exploration of Beijing's Construction and Development Technology Market

Sun Yuxiu / 237

Abstract: With the development of science and technology, technology, as an important factor of production, has an increasingly large market scale and plays a vital role in China's modernized market system and innovation system. In 2023, the registered technology contract turnover of Beijing's technology market reached 800 billion yuan, with a total of 100, 000 contracts. The policy system of the technology market is constantly improving, the management service system of the technology market is becoming more optimized, the structure of the main body of technology transactions is stable, the innovation vitality of the technology market in key areas is prominent, and the radiation and leading role of technological innovation is strengthened. However, the development of technology markets in various districts of Beijing is unbalanced, the development of technology markets in the Beijing-Tianjin-Hebei region is unbalanced, the working mechanism of the technology market needs to be improved urgently, and the supporting policies for promoting the development of the technology market need to be refined. Therefore, it is necessary to strengthen the construction of Beijing's technology market development to better serve national strategies, build a new pattern of development for Beijing's technology market system, innovate Beijing's technology contract recognition and registration service mechanism, and improve Beijing's technology market policy system. In order to promote the continuous development of Beijing's technology market, it is necessary to strengthen the construction of Beijing's technology market development to better serve national strategies, build a new pattern of development for Beijing's technology market system, innovate Beijing's technology contract recognition and registration service mechanism, and improve Beijing's technology market policy system.

Keywords: Technology Market; Technology Trading; High-quality Development; Beijing

Abstract: Beijing has completed six rounds of business environment reform since 2017. Starting from implementing the "9+N" policy, Beijing continues to deepen the reform of the commercial system, and strengthen the legal protection of the business environment, continuously strengthen digital empowerment, focus on improving the convenience of investment and financing and trade facilitation, and enhance the marketization and internationalization level of the business environment. A series of reform measures have significantly optimized the business environment in Beijing, improved its domestic and international ranking, and achieved a leap from "quantitative change" to "qualitative change" in the key areas of business environment reform. These experiences of optimizing the business environment in Beijing——small steps and fast running, iterative upgrading, strong promotion of reform from top to bottom, and continuous strengthening of digital empowerment——are of great reference significance for other regions in China.

Keywords: Business Environment; Digital Government Administration; Marketization; Internationalization

Ⅳ Case Study Section

Abstract: In the process of urbanization, Dongsheng continuously deepens system reform. The park has been adjusted from the original "industrial courtyard" to a "science and technology park", adhering to the principle of "independent investment, independent construction, independent operation, only rent not sell". At the same time, focusing on the needs of science and technology enterprises, providing scientific and technological services, building industrial chains, it has achieved the transformation from "tiles" to "chips", from "industry" to "science and technology"; In the market economy, Dongsheng Science and Technology Park adheres to service innovation and always adheres to the people-oriented principle, actively explores the establishment of a service model of "reducing the cost of entrepreneurship for enterprises, reducing the cost of living for employees, and jointly participating in sharing the high-speed growth of enterprises". Focusing on frontier industries such as big information, big health, new energy, new materials, Zhongguancun Dongsheng Science and Technology Park fully implements the new development concept of innovation, coordination, green, open and sharing, becoming a growth pole for high-quality development in the region. The development of Dongsheng Science and Technology Park benefits from always upholding the leadership of the Party, always following the pulse of market economy development, always upholding people-oriented, always upholding reform and opening up.

Keywords: Zhongguancun; Dongsheng Science and Technology Park; High-quality Development

Abstract: The top-level design of the YUNHE Business District construction features remarkable characteristics, the overlapping policies of the "window period" of the construction of Beijing's Urban Sub-center, the "two zone" construction, the Beijing-Tianjin-Hebei collaborative development provide a major historical opportunity and favorable conditions for the high-quality development of the business district. At present, the headquarters economy of the business district is ready to start, the development of high-quality industry space is abundant, the initial formation of industrial clusters, the construction of financial resources continues to advance, and the high-quality development of the business district has achieved remarkable results. However, there are also some difficulties and challenges, mainly reflected in the relatively slow development of planning and construction, unclear clustering of key advantageous industries, and shortcomings in supporting basic services and social governance. In the future, the high-quality development of the business district should focus on building high-end financial service functional areas with high standards, enhancing core business functions as the traction, and cultivating leading industrial clusters as the focus. It should fully attract all kinds of international high-end factor resources, giving full play to the important functions of the YUNHE Business District in promoting the construction of the Beijing Urban Sub-center, highlighting the leading functions of the YUNHE Business District in terms of business services, and let it become the main battlefield for the construction of "two districts".

Keywords: YUNHE Business District; Beijing Urban Sub-center; High-quality Development

B.15 The Practical Exploration of Cultural and Financial Cooperation and Innovation Development in Dongcheng District, Beijing

Shi Jiwen, Chen Binbin / 296

Abstract: As the National Cultural and Financial Cooperation Demonstration Zone, Dongcheng District in Beijing strives to be a pioneer in promoting the integration and innovative development of cultural and financial industries. It has led the way in establishing identification standards for cultural and financial franchise institutions. Additionally, Dongcheng District has actively built the credit rating system, the risk-sharing system, the investment supporting system and the product pricing system. It has also encouraged and guided enterprises within its area to develop innovative products and services. As a result, these enterprises has developed many featured products such as Cultural Talent Credit and Drama Customized Credit. Dongcheng District aims to build an ecosystem for integrated development through various aspects, including intellectual support, platform construction, brand promotion and scene creation. It appears that Dongcheng District has achieved remarkable results in industrial income, enterprise growth, platform and zone construction. However, there are still some shortcomings in system, products and other aspects, which require further improvement. In order to comprehensively enhance the quality of industrial development, Dongcheng District should strengthen high-level coordination and continue to make efforts in policy supply, product innovation, platform support, talent cultivation and other aspects based on the actual situation.

Keywords: Culture and Finance; Dongcheng Mode; System Construction; Beijing

Abstract: As the primary platform of the building of the "two zones" in Beijing , Lize Financial Business District has seized the opportunity of expanding the opening up of the service industry, cultivated new momentum for financial development, and created a global emerging financial highland. After years of development, it has achieved a vivid development trend of abundant quality, strong momentum, and strong services. Behind this trend, we have accumulated three valuable experiences of adhering to strategic leadership and drawing a blueprint to the end; Adhering to a problem-oriented approach and continuously improve the business environment; Adhering to the system philosophy and gather people to seek common development.

Keywords: Lize Financial Business District; Financial High-land; The Building of the "Two Zones"

皮书

智库成果出版与传播平台

✧ 皮书定义 ✧

皮书是对中国与世界发展状况和热点问题进行年度监测，以专业的角度、专家的视野和实证研究方法，针对某一领域或区域现状与发展态势展开分析和预测，具备前沿性、原创性、实证性、连续性、时效性等特点的公开出版物，由一系列权威研究报告组成。

✧ 皮书作者 ✧

皮书系列报告作者以国内外一流研究机构、知名高校等重点智库的研究人员为主，多为相关领域一流专家学者，他们的观点代表了当下学界对中国与世界的现实和未来最高水平的解读与分析。

✧ 皮书荣誉 ✧

皮书作为中国社会科学院基础理论研究与应用对策研究融合发展的代表性成果，不仅是哲学社会科学工作者服务中国特色社会主义现代化建设的重要成果，更是助力中国特色新型智库建设、构建中国特色哲学社会科学“三大体系”的重要平台。皮书系列先后被列入“十二五”“十三五”“ 十四五”时期国家重点出版物出版专项规划项目；自 2013 年起，重点皮书被列入中国社会科学院国家哲学社会科学创新工程项目。

皮书网

（网址：www.pishu.cn）

发布皮书研创资讯，传播皮书精彩内容
引领皮书出版潮流，打造皮书服务平台

栏目设置

◆ **关于皮书**

何谓皮书、皮书分类、皮书大事记、
皮书荣誉、皮书出版第一人、皮书编辑部

◆ **最新资讯**

通知公告、新闻动态、媒体聚焦、
网站专题、视频直播、下载专区

◆ **皮书研创**

皮书规范、皮书出版、
皮书研究、研创团队

◆ **皮书评奖评价**

指标体系、皮书评价、皮书评奖

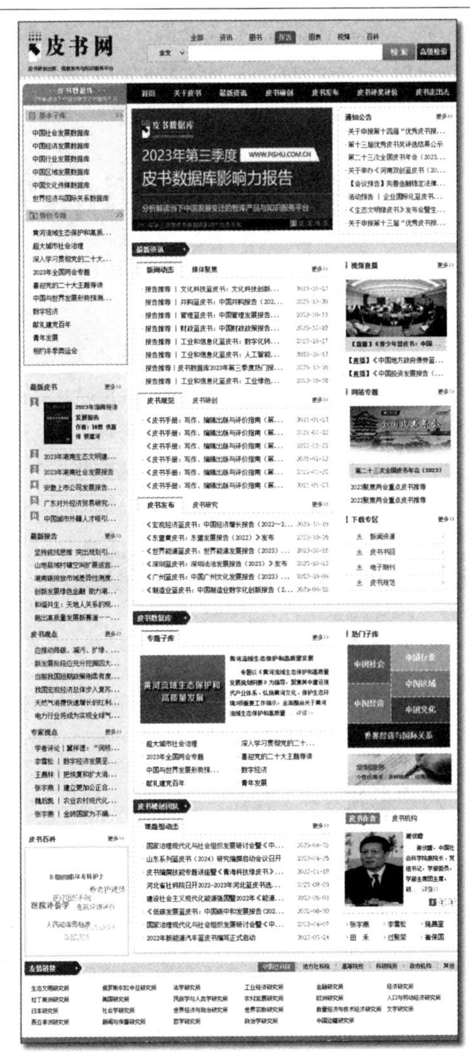

所获荣誉

◆ 2008 年、2011 年、2014 年，皮书网均在全国新闻出版业网站荣誉评选中获得“最具商业价值网站”称号；

◆ 2012 年，获得“出版业网站百强”称号。

网库合一

2014年，皮书网与皮书数据库端口合一，实现资源共享，搭建智库成果融合创新平台。

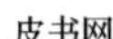

皮书网

“皮书说”
微信公众号

权威报告·连续出版·独家资源

皮书数据库

ANNUAL REPORT(YEARBOOK) DATABASE

分析解读当下中国发展变迁的高端智库平台

所获荣誉

- 2022年，入选技术赋能“新闻+”推荐案例
- 2020年，入选全国新闻出版深度融合发展创新案例
- 2019年，入选国家新闻出版署数字出版精品遴选推荐计划
- 2016年，入选“十三五”国家重点电子出版物出版规划骨干工程
- 2013年，荣获“中国出版政府奖·网络出版物奖”提名奖

皮书数据库

“社科数托邦”
微信公众号

WWW.PISHU.COM.CN

成为用户

登录网址www.pishu.com.cn访问皮书数据库网站或下载皮书数据库APP，通过手机号码验证或邮箱验证即可成为皮书数据库用户。

用户福利

- 已注册用户购书后可免费获赠100元皮书数据库充值卡。刮开充值卡涂层获取充值密码，登录并进入“会员中心”—“在线充值”—“充值卡充值”，充值成功即可购买和查看数据库内容。
- 用户福利最终解释权归社会科学文献出版社所有。

社会科学文献出版社 SOCIAL SCIENCES ACADEMIC PRESS (CHINA) 皮书系列
卡号：256322498593
密码：

数据库服务热线：010-59367265
数据库服务QQ：2475522410
数据库服务邮箱：database@ssap.cn
图书销售热线：010-59367070/7028
图书服务QQ：1265056568
图书服务邮箱：duzhe@ssap.cn

中国社会发展数据库（下设 12 个专题子库）

紧扣人口、政治、外交、法律、教育、医疗卫生、资源环境等 12 个社会发展领域的前沿和热点，全面整合专业著作、智库报告、学术资讯、调研数据等类型资源，帮助用户追踪中国社会发展动态、研究社会发展战略与政策、了解社会热点问题、分析社会发展趋势。

中国经济发展数据库（下设 12 专题子库）

内容涵盖宏观经济、产业经济、工业经济、农业经济、财政金融、房地产经济、城市经济、商业贸易等12个重点经济领域，为把握经济运行态势、洞察经济发展规律、研判经济发展趋势、进行经济调控决策提供参考和依据。

中国行业发展数据库（下设 17 个专题子库）

以中国国民经济行业分类为依据，覆盖金融业、旅游业、交通运输业、能源矿产业、制造业等 100 多个行业，跟踪分析国民经济相关行业市场运行状况和政策导向，汇集行业发展前沿资讯，为投资、从业及各种经济决策提供理论支撑和实践指导。

中国区域发展数据库（下设 4 个专题子库）

对中国特定区域内的经济、社会、文化等领域现状与发展情况进行深度分析和预测，涉及省级行政区、城市群、城市、农村等不同维度，研究层级至县及县以下行政区，为学者研究地方经济社会宏观态势、经验模式、发展案例提供支撑，为地方政府决策提供参考。

中国文化传媒数据库（下设 18 个专题子库）

内容覆盖文化产业、新闻传播、电影娱乐、文学艺术、群众文化、图书情报等 18 个重点研究领域，聚焦文化传媒领域发展前沿、热点话题、行业实践，服务用户的教学科研、文化投资、企业规划等需要。

世界经济与国际关系数据库（下设 6 个专题子库）

整合世界经济、国际政治、世界文化与科技、全球性问题、国际组织与国际法、区域研究 6 大领域研究成果，对世界经济形势、国际形势进行连续性深度分析，对年度热点问题进行专题解读，为研判全球发展趋势提供事实和数据支持。

法律声明